CHENGREN GAODENG JIAOYU XINBIAN XILIE JIAOCAI

成 人 高 等 教 育 新 编 系 列 教 材

小学语文课程与教学论

编著 王宗海 肖晓燕

凤凰出版传媒集团
江苏科学技术出版社

《成人高等教育新编系列教材》编委会

序　言

从20世纪60年代后期开始，在世界新科技革命的推动下，伴随着社会经济的新发展，终身教育理论得以迅速传播，并形成了世界性的教育实践运动，大大促进了社会、教育和人类的发展。当人类社会步入21世纪以后，构建终身教育体系与建设学习型社会已经成为当代国际社会实行教育改革和发展的主流。

在当今信息化、知识经济型、学习型社会发展的新形势下，一次性的学校教育已经不能满足人们不断更新知识的需要，终身学习不仅成为应对社会经济客观要求的必然趋势，而且成为人类个体生存和发展的内在要求。终身教育既包括职前的学校教育，又包括职后的各种继续教育。我国的成人高等教育事业则是终身教育的一个重要组成部分，并且伴随着终身教育理论发展而发展。

中小学教师继续教育，作为成人高等继续教育——也是终身教育的一个组成部分，贯穿于教师的整个职业生涯，是教师教育中一项将连续性和阶段性相结合的系统工程。任何一名中小学教师，如果仅靠自己在学校所学的知识，已经远远无法满足中小学教育教学实践的需要，特别是越来越难以适应我国基础教育课程改革对广大中小学教师提出的更高更新的要求。

教育者首先是学习者，同时又是一名终身学习者，还要努力成为终身学习、终身发展的模范。广大中小学教师必须树立新的教育观和学习观，勤奋学习，终身学习，善于学习，更新知识结构和提高学历层次，加强文化素质和职业素养，提高整体素质和人格修养。只有从终身学习、全面发展的观点出发，才能打造出适应时代需求的高素质的教师队伍。

被毛泽东誉为“伟大的人民教育家”的陶行知先生，是南京晓庄学院的创办者，他的教育思想、理论与实践，给教育这块沃土留下了丰厚的精神财富。他不仅践行于教师的职前培养，也同样指导教师的职后培训和深造。长期以来，学界十分重视陶行知先生对教师职前教育的研究，却忽视了陶先生对教师职后教育的重视。其实，陶行知早在东南大学时期就已首倡开办暑期学校，并利用暑期请胡适、杜威及其夫人等到校举办讲座，在东南大学进行教师职后培训。

基于上述认识，作为被誉为“教师摇篮”的南京晓庄学院，不仅在职前师资培养上取得了瞩目的成绩，而且在职后培训和成人教育方面也取得了突破性的进展。“教本教本，教课的根本”。南京晓庄学院从事成人教育教学与研究的老师经过多年来的潜心研究和实践探索，着力进行了相关的教材建设工作，编撰了一套能够突出成人学习特点，彰显南京晓庄学院教本特色，适应成人高等教育事业发展的相关教材。

本套教材的特点是：

● 在保证课程内容思想性、科学性与系统性的同时，尽可能完整准确地反映我国基础教育课程改革的基本理念和基本要求，并追踪它的发展趋势，以提高前瞻性。

● 突出“教学做合一”的教育思想，以做为中心，在做中教，在做中学。围绕“做”这个中心，实现教和学的统一，培养知行统一的人，以弘扬南京晓庄学院教育的传统特色。

● 结合课堂教学的具体案例，既总结成功的经验，又剖析认识的误区，使得理论有所用，实践有所本，有利于解决课程实施中出现的实际问题，以增强指导性。

● 明确教材学习要点和单元基本要求，并在章节末就一些理论研究的热点和教学实践的难点问题，提供参考阅读书目和材料，以扩大读者的眼界与知识面，引发研究与思考，在增强针对性的同时提升学术性。

● 在内容安排、编写体例、行文风格上，倡导自学、鼓励自学、帮助推动自学，有利于学习者探索适应自己的学习方法，形成自学能力，体现成人教育的能力性要求。

本套教材由南京晓庄学院学识深厚的知名专家、教授担任主编，一大批具有丰富成人教育教学经验和较高学术水平的教师集体参与编写，并经过多次的研究与讨论，从而有力地保证了教材的质量。当然，实践是检验真理的唯一标准，作为对教师进行继续教育的教材，也应当运用继续教育、终身教育的思想作为指导，在实践中修正其可能出现的疏漏，在实践中提高和优化教材的质量，这也是符合常情的一种认识和态度。

作为一名在江苏教育战线奋斗了四十多年的老教育工作者与而今还在为成人继续教育——终身教育尽一点绵薄之力的人，当南京晓庄学院的同志盛情邀请我为他们这套教材作序时，我有感而发，写了以上的一些学习心得和感想，未必切题，姑作为序，用于和从事成人继续教育的同行，也和其他热情关心和阅读这套教材的读者共勉。

原江苏省教育委员会副主任
现全国成人教育协会副会长　**陈乃林**
江苏省成人教育协会会长

前　言

本教材的使用对象是正在教小学语文或可能会教小学语文的教师。相比于师范生，他们有着明显的不同：在学科的理论方面有一定的基础，并且语文教学的情境性知识丰富；有大量直接或间接的教学经验和体验；具备一定的批判反思能力。这些不同决定了该课程教材在功能、结构、序列、形态以及语言表述方式上与师范生教材的差异。基于此，我们以“教学做合一”的思想为指导，以小学语文教师课堂教学的实际需要为重心，以利于成人院校学生的学与做为出发点来编制教材。我们反复地运思、争论、调研、修改，将这些知识放置在适合成人院校学生学与用的心理背景中来设置。我们考虑了若干实际问题：本教材如何呈现才能将学科逻辑和学习逻辑更好地结合？如何编制才既利于教又利于学？怎样在教材体系中体现出我校秉承的“教学做合一”的特色等，不一而足。

试图解困的想法，通过我们的努力，尽量融进了书中，稚拙之处当然很多，就算是一种“漏”吧！盼望它能帮读者搭起一架梯子，在自己的攀爬中，走向更高的境地。

本教材由南京晓庄学院教育科学学院王宗海和南京师范大学文学院肖晓燕共同编著。其中王宗海编写了绪论，第一、二、三、五章；肖晓燕编写了第四、六、七、八、九章。最后由王宗海对初稿进行了修改与统稿。

本教材不求大而全，但求小而实用，诸多不成熟之处，望方家们斧正！

编　者

绪论　小学语文和小学语文课程与教学论教材

学会教学——正如教学本身一样——是一种过程……在此期间，一个人做了什么，他就能够学到什么。

——D. Britzman

“小学语文课程与教学”课程名称的沿革是与语文学科的确立和发展联系在一起的。传统意义上的语文与经史哲、文学、文字学、伦理学、社会学，乃至自然科学等融为一体。古代童蒙语文教学的主要内容是儒家经典，两汉唐宋开始重视儿童的识字教学和句读训练，最流行的教材是“三、百、千、千”之类的蒙学识字教材。现代意义上的语文肇始于 1904 年 1 月颁布的《奏定学堂章程》，这是我国第一部经政府正式颁布后并在全国实行的新型学制，史称“癸卯学制”，规定初等小学堂设“中国文字”课，高等小学堂和中学堂设“中国文学”(文章之学)课程，并在全国推行。

1912 年 11 月，教育部制定的《小学校教则及课程表》中规定，初、高等小学都设“国文”学科，“国文要旨，在使儿童学习普通语言文字，养成发表思想之能力，兼以启发智德”，此时的语文学科在中小学统称国文。1916 年，北京各界人士发起成立“国语研究会”，倡导文字改革，主张“言文一致”和“国语统一”，以国语教学促进国文教学，做到“言文一致，我手写我口”。从 1922 年起，国民小学各科教材，一律改为语体文，从此语文学科中文言文一统天下的局面被打破。1932 年，教育部公布了正式的《中小学课程标准》，规定小学称“国语”，中学称“国文”。至此，一个完整的显示语文学科自身体系的法定文件正式确定。与此同时，20 世纪二三十年代小学国语教材教法的研究也日益深入。教学法是有了师范教育后产生的概念，起初称“教授法”，是教育学、心理学中的组成部分。“五四运动”前后，就职于南京高等师范专科学校的陶行知提出“教学合一”的主张，并提出以“教学法”代替“教授法”。20 世纪 20 年代在师范学校开设“小学教材及教学法”课程，将教材和教法课程融为一体，相关教材也逐渐多起来，如 1924 年商务印书馆出版的黎锦熙《新著国语教学法》，就是语文教育史上第一部以教科书形式写成的小学语文教学法专著。

1949 年，华北人民政府教科书编审委员会将“国语”和“国文”“统而一之”，称为“语文”。随即小学语文教学的研究进入了一个崭新的阶段，小学语文教学论教材也有了新面貌，尤其 20 世纪八九十年代可以说是语文教学论研究的第二个活跃期，此类著作如雨后春笋般冒出来，出现了诸如小学语文教学论(通论、概论、简论、新论、引论等)、小学语文教育概说、小学语文教育原理、小学语文教育学等名称，这也显示了此类教材在由中师向大专、本科发展过程中，学术层次的渐次提升。新课改以来，此类教材的研制又呈现出活跃状态，出现了诸如小学语文新课程教学法、小学语文新课程教材教法、小学语文教学新论、小学语文课程与教学、小学语文课程与教学论等称谓，意图体现语文教学改革的新理念、新理论。

一、小学语文课程的概念、性质与地位

> **你的问题** 作为小学语文教师，你或许会问：我教了这么些年语文，对语文是什么怎么还是模糊？为什么自己上课或看别人上课有时感觉不像语文课？语文课区别于其他课程的本质属性是什么？对于这些涉及语文元论的知识该如何理解，又该如何认识？

我经历过一次与某位小学语文老师的谈话，印象比较清晰。

“从你多年语文教学的经历看，你觉得什么样的语文课才是好课？”

他稍假思索便滔滔不绝地从经验层面做了很好的概括或描述。

我又问：“你认为语文是什么？”

他讲话的速度慢下来，不痛不痒地说了几句，然后请我谈谈。

我一时沉默下来，感觉这个问题问得唐突。

赶紧转换个话题：“你喜欢做语文老师吗？”

“现在很难讲清楚了”，他接着补充道：“刚开始的时候特别想，理想的成分太多，以后热情就减少了，现在说不清了。”

按理讲，作为小学语文教师是应该知道语文是什么的，即便不去专心思考，至少也得想想什么是语文。当然，我们可以不回答这个问题，或者说最好的回答就是教学本身。但这并不等于说我们不要思考这个问题，因为思考一旦停止，就意味着发言权的丧失。是啊，你凭什么说这就是语文课，你又凭什么指责这不像语文课，你的依据是什么？作为一名语文教师，我如果回答不了这些问题，就连行动权的存在也要被质疑了。既然这些问题无法绕过，就不得不去思考，或者用行动去思考，唯其如此，我们才可能成为一名好的小学语文教师。偏偏很奇怪，不但语文教师，就是相关的研究者也很难回答这一问题，即便回答了，也很难得到多数人的认可。

我作为一名高校里的语文教学论教师，常有以下经历：

给师范生上“小学语文课程与教学论”课时，讲到的第一个概念就是“语文是什么”，结果是我只能大致指出语文是什么，然后抛出句空话，希望大家在今后的教学中继续思考和探索这一问题。几乎每一届学生都听得一头雾水，但我首先讲的还是这个问题，也还是用这种方式来讲。

当我与在职教师谈到这一问题时，他们要么“讳莫如深”地笑笑，要么就谈到什么是“语文”上。听特级教师的谈话或讲座，他们也常常表达同样的意思：“我常常在想语文是什么？什么样的课才是语文课？”

这是一个很有意味的经历和体验，如果把师范生作为教师职业的起点，成长为特级教师算做一个终点的话，一个事实就是新手时就对“语文是什么”一头雾水，成了专家仍然一头雾水。由此，我们可不可以这样认为：这是一个可意会但难以确切言传的问题；这是一个必须在探索的过程中才可能意会到结果的问题。但探索它的目的，不在于给出一个权威性定义，

而在于指导语文实践过程，使语文教学不至于偏离了语文的轨道。

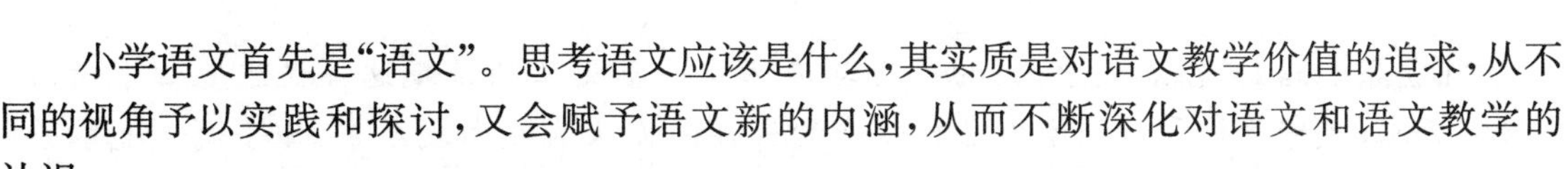

请就这一问题有意识地积累些资料，并尝试着对“我们的小学语文”和“我的小学语文”用语言和行动去描述。考试时如果碰到这一题目你只要答出你认同的理解，并能自圆其说，也可以拿个好的分数。

小学语文首先是“语文”。思考语文应该是什么，其实质是对语文教学价值的追求，从不同的视角予以实践和探讨，又会赋予语文新的内涵，从而不断深化对语文和语文教学的认识。

现代语文教育的奠基人叶圣陶，继承和发展了中国古代蒙学中的读写结合原则，提出了自己的见解和学说，为中国的现代语文教学开创了新的语文教学体系。他在1964年2月1日《答滕万林》信中回忆说：“‘语文’一名，始用于1949年华北人民政府教科书编审委员会选用中小学课本之时。前此中学称‘国文’，小学称‘国语’，至是乃统而一之。彼时同人之意，以为口头为‘语’，书面为‘文’。文本于语，不可偏指，故合言之。亦见此学科‘听’‘说’‘读’‘写’宜并重。诵习课本，练习作文，固为读写之事，而苟忽于听说，不注意训练，则读写之成效亦将减损。原意如是，兹承询及，特此奉告。其后有人释为‘语言’‘文字’，有人释为‘语言’‘文学’，皆非立此名原意。第二种解释与原意为近，惟‘文’之含意较‘文学’为广，缘书面之‘文’不尽属于文学也。课本中有文学作品，有非文学之各种文章，可以证之。第一种解释之‘文字’，如理解为成篇之书面语，则亦与原意合矣。”

叶圣陶的这段谈话起码给了我们三个认识：一是叶圣陶及同仁统“国语”“国文”为“语文”，并赋予了其新的意义，即“语文”包括口头语言和书面语言，在口头谓之语，在书面谓之文，不可偏指，合起来称为语文。二是它包括听、说、读、写四种本领。“口头语言和书面语言都有两方面的本领要学习：一方面是接受的本领，听别人说的话，读别人写的东西；另一方面是表达的本领，说给别人听，写给别人看。口头语言的说和听，书面语言的读和写，四种本领都要学好”。三是有论者将语文理解为“语言和文章”（1956年6月出版的《初中语文》中《编辑大意》里说的“说出来的是语言，写出来的是文章，文章依据语言，‘语’和‘文’是分不开的”）、“语言和文字”“语言和文学”（1978年吕叔湘先生回顾那段历史时说的“语文这两个字连在一起讲，可以有两个讲法，一种可以理解为语言和文字，也就是说口头语言和书面语言；另一种也可以理解为语言和文学，那就不一样”）等语文学说基本建立在叶圣陶语文教育框架之内，但“皆非立此名原意”。还有论者在分析以上几种认识的基础上得出这样的结论：语文作为一门学科，应当是一个以语言为核心的，包括语言、文字、文章、文学的多元体系。李海林批判了这种解释方式，认为语文本体与语文构成是两个不同的范畴，A＋B这种回答方式误将一个构成论的回答当做本体论的回答。语文教育首先是人的一种实践活动，它的本源和实质是人的一种价值选择，忘记这一点，永远也无法获得关于语文本体的说明。他在其专著《言语教学论》中从词源学、语言学、语用学、心理学四个方面对“语文”的本意做了考查和描述。他认为，言语是语文内涵的科学表达。语文是言语作品、言语主体、言语环境之间关系的产物。他还意味深长地指出：语文教学理论研究及实践长期以来深入不下去，首先就是在元论上模糊不清或陷入误区。没有真正搞清语文是什么，也就不可能真正看清语文教学是什么，当然也就根本不可能搞清语文教学怎么搞。

由此，我们的观点是“语文是什么”是一个需要不断思考和追求而不是要明确回答的问题，任何给语文下定义的试图都不可能有理想的结果。想要给它下个权威的定义，其难度大概不亚于回答“什么是艺术”“什么是人类”的问题。作为一线的语文教师，我们只要知道语文大致是什么，语文应该朝着什么方向行进就可以了。有了大致的意会，走对了方向，就能在行动上向语文本质不断靠近。

【名家心语】《言语教学论》的作者李海林在一篇文章的结尾这样描述他心中的语文：“语文，我究竟该如何描述你在我心中的模样！你从远处向我走来，似乎到了我触手可及的地方。但当我再一次擦亮眼睛，想看清你的真面目，当我伸出我的手，想真切地感受一下你的脉搏，你又倏地一下与我擦肩而过，从我的眼前走向更远的地方。诗云：蒹葭苍苍，白露为霜。所谓伊人，在水一方。溯洄从之，道阻且长，溯流从之，宛在水中央。是的，二十余年来，我从未中断过对语文的真义的探寻，我与你朝夕相伴，我与你耳鬓厮磨。但比之当年，我似乎更说不清楚什么叫语文，什么叫语文课了。”

小学语文其次应该姓“小”。毋庸赘言，小学语文里还生活着 6 岁、7～12 岁、13 岁等不同年龄段的儿童。这年龄阶段学生的特点决定了语文内容可能比较简单，但教材的编制和教学本身却是件困难的事。可见，比之中学，在小学里从事语文教学的教师，不但没有降低其专业要求，由于教学对象的特殊性反而更强化了对其专业性的要求。

【请你总结】结合自身的教学实际，总结一下小学语文的“小”，具体体现在哪些方面？

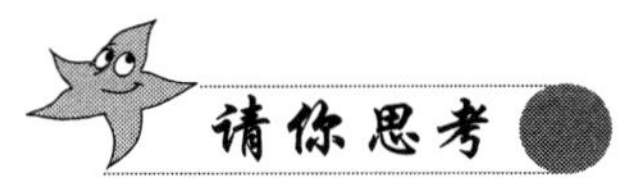

我们的语文教学出现过许多偏向，因此备受非议，如把语文课上成政治课、文学课、语言文字训练课等，这是什么原因造成的？作为一线教师你是怎样看待这一问题的？

其实，这主要是由我们对语文性质的模糊认识造成的，那么语文作为一门课程区别于其他课程的根本属性是什么呢？课程性质是指课程赖以存在的价值意义，它回答课程何以存在的问题。语文课程的性质是由语文课程的价值属性即它能满足我们的什么需要决定的。这个问题新中国成立以来一直备受关注，且争论不断；概括起来，主要有工具性说、思想性说、工具性与思想性说、人文性说、工具性与人文性说等几种。大体来看，新中国成立至 20 世纪 90 年代前集中在工具性与思想性关系的争论上；90 年代至新课改初期，又聚焦在工具性与人文性关系的争论上；《全日制义务教育语文课程标准（实验稿）》（以下简称课标）中对语文课程性质的界定是：“语文是最重要的交际工具，是人类文化的重要组成部分。工具性与人文性的统一，是语文课程的基本特点。”新课改进入反思期以来，这一问题又一次泛出水面，引起了广泛的讨论。

请你来做

请查阅相关资料，并结合自己的教学，比较下面的两则案例，说说哪一个更符合课标强调的语文的性质？为什么？

案例一：江苏省语文特级教师陈建先初教《特殊的葬礼》时的总结：① 初读课文，问你有什么感受？② 再读课文，问你心里是什么滋味？③ 联系实际生活，在你周围还有类似的环境悲剧吗？造成这一悲剧的原因是什么？④ 看网页新闻“黄果树瀑布到了最危险的时候”，写环保广告语。整堂课学生情绪激昂，发言精彩，掌声不断。

案例二：语文特级教师于永正曾介绍自己对《在仙台》一文的备课经验：本文节选自《藤野先生》，记叙了藤野检查鲁迅听课笔记的事。开头是这样交代的：“一天，大约是星期六，他使人把我叫到他的办公室……第二三天便还我。打开一看，改得非常仔细，连文法甚至标点都一一订正了。”为什么故事开头要交代“星期六”“第二三天便还我”？第二天是星期几？第三天又是星期几？那么藤野先生最迟是什么时间改的？他都是在该休息的时间改的！而且改得那么认真！藤野先生是个怎样的人，还要多说吗？都在字里行间！我的“发现”使我很兴奋。在课堂上，当我引导学生也这样“发现”后，学生变得也很兴奋。

课标对语文课程地位的定位是“一个目的，两个基础”。一个目的就是“语文课程应致力于学生语文素养的形成与发展”；两个基础是指“语文素养是学生学好其他课程的基础，也是学生全面发展和终身发展的基础”。语文课程的多重功能和奠基作用，决定了它在九年义务教育阶段的重要地位。

请你来做

2001年的语文课程标准提出了四大基本理念，即全面提高学生的语文素养，正确把握语文教育的特点，积极倡导自主、合作、探究的学习方式，努力构建开放而有活力的语文课程。请自己阅读相关解读材料，比较下面的两则案例，讨论后面的问题。

第九册《郑成功》

教学目标：

(1) 能正确、流利、有感情地朗读课文。

(2) 能简要说出郑成功的历史功绩，懂得人们为什么称他为民族英雄。

(3) 激发学生对英雄的热爱之情。

【设计一】

精读课文1～5自然段：

(1) 读课文的第一句话，使我们了解了什么(郑成功是一个什么样的人)？

(2) 默读课文2～3小节，为什么说他是一位民族英雄？

(3) 通过朗读，可以体会到人物什么样的感情(对侵略者的仇恨，对祖国的热爱)？

(4) 齐读课文后面概括的部分，郑成功为收复台湾地区做了哪些充分的准备？

(5) 郑成功率领大军怎样和侵略者进行战斗的？自读有关内容：① 四人一组交流；② 集体交流；③ 齐读。

(6) 齐读课文第5自然段，通过朗读，你有哪些体会？

【设计二】

(1) 自读课文，要求读准确、通顺、流利，能做到任选两小节读给小组内同学听，组内同学当裁判，读得好打星。

(2) 默读课文，自己归纳郑成功主要做了哪几件事。

(3) 从郑成功做的几件事中，你体会到什么？并能根据你的体会，大声朗读课文。

(4) 根据课文内容，自己练习简要复述郑成功的历史功绩。

(5) 在郑成功收复台湾地区、建设台湾地区的过程中，他的哪些事迹、言行最让你感动？请你准备一下，详细说给大家听。

(6) 现在你能说出为什么大家称郑成功为民族英雄吗？请你用上"因为……所以……"，并加上一句自己称赞的话。

(1) 请分析"设计一"和"设计二"的各自设计思路，并说说实践操作中你更倾向于哪一种做法，为什么？

(2) 请谈谈两个设计中你所认同的地方，并阐释它们符合新课标的何种理念。

二、教师的知识与小学语文教师的知识

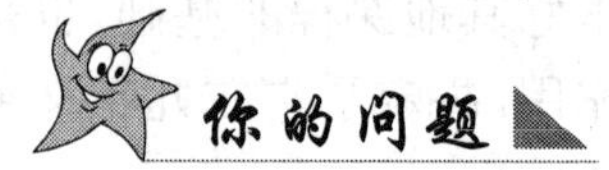

我想教好语文，应具备哪些知识？在教学实践中我已经具备了丰富的教学知识，你们的教材对我构建自己的知识和提高教学水平有何帮助？

以上问题的思考，对理解该教材的知识选择、编排特点和表达方式，以及对小学语文教师构建自己的知识和提高自己的教学水平有一定的帮助。

有论者将教师的知识大致分成两类：理论性知识和实践性知识。前者通常可以通过阅读和听讲座获得，包括学科内容、学科教学法、课程、教育学、心理学和一般文化等原理类知识；后者包括教师在教育教学实践中实际使用或表现出来的知识(显性的和隐性的)，除了行业知识、情境知识、案例知识、策略知识、学习者的知识、自我的知识、隐喻和映像外，还包括教师对理论性知识的理解、解释和运用原则。前者通常停留在教师的头脑里和口头上，是教师根据某些外在标准认为"应该如此的理论"；而后者是教师内心真正信奉的、在日常工作中"实际使用的理论"，支配着教师的思想和行为，体现在教师的教育教学行动中。教师的知识分类如表1所示。

表1 教师的知识分类

研究者	教师的知识分类
伯利纳	学科内容知识；学科教学法知识；一般教学法知识
斯滕伯格	内容知识；教学法的知识(具体的、非具体的)；实践的知识(外显的、缄默的)
舒尔曼	学科内容知识；一般教学法知识；课程知识；学科教学法知识；有关学生的知识；有关教育情境的知识；其他课程的知识

续 表

研究者	教师的知识分类
格罗斯曼	学科内容知识;学习者和学习的知识;一般教学法知识;课程知识;情境的知识;自我的知识
考尔德黑德	学科知识;行业知识;个人实践知识;个案知识;理论性知识;隐喻和映像
申继亮	本体性知识(学科知识);条件性知识(教育学、心理学知识);一般文化知识;实践性知识
傅道春	原理知识(学科原理、一般教学法知识);案例知识(学科教学的特殊案例、个别经验);策略知识(将原理运用于案例的策略)

关于教师的实践性知识,既来自教师自己个人经验的积累、领悟,同行之间的交流、合作,也来自对理论知识的理解、运用和扩展,其构成概括起来可包括如下六个方面的内容。

第一,教师的教育信念,具体表现为对以下问题的理解:① 教育的目的是什么?② 学生应该接受什么样的教育?③ 什么是好的教育?④ 好的教育应该如何实施和评价?⑤ 如何看待教师职业?

第二,教师的自我知识,包括自我概念、自我评估、自我教学效能感、对自我调节的认识等。此类知识主要体现在教师是否知道运用自我进行教学;是否了解自己的特点和教学风格,扬长避短,适度发展;能否从错误中学习,并及时调整自己的态度和行为。

第三,教师的人际知识,包括对学生的感知和了解(是否关注学生,受到学生召唤时恰当地做出回应,有效地与学生沟通)、热情(是否愿意帮助学生)、激情(是否有一种想要了解周围世界的渴求,一种想要找到答案并想向别人解释的欲望,能否用这种激情感染学生)。教师与学生的关系具有一种特殊的个人品质:教师不仅仅是向学生传授知识,而且是以一种个人的方式体现自己所传授的知识。

第四,教师的情境知识,主要透过教师的教学机智反映出来。教学机智是教师作瞬间判断和迅速决定时自然展现的一种行为倾向,它依赖于教师对情境的敏感(根据情境的细微差异调节自己的实践原则)、思维的敏捷、认知的灵活性、判断的准确、对学生的感知、行为的变通等。它不是一种按步骤、分阶段的逻辑认识过程,也不是一种简单的感觉或无意识的行为,而是教师直觉、灵感、顿悟和想象力的即兴发挥在一瞬间把握事物的本质;同时表达了教师对学生的深切关注,是“有心”(thoughtful)和“无意”(thoughtless)的巧妙结合。教学机智帮助教师克服理论与实践之间的分离,反思与行动同时发生。

第五,教师的策略性知识,主要指教师在教学活动中表现出来的对理论性知识的理解和把握,主要基于教师个人的经验和思考。此类知识包括:教师对学科内容、学科教学法、教育学理论的理解;对整合了上述领域的教学学科知识的把握,将原理知识运用到教学中的具体策略;对所教科目及其目标的了解和理解;对课程内容和教学方式的选择和安排;对教学活动的规划和实施;对教学方法和技术的采用;对特殊案例的处理,选择评估学生的标准和手段等。

第六,教师的批判反思知识,主要表现在教师日常“有心”的行动中。所谓“反思”就是深思熟虑的思考。教师的反思是一种实践取向的反思,表现为对实践反思、在实践中反思、为实践而反思。表面上看,教师工作繁忙,几乎没有反思的时间和机会,但反思是有不同类型的。教师可以用语言描述自己的行为和思考，也可以对自己的经验进行系统梳理，甚至对自己反思的方式进行反思，但他们更经常做的是在行动中反思，以行促思。虽然教师在与学生交往时的瞬间行动通常不是由反思产生的，但这种“冲动”本身就充满了全身心的关注，可以被看成是行动中的反思。

参照以上的知识观，我们认为，小学语文教师也需具备两类与小学语文教学相关的理论知识和实践知识。前者主要包括语文内容知识、语文课程知识、小学语文教学法和一般教学法知识、小学教育学和儿童心理学知识、一般文化知识等。后者主要包括小学语文教师的教育信念、关于自我的知识、人际交往知识、语文教学的情境知识、语文教师的策略性知识和批判反思性知识等。

三、《小学语文课程与教学论》教材的编制特色

你的问题

“小学语文课程与教学论”课程的性质是什么？它对小学语文教师构建自己的理论知识和实践知识有何帮助？该教材的编排有何特色？如何阅读和使用本书才能更好地发挥它的作用呢？

我们理解的“小学语文课程与教学论”是以语文的基础理论为指导，从小学语文学与教的应用出发开展的理论研究，是语文实践依附性强的应用理论课程。它起码应包含三个基本特点：第一，它必须以其上位理论语文基础理论为指导，以保证研究的科学性；第二，它以应用为着眼点，旨在沟通小学语文教学的理论与实践；第三，研究的重点是“语文教学系统”内部诸要素之间的关系，尤其是小学语文教学目标、教学内容（教材内容）和教学方法之间的关系。

一线教师丰富的实践性知识是学习本课程的重要条件，学习该课程有助于小学语文教师进一步深入、全面地理解小学语文学科的教学目标、教学内容及教学方法的关系；有助于教师在教学目标的指导下，将语文教材内容转化成适合于小学生学习的教学内容，并为课堂教学内容提供恰当的、多样化的表征，从而建立与学生积极和有意义的对话；有助于教师进一步研究自己的教学。总之，学习它对于小学语文教师进一步反思和锤炼自己的教学技能，提升小学语文科的课程与教学理论素养，从而为促进教师的专业发展起到一定的唤醒和帮助作用。

本教材按照小学低、中、高三个年段分为上篇·低年级语文课程与教学、中篇·中年级语文课程与教学和下篇·高年级语文课程与教学。每一篇包括三章内容，体例相似：第一章为语文课程与教学，第二章为语文教材，第三章为语文教学；内容主要涉及课标规定的识字写字、阅读、写话和习作、口语交际四个板块的内容。要说明两点，一是综合性学习部分因考虑其理论形态还不是很成熟，且可指导性不强，故没有涉及；二是教材部分，着重于现行版本小学语文教材内容和呈现方式的整体审视，仅以苏教版和人教版的小学语文教材为例，而非介绍两个版本的教材。

本教材的编制，本着立足学科、又与相关学科结合，立足理论、又以做的方式展开，立足小学语文教学理论与实践发展的现状、又引入传统的理论与经验的方针，在继承本学科较为

普遍的基本内容的同时，又勇于改革与创新，追求教材的针对性、实用性、创新性与可读性。概括起来，主要体现为三方面的特色。

（一）编写体例创新

主要体现为“经纬交叉”的编排思路：一是按小学语文教学分低、中、高三个年段的现实，分年段编写，加强学段教学的针对性；并且各年段编写结构基本一致，遵循一般教学的展开过程的逻辑，此为“经”。二是主要以课标规定的识字与写字、阅读、写话与习作、口语交际为教材内容，此为“纬”。各板块内容以教学部分为重心，将课标构成与分析、教材的编排与呈现既作为单独的知识学习，又作为教学部分的准备和应用，以此将课程与教学合而为一。

这种经纬交叉、课程与教学合而为一的编排体系，在目前同类教材中算是一种创新。如此编排主要基于两个方面的考虑：一方面是基于小学三个学段的不同特点与要求；另一方面是基于语文课程知识呈现的螺旋式结构，这种结构特点致使相关内容的呈现在某学段上是个圆形的结构，有自己完整的系统，这为分段编排提供了直接的理论依据。

每篇的前两章内容是第三章的准备性知识，自学时注意两个问题：一是结合自己的教学实际，强化学段意识；二是以每篇的第三章即教学部分为主。

（二）“教学做合一”的理念贯穿于教材编制的始终

陶行知先生曾对“教学做合一”做过这样的解释：“教的方法根据学的方法，学的方法根据做的方法。事怎样做便怎样学，怎样学便怎样教。教与学都以做为中心。在做上教的是先生，在做上学的是学生。”行知先生把三者统一在“做”上，十分强调理论与实践并重，主张教学与实践、生活联系起来，在实践中求知，在实际生活中探索真理。

该教材在编制过程中充分考虑了“教学做合一”理念的指导。具体表现为以下几个方面：

一是在每章节前设置“动手查一查”“动笔写一写”“动脑想一想”等实践环节。先“做”，以获取直接的体验和经验，引起学习动机。

二是根据理论的抽象程度和理解需要，围绕教学案例学习理论。理论展开的过程中，基于“做”与“学”的需要，将“细思默想”“阅读链接”“请你比较”“请你来做”等环节，以插语的方式，穿插其中，试图将理论和实践合而为一。

三是在涉及教学章节的最后部分还设置了“教学设计示例”“请你来做”等项目，意在读读评评，整体训练，最终又落实在“做”上。

基于这种意图，作为在职教师要理解和适应“教学做合一”的理念，遵循教材的编排逻辑进行自学，应注意几个方面：

首先，课前准备部分所提出的问题都是具有较高抽象水平的观念，对学习新知识能提供关系点和固定点的作用，应结合自己的实际先尝试着做做，为学习新知识架起桥梁。

其次，主体知识部分不要生硬地识记，要结合教材中相应插入的要求，即学即练，以做促学，这样才可能为我所有。如学习完“低年级学生写作能力发展的特征”的知识后，本部分教材相应编写了训练任务“细思默想”。这样的应用情境设计既利于融入所学知识，又将习作内容和识字写字内容结合起来，加上这些情境又是基于教学实际的，学习者在解决这一问题的过程中，要求学习的知识便在运用中理解和掌握了。

最后，要求参照和整体训练的部分，不必像师范生那样规规矩矩地做到作业本上，应善于和自己的教学实践结合起来，在实践中学习和反思，真正指向自己的教学。

（三）**注重教材内容选择的科学与明晰**

我们认为本门课程的理论构建主要包括两类知识：一类是“关于为什么会这样做的知识”，即基于如何做的条件性知识；另一类是“关于如何做的知识”。编排时两类知识应合而为一，前者为后者的条件，后者是前者的结果。对于“关于为什么会这样做的知识”，我们不但注重引入儿童学习小学语文有关内容的学习心理学知识，还选择与该课程相关的基础学科的知识，如文字学、文学、语言学、文章学、口语交际学等的知识，是理论性较强的部分。“关于如何做的知识”主要指一些方法性知识，包括一般性的方法和具体教学方法，编排时不是简单呈现它，而是将它的推导过程呈现出来。学习时，可因循教材的呈现，把“这个方法”的来龙去脉搞清楚，以自己的直接教学经验为媒介，打通两类知识，使其在心中生根。

上篇
低年级语文课程与教学

上篇
低年级语文课程与教学

第一章　低年级语文学习目标

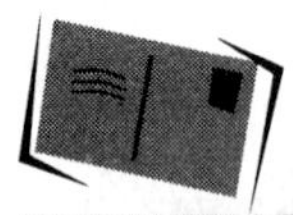

第一节　低年级识字与写字目标

【动手查一查】要想教好识字与写字，需先对其能力指标有个认识。请结合自己的教学经验，对课标中的相关内容进行解读，再查一查有关资料，把你体会较深的地方试着用一些关键词写出来。

【动笔写一写】对比1993年的《九年义务教育全日制小学语文教学大纲（试用）》（以下简称大纲）和2001年课标的要求，看看识字与写字部分在哪些方面发生了变化，请做个简单概述。

【动脑想一想】课标为何降低汉语拼音的学习目标？目标降低了是否意味着功能也降低了？汉语拼音在教学中的功能应体现在哪里？

一、第一学段（1～2年级）识字与写字目标构成

（1）喜欢学习汉字，有主动识字的愿望。

（2）认识常用汉字1 600～1 800个，其中800～1 000个会写。

（3）掌握汉字的基本笔画和常用的偏旁部首；能按笔顺规则用硬笔写字，注意间架结构，初步感受汉字的形体美。

（4）养成正确的写字姿势和良好的写字习惯，书写规范、端正、整洁。

（5）学会汉语拼音。能读准声母、韵母、声调和整体认读音节；能准确地拼读音节，正确书写声母、韵母和音节；认识大写字母，熟记《汉语拼音字母表》。

（6）能借助汉语拼音认读汉字。能用音序和部首检字法查字典，学习独立识字。

【你同意吗】课标降低了汉语拼音的学习要求，并不意味着降低汉语拼音的使用要求，对低年级的儿童来说，其识字量制约着自己的理解和表达，使儿童的经验世界不能在书面语境中有效展开，这就制约了儿童的发展。我们研究如何增加儿童的识字量，以尽快解决读写的问题，这是必要的，但不能因此忽略了拼音符号功能的开发，孩子之所以感觉到拼音难学，某种程度上是因为我们从知识的角度来学它，而没有从应用的角度让孩子感受到它的用处。

二、低年级识字与写字目标分析

（一）在横向学习目标上，渗透“知识和能力”“过程和方法”“情感态度和价值观”三个维度的要求

课标着眼于学生全面发展和终身发展的需要，设计了三维立体的课程目标，是语文课程改革的突破和创新。课程目标根据知识和能力、过程和方法、情感态度和价值观三个维度设计；三个方面相互渗透，融为一体，注重语文素养的整体提高。各个年段相互联系，螺旋上升，最终全面达成总目标。这是一种综合的思维方式，为了能更清晰地看到每一部分的思路，需从研究的角度把它分解开来审视。

（1）侧重知识和能力维度：包括“认识常用汉字1 600～1 800个，其中800～1 000个会写”“掌握汉字的基本笔画和常用的偏旁部首”“能按笔顺规则用硬笔写字，注意间架结构”“书写规范、端正、整洁”“学会汉语拼音”“能读准声母、韵母、声调和整体认读音节”“能准确地拼读音节，正确书写声母、韵母和音节”“认识大写字母，熟记《汉语拼音字母表》”。以往语文教学大纲过于注重知识与能力维度的目标，造成语文教学的科学主义倾向。

（2）侧重过程和方法维度：包括“能借助汉语拼音认读汉字”“能用音序和部首检字法查字典，学习独立识字”。

（3）侧重情感态度和价值观维度：包括“喜欢学习汉字，有主动识字的愿望”“初步感受汉字的形体美”“养成正确的写字姿势和良好的写字习惯”。学习识字、写字是为了掌握这个交际工具，要落实工具性，就要涉及“知识与能力”“过程与方法”的问题；这个工具是给“人”使用，这便有了“情感态度与价值观”的问题。

【你同意吗】有一位教师设计苏教版《识字2》（一年级上册）时，这样陈述本课的教学目标，你认为合适吗？为什么？

1. 知识和能力目标

（1）会写7个生字，会认5个绿线内的生字；认识4种笔画。

（2）理解由生字组成的词语的意思。

2. 过程与方法目标

指导学生按词语的呈现顺序，观察图画，学生能把图画内容和词语联系起来。

3. 情感态度与价值观目标

增强健康的生活常规意识。

（二）目标定位更加科学

1. 适当降低汉语拼音的学习要求

1956年版大纲第一次把汉语拼音列入教学内容，1956年秋季使用的小学语文教材第一册编入汉语拼音，这标志着汉语拼音正式成为小学语文教学的内容。1956年、1963年版大纲对汉语拼音教学的定位是学习普通话和帮助识字的工具。1978年、1993年版大纲对汉语拼音教学的要求过高。1978年版大纲指出，要充分发挥汉语拼音的作用，重视和学习汉语拼音，也有利于为将来实现汉字拼音化打下基础，小学一年级教学汉语拼音，要使学生学会声母、韵母、声调、拼音和整体认读的音节。1993年版大纲进一步强调：在小学阶段，要使学生学会汉语拼音的声母、韵母、声调和整体认读音节，能够准确、熟练地拼读音节，有条件的可以逐步做到直呼音节，能默写声母、韵母和抄写音节，甚至低年级学生在写话时，可以用音节代替没学过的汉字。显然，这些要求过高，从而导致汉语拼音教学时间过长，使一部分刚升入一年级的孩子对语文失去了学习兴趣。

为此，2000 年试用修订版大纲和 2001 年课标对汉语拼音教学做了降低要求的处理，并明确指出：学会汉语拼音的声母、韵母、声调和整体认读音节，能够准确拼读音节，正确书写声母、韵母和音节，认识大写字母，熟记汉语拼音字母表。实践已证明，这样的要求是符合教学实际的。

旧大纲规定，汉语拼音具有帮助识字、阅读和学习普通话三项功能。2000 年 3 月颁布的过渡性大纲，提出汉语拼音的功能是帮助识字和学习普通话。至 2001 年 7 月颁布的《全日制义务教育语文课程标准（实验稿）》，也不再提帮助阅读，而是定位在“能借助汉语拼音认读汉字”，能拼读音节而不是直呼音节，能正确书写而非默写音节上。汉语拼音的目标定位于：立足于用，起辅助作用，不再有烦琐的知识要求。

2. 多认少写，识写分开，提出会认和学会两种目标

考虑到低年级儿童的身心发展特点，课标确定识字与写字指标的一个重要指导思想是：多认少写，识写分开，提出会认和学会两种要求。

与以前做法相比，有利之处主要体现在三方面：一是识写分开，既可避免字字要求“四会”（会读、会写、会讲、会用），又可防止识写互相掣肘；二是多识，利于尽早、尽快、尽可能多认字，以便及早进行阅读，对孩子的情感、思维、信息素养等都有重要意义；三是少写，根据发展心理学家的研究，儿童肌肉的发展遵循从大肌肉延伸到小肌肉的规律，初入学的儿童手部的小肌肉已有一定程度的发展，可用铅笔自如地写字，但考虑到其手指肌肉还不够发达，不宜多写。

“会认”的字，要求在任何语境中都认识，但不抄，不默，不考；要求“学会”的字，以往强调“四会”，现在要求能读准字音，认清字形，了解字（词）在语境中的意思，正确书写，但不抄、不背词语意思，不考词语解释。

【阅读拓展】综观 1956 年以来颁布的各部大纲，对小学阶段识字量的规定都不尽相同。1956 年版大纲规定小学阶段的识字总量为 3 000～3 500 个，同时规定小学第一、二学年的阅读教学以识字教学为重点，在这两年里比较集中地教会儿童认识必要数量的（不超过 1 500 个）常用汉字，以使阅读教学不致处处受生字限制。1963 年版大纲规定认识 3 500 个常用汉字，在一、二年级教学生掌握半数左右。这是迄今为止对识字量要求最多的一部大纲。1978 年版大纲要求小学阶段学会常用字 3 000 个左右，一、二年级以识字为重点，前 3 年学会 2 500 个左右，为四、五年级较快地提高读写能力打下基础。1987 年版大纲要求认识常用汉字 3 000 个左右，掌握 2 500 个左右。1993 年版大纲对识字量的规定是学生学会常用汉字 2 500 个左右，这是迄今为止对识字量要求最少的一部大纲。与 2000 年过渡性大纲一致，2001 年版大纲要求积累常用汉字 3 000 个左右，其中 2 500 个左右会写，并了解在具体语言环境中的意思，并首次提出识字包括会认和学会两种不同的要求。

我们应该看到，大纲对识字量不断调整的过程，也是探求汉字教学科学化的过程。识字是读写的基础，识字量的多少，直接影响着读写能力的提高。但是，识字量过多，势必会增加学生过重的学习负担，同时会影响其他语文能力的提高。从以上各部大纲对识字量规定的比较中不难发现，2001 年版大纲规定的识字量最为科学，一是认识常用汉字3 000 个左右，可以为学生读写能力的提高奠定较扎实的基础；二是将会认和学会分开，可以减轻学生过重的学业负担。

3. 写字方面，改变过去偏重写字的知识性要求，侧重写字的过程，强调写字的能力及习惯的培养

1993 年大纲，对低年级写字要求“掌握汉字的基本笔画、笔顺规则、间架结构和常用的偏旁部首”。写字偏于知识性，易导致教师注重讲解写字知识，忽略学生写字练习。其实，对小学生来说，这些知识是写好字的基础性知识，是达到写字教学目标的重要条件，掌握它的有效方式是在写字的过程中体会、学习，而非死记硬背。

（三）识字与写字中渗透提高文化品位和审美情趣的目标

课标总目标规定，“培植热爱祖国语言文字的情感”“提高文化品位和审美情趣”，如果学生感受不到文字的文化内涵，感受不到文字的审美特征，侈谈热爱是不现实的。

每个汉字都蕴含着丰富的文化信息，学习汉字的过程就是学习文化、培养情感的过程与理解、运用语言文字的过程的统一。有人说，一个汉字就是一幅图画，不论是象形字、会意字、指事字、形声字，也不论是篆书、隶书、草书、楷书，都可以构成一个优美的图形。随着时代的发展，汉字所独有的图形特征和视听识别的优越性，将会焕发出更强的生命力。我们需转变观念，一方面要提高对汉字优越性的认识；另一方面要重视汉字教学，为学好汉语打下牢固基础。另外，汉字还是具有图案性格的文字，识字写字过程也是提高审美情趣的过程。

第二节　低年级阅读目标

【动手查一查】查阅研究者对低年级阅读指标的解读，思考这样设计是本着什么样的思路，并把你体会较深的地方简单概述出来。

【动笔写一写】对比 1993 年大纲和 2001 年课标，看看低年级阅读部分在哪些方面发生了变化，请用一些关键词或短语概述出来。

【动脑想一想】低年级阅读教学的重点是什么？能力指标是如何体现这一重点的？

一、第一学段（1～2 年级）阅读目标构成

（1）喜欢阅读，感受阅读的乐趣。

（2）学习用普通话正确、流利、有感情地朗读课文。

（3）学习默读，做到不出声，不指读。

(4) 借助读物中的图画阅读。

(5) 结合上下文和生活实际了解课文中词句的意思，在阅读中积累词语。

(6) 阅读浅近的童话、寓言、故事，向往美好的情境，关心自然和生命，对感兴趣的人物和事件有自己的感受和想法，并乐于与人交流。

(7) 诵读儿歌、童谣和浅近的古诗，展开想象，获得初步的情感体验，感受语言的优美。

(8) 认识课文中出现的常用标点符号。在阅读中，体会句号、问号、感叹号所表达的不同语气。

(9) 积累自己喜欢的成语和格言警句。背诵优秀诗文50篇(段)。课外阅读总量不少于5万字。

(10) 喜爱图书，爱护图书。

由上，我们可以从阶段目标中概述出低年级阅读教学的四个重点：

(1) 识字与写字。

(2) 诵读感受：确保人人都能用普通话正确、流利地(不错字、不添字、不掉字、不重复、不破句)朗读(诵读)课文。

(3) 理解应用：了解词句的意思，能读懂童话、寓言、故事，对感兴趣的人和事有自己的感受和想法，乐于与人交流。

(4) 熟读背诵：注意词语、句式、篇章的背诵，丰富原始积累；背诵优秀诗文50篇；课外阅读总量不少于5万字。

二、低年级阅读目标分析

(一) 从低年级阅读目标内部的联系看，体现了"知识和能力、过程和方法、情感态度和价值观"三个维度目标整体设计的特点；从单条阅读目标来看，各有侧重

(1) 侧重知识和能力维度：包括学习用普通话正确、流利地朗读课文。学习默读，做到不出声，不指读。了解课文中词句的意思。积累自己喜欢的成语和格言警句。背诵优秀诗文50篇(段)。课外阅读总量不少于5万字。认识课文中出现的常用标点符号。

(2) 侧重过程和方法维度：包括借助读物中的图画阅读。结合上下文和生活实际了解课文中词句的意思，在阅读中积累词语。在阅读中，体会句号、问号、感叹号所表达的不同语气。

(3) 侧重情感态度和价值观维度：包括喜欢阅读，感受阅读的乐趣。学习用普通话有感情地阅读浅近的童话、寓言、故事，向往美好的情境，关心自然和生命，对感兴趣的人物和事件有自己的感受和想法，并乐于与人交流。喜爱图书，爱护图书。

(二) 与以往语文教学大纲中阅读目标相比有显著变化

如果你是位教龄十年以上的教师，请就课标颁布前后各选一篇自己的教案(最好是同一篇课文)，并进行比较，看看其中的教学理念有何不同?

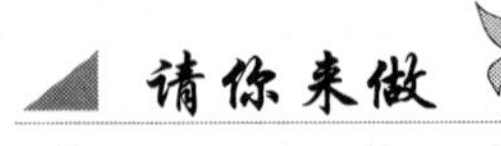

1. 改变原来词、句、段、篇的分析思路，注重对课文的整体把握

从静态分析的角度看，课文内容的构成及其构成要素可以这样分析，基本单位是词，由词到句，由句到段，由段到篇。但从学生学习的角度来说，至少有两个因素决定了学习顺序正好反过来。首先，从课文作者的写作过程而言，有了表情达意的需要才创作，写作过程中，考虑更多的是如何把自己的情意充分表达出来。其次，从学生阅读过程而言，学生首先关注的是课文整体；如果在阅读教学中，强化部分，强调各个部分相加构成整体，就容易走入阅读教学的误区。

1993 年大纲小学一年级阅读目标主要是“能理解课文中的词语和句子，能结合句子理解词语，懂得一句话表达一个完整的意思”“认识自然段，了解课文内容”；二年级阅读目标主要是“学习结合上下文和生活实际理解词句”“能初步理解每个自然段的内容，初步理解课文的内容”“学习课文中用词造句的一些方法”(1994 年的大纲调整意见删掉了这个要求)。从以上要求看，低年级阅读教学的重点是词与句，后面的内容过渡到段与篇，遵循了从点到面的思路，这其中隐含的内在逻辑是只有理解了词句，才能理解自然段，只有理解了自然段，才能理解全篇课文的内容。所以，小学低年级必然重视词句的教学，这是基础，也是重点。1993 年大纲对阅读教学的总体要求也是如此，“阅读教学，各个年级的要求要有所侧重。低年级要指导学生理解词句，初步理解课文内容”，随着年级的升高，侧重段与篇的教学。

如果说 1993 年大纲小学低年级阅读教学的思路是从点到面，侧重课文中词句的教学，那么 2001 年课标的思路则是从面到点，侧重对课文的整体感知，对词句的要求是“结合上下文和生活实际了解课文中词句的意思，在阅读中积累词语”。一方面对词句的要求降低了，由 1993 年大纲要求的“理解”，变为“了解”，即对词句的要求不应该追求准确、深入，实际上对一、二年级的学生来说，词句的学习只能是大致、模糊地了解，对其意思说不出来、说不明白都是正常的。另一方面强调在阅读中积累词语，也说明了词语教学思路的转变。由原来注重对词语的理解的“挖井”倾向，转变为追求量的累积。另外，强调在阅读中积累词语也是学生阅读习惯的重要内容。

2. 强调兴趣、情感、体验的作用

低年级“喜欢阅读，感受阅读的乐趣”“喜爱图书，爱护图书”“有感情地朗读课文”“诵读儿歌、童谣和浅近的古诗，展开想象，获得初步的情感体验，感受语言的优美”。从喜欢、喜爱阅读图书的角度提出目标，以此切入培养情感、获得体验，这是以往大纲所没有的。并且在适合低年级学生诵读的文体的学习中(以期获得体验和感受)作了方法的提示，既符合语文阅读的特性，又适合低年级儿童学习的特点。但教学中要注意思考：对低年级儿童来说，怎样才算“有感情”，如何体验，应体验到什么程度等。

3. 加强阅读积累

阅读积累是提高学生阅读能力的重要途径，更是学生文化建构的过程。阅读总目标强调要“有较丰富的积累”“九年课外阅读总量应在 400 万字以上”；低年级“在阅读中积累词语”“积累自己喜欢的成语和格言警句”“背诵优秀诗文 50 篇(段)，课外阅读总量不少于 5 万字”。就积累的方法、内容和数量提出了具体要求。

4. 尊重个体差异，又鼓励合作交流

课标既关注“自己”，又鼓励与他人的合作交流，比如，“对感兴趣的人物和事件有自己的感受和想法”“并乐于与人交流”“积累自己喜欢的成语和格言警句”等。

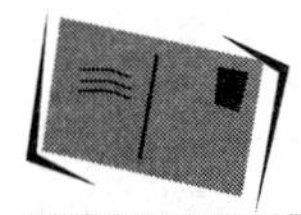

第三节　低年级写话目标

【动手查一查】查阅有关低年级写话能力指标的解读资料，思考这样设计是本着什么样的思路，并把你体会较深的地方试着写下来。

【动笔写一写】对比1993年大纲和2001年新课标，看看低年级写话部分在哪些方面发生了变化，请写下来。

【动脑想一想】为什么低年级叫写话？在实践中你是如何操作的？

一、第一学段（1～2年级）写话目标构成

（1）对写话有兴趣，写自己想说的话，写想象中的事物，写出自己对周围事物的认识和感想。

（2）在写话中乐于运用阅读和生活中学到的词语。

（3）根据表达的需要，学习使用逗号、句号、问号、感叹号。

二、低年级写话目标分析

第一学段关于"写话"的指标共三项，体现出以下几个重点。

（1）低年级的写话重在兴趣的养育：写自己想说的话，想象中的事物，既是兴趣养成的条件，又符合低年级学生的写作方式和发展特点。课标首次明确提出要鼓励学生写想象中的事物，激励他们展开想象和幻想，发挥自己的创造性。为了落实课标精神，现行小学阶段修订教材中增加了一定数量的想象作文练习，如编童话故事，写假想作文，续写课文等。

（2）课标注重从儿童的经验世界入手：要求写出自己对周围事物的认识和感想，这就把写话内容指向儿童自己的所见所闻、所思所感，让他们感觉到习作不过是记录生活的一种方式，这就把要求变成了需要。

（3）注重学用结合：写话是学生使用语文的一种方式，通过它学生可以巩固所学词语，并进一步激发学生学语文的动机，从而使学用进入良性循环。

（4）在表达过程中运用和体会标点：课标不再把标点符号作为单纯的知识呈现，而是在表达的过程中运用和体会标点。这是学习观和知识观的一种根本转变。

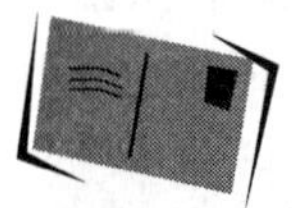

第四节　低年级口语交际目标

【动手查一查】查阅有关低年级口语交际能力指标的解读资料，思考这样设计的意图，并把你体会较深的地方概述出来。

【动笔写一写】能否从低年级口语交际指标中概括出几个关键词，说说这几个关键词体现了什么课改理念，请写下来。

【动脑想一想】结合自己的教学实践，谈谈你对低年级口语交际指标的看法。

一、第一学段(1～2年级)口语交际目标构成

(1) 学讲普通话，逐步养成讲普通话的习惯。

(2) 能认真听别人讲话，努力了解讲话的主要内容。

(3) 听故事、看音像作品，能复述大意和精彩情节。

(4) 能较完整地讲述小故事，能简要讲述自己感兴趣的见闻。

(5) 与别人交谈，态度自然大方，有礼貌。

(6) 有表达的自信心。积极参加讨论，对感兴趣的话题发表意见。

二、低年级口语交际目标分析

1. 口语交际能力培养侧重三种能力

课标在“总目标”中提出“学会倾听、表达与交流”，实际上提出了三大能力——倾听能力、表达能力、交流能力，它们是文明和谐地进行人际交流的基础。

倾听能力包括能认真听别人讲话，努力了解讲话的主要内容。

表达能力包括听故事、看音像作品，能复述大意和精彩情节；能较完整地讲述小故事，能简要讲述自己感兴趣的见闻。

交流能力包括有表达的自信心，积极参加讨论，对感兴趣的话题发表自己的意见。

2. 情感态度的要求贯穿于整个小学阶段

既然是文明的交际活动，双方在交际中的情感态度就十分重要。因此，关于情感态度的培养必须整体贯穿在各学段的目标之中。课标主要从交际的态度和交际的语言两个方面提出情感态度的培养目标。对低年级要求，与别人交谈，态度自然大方，有礼貌。从交际的态度来看，第一学段提出“态度自然大方，有礼貌”，这是对学生交谈姿态的要求。它要求学生与别人交谈时，要姿态自然，面带微笑，使人感到亲切、有礼貌。

3. 各阶段的目标为交际话题的确定、教学与评价等方面提供了可操作的依据

口语交际的课程目标，不仅提出了交际态度、交际语言、交际能力方面的要求，而且在交际话题的确定、教学与评价等方面提供了可操作的依据，这对指导教师进行口语交际教学很重要。在交际话题的确定方面，根据“听故事、看音像作品，能复述大意和精彩情节”这一目标内容，我们可以确定“听故事、讲故事”“听童话、评童话”“听故事、演故事”等话题。在交际的形式上，可采用独白式，也可以采用交流式，还可以采用表演评议式，像这样的内容提示，各阶段目标中都可以找到，这为教师如何开发口语交际的课程资源，如何选择口语交际的形式提供了广阔的空间。在教学与评价方面，随着年级的升高，学段目标的要求也呈螺旋式上升。如在倾听与表达方面，各学段要求既明确具体，又具有很强的操作性，这为教师如何教学与评价提供了依据。

第二章　低年级语文教材

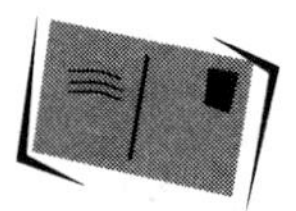

第一节　低年级识字与写字教材

【动手做一做】分析所使用的低年级识字与写字教材，看看此部分教材选择了哪些内容？为什么要选择这些内容？请把你自己的看法概括成关键词写下来。

【动笔写一写】这种呈现方式对识字与写字教学的实施有何指导意义？请用一些关键词语或短语写下你的想法。

【动脑想一想】一般来说，内容的呈现方式中往往隐含着最为适合此内容的教学方法，所以将呈现方式解读出来，就找到了有效教学这一内容的路子。请思考你所使用的识字与写字教材内容是如何呈现的。

一、低年级识字与写字教材内容的选择

按课标规定，第一学段的识字与写字部分涵盖了三方面内容：汉语拼音、识字和写字。

（一）汉语拼音教材内容

1958 年开始在小学进行汉语拼音教学，并以《汉语拼音方案》为教材，1963 年开始采用“声介合母”教学法，教材内容得以简化，后又采用“三拼连读法”，降低了教学难度，并因此进一步简化了教材内容。1993 年教学大纲指出：“汉语拼音是小学语文教学的重要内容，是帮助识字、阅读和学习普通话的有效工具。”2001 年课标降低了汉语拼音教学的难度，其功能突出体现在“能借助汉语拼音认读汉字”，即帮助识字和学习普通话的功能，不再提帮助阅读这一功能。

综观现行的义务教育课程标准实验教材，汉语拼音教材在内容选择上分两部分：一是集中学习汉语拼音知识部分；二是拼音帮助识字，识字巩固拼音部分。

1. 集中学习汉语拼音知识部分

供一年级第一学期识字教学前学习，用入学初的 5～6 周的时间完成。一般安排在一年级上册语文教材的前面，包括《汉语拼音方案》（以下简称《方案》）中最基本的内容。教材编有声母 23 个，比《方案》的“声母表”多了 2 个（y、w）；韵母 24 个，比《方案》的“韵母表”少了 14 个，其中，单韵母 6 个，和《方案》一样，复韵母 9 个（包括特殊韵母 er），省去《方案》中的 5 个（ia、iao、ua、uo、uai）；鼻韵母 9 个，省去《方案》中的 7 个；16 个整体认读的音节，声调及轻声，拼音方法（两拼法和三拼连读法），汉语拼音的书写（包括字母和音节的书写）。为加强拼读训练，教材还配有插图、拼音或拼音加汉字构成的词句和短文、汉语拼音儿歌等。

2. 拼音帮助识字，识字巩固拼音部分

主要体现拼音帮助识字和学习普通话的功能。汉语拼音出现在课文中、课后练习、单元练习、新学生字和字母表中。人教版一年级上、下册课文基本是全文注音，二年级上、下册不再全文注音，课文中、课后练习、单元练习中的生字、要求会认的字和多音字被注音；苏教版四册全文注音，生字表也有注音。

（二）识字教材内容

（1）一定量的常用汉字：课标要求"认识常用汉字 1 600～1 800 个，其中 800～1 000 个会写"。要求认识的字和会写的字，主要在识字课文和阅读课文中呈现，其中人教版在汉语拼音、"语文园地"栏目里也安排了少量要求认识的字，苏教版在一年级上册"认一认"栏目中安排了 80 个字（表 2－1）。

表 2－1　人教版与苏教版低年级识字量比较

版　本		人教版		苏教版	
要求		认识字数（个）	会写字数（个）	认识字数（个）	会写字数（个）
年级教材	一年级上册	400	100	255	129
	一年级下册	550	250	483	298
	二年级上册	450	350	437	273
	二年级下册	400	300	393	288
小计		1 800	1 000	1 568	988

（2）汉字的基本笔画、笔顺规则、常用的偏旁部首、间架结构的知识。

（3）音序和部首检字法的知识。

（4）关于识字的练习与巩固。课后练习和单元练习中，采用多种形式编排识字练习。

（5）有关识字的良好学习习惯的培养。苏教版教材专门以图片的形式作为教材内容，如二年级下册的"勤查字典"与"主动识字"栏目。

（三）写字教材内容

（1）正确书写声母、韵母和音节。

（2）执笔方法、写字姿势和写字习惯。这些内容以插图形式呈现。例如，人教版一年级上册《入学教育》有四幅图画，第四幅是"正确的执笔方法"，目的是培养小学生正确的执笔方法。苏教版一年级上册配有"保持正确的读写姿势"的插图，一年级下册配有"认真写铅笔字"的插图。

（3）基本笔画、笔顺、偏旁部首和范字。

（4）写字训练。

（四）选择这些内容的理论依据

1. 养成独立识字能力的需要

语文初学阶段，养成独立识字的能力十分关键。为有效达成这一目的，教材选择了识字的三套工具：一是学会汉语拼音，这是自学字音的工具；二是掌握汉字笔画、笔顺、偏旁部首、间架结构和构字率较强的独体字，这是分析和记忆字形的工具；三是学会按音序和部首查字典，这是纠正读音和理解字义的工具。

课标不再单列汉语拼音部分，而是放在识字与写字目标当中。一者要降低汉语拼音的学习难度，两者将汉语拼音和识字与写字整合，充分发挥其辅助功能，可帮助识字，并能够帮助方言地区的儿童克服方言音，读准汉字，学说普通话。现行版本的教材一般都把汉语拼音安排在教材的最前面是有一定道理的。

汉字的基本笔画、笔顺规则、常用的偏旁部首和间架结构知识，是识字与写字必不可少的知识。对低年级儿童来说，识字与写字教学的难点是字形的识记与书写，这些知识，对于他们记住字形和写好硬笔字有重要作用。

另外，音序和部首检字法的知识，可帮助学生课外识字，提高自主识字的能力。

2. 安排一定量的识字与写字，是为尽快地阅读、写作打基础

研究表明，认识 1 600～1 800 个的常用汉字，会写 800～1 000 个字，阅读率便能达到 95％。如苏教版识字教材一、二年级识字量增加到 1 700 个(其中要求会写的有 1 000 个)，比过去的识字量增加了 550 个，阅读覆盖率可以达到 96.5％，解决了读与写的障碍，为顺利转入以读写为重点的中年级段夯实了基础。

3. 培养识字兴趣，养成识字习惯的需要

对低年级的儿童来说，兴趣与习惯是第一要义，这些内容的选择和呈现适应了动机激发、习惯培养的需要。

二、低年级识字与写字教材内容的呈现

"教材的体例和呈现方式应避免模式化，鼓励灵活多样。"现行低年级识字与写字教材综合文字、拼音、插图、特殊符号等多种样式，灵活编排，与阅读课文交叉呈现，共同推进。

(一) 汉语拼音部分的呈现

综观现行教材，不同版本教材在呈现方式上都综合运用拼音、汉字、插图、符号等编排，形式活泼，同中有异。主要有两种呈现方式：一是在一年级上册的前一部分集中呈现；二是随课文呈现。

1. 集中呈现

(1) 人教版的呈现：人教版汉语拼音部分，共包括 13 课，4 个复习，1 个字母表。总体来看，字母与插图结合，学拼音与学汉字结合；大多配有情境图、表音表形图、情境歌。

(2) 苏教版的呈现：苏教版汉语拼音教材共 15 课，一次字母表复习，其中穿插了 5 次"认一认"栏目，与人教版的呈现同中有异。

2. 随课文呈现

人教版一年级上、下册全文注音(连环画形式的课文除外)，二年级课文不再全文注音，多音字随文注音，生字在当页文下列出，注有汉语拼音并配有赏心悦目的背景图，以引起学生的注意。生字表一要求认识注音，生字表二不注音。苏教版整个低年级课文和生字表一、表二全部注音，练习部分注音。

(二) 识字与写字部分的呈现

识字与写字任务主要安排在"识字"和"课文"的后面，穿插于汉语拼音当中，集中识字、随课文识字、课后练习和单元练习中安排识字与写字内容或有关的识字知识，图文并茂，形

式活泼多样。

1. 穿插于汉语拼音当中识字

人教版一年级上册，3～13 课安排 88 个字，在绿线内呈现，只要求认识。苏教版一年级上册，安排 5 课，每课用“四字韵语”的方式安排了 16 个只识不写的字，共 80 个字，收入的主要是部首字，用椭圆形浅绿色块串联在一起，有的是成语或固定词组，如衣食住行、东西南北；最起码也是表示同一类的事物，如云电风雨、瓜果麦豆、羊犬龟鹿等。上面是配图，下面是相匹配的字。

2. 集中识字与写字

(1) 人教版的呈现：① 人教版集中的识字课文，主要是一年级上册识字(一)、识字(二)，共 8 课。按汉字构字规律识字，选择多种识字方法呈现，如象形字“口耳目”，会意字“日月明”，韵语识字如古诗《一去二三里》，事物归类识字如“在家里”。要求认识的字在课后两条蓝线内标出；要求写的字每课安排 3～4 个，用学习伙伴“我会写”栏目，在蓝色田字格内，用黑色字体呈现，用红色字体展现每个字的笔顺，并留 3～4 个空格。② 单元中的识字课文，主要指一年级下册、二年级上册。人教版一年级上册教材力求搞好低幼衔接、稳步推进。从一年级下册开始从内容到形式有了更大改进。以专题组织单元，以整合的方式组织教材内容，每组包括 1 课“识字”、4～5 篇课文和 1 个“语文园地”。各部分相互联系，构成一个有机的整体。低年级识字教材一年级下册、二年级上册，每册安排 8 课识字，放在每组单元的开头。识字课内容均贴近每一组的专题，和每一组课文的内容及语文活动的内容紧密结合，充分体现了整合的思想。

识字课内容丰富，图文并茂，形式多样，多采用韵文的编排形式，包括词语、成语、三字经、对对子、诗歌、谜语、谚语、对联、儿歌等形式。与其他课文的编排一样，生字在当页文下列出，加注汉语拼音并配有赏心悦目的背景图，以引起学生的注意；学习伙伴用“我会认”栏目，在两条蓝线内展示要求认识的字，另一学习伙伴用“我会写”栏目，在蓝色田字格内，用黑色字体呈现，不再呈现笔顺，而是用红色字体呈现一个描红字，每个字留 2 个空方格，仿 2 个。到二年级下册描红字不再呈现，只在要写的字后留 2 个空方格，作为低、中年段的过渡。

(2) 苏教版的呈现：专门安排“识字”课文。每册 2 个单元，每单元3～4 课。图文结合，形式活泼。依据汉字特点，设计了 5 种类型的识字课文，是同类教材中的一大特色。

词串识字。分两版编排，情境图一般通体编排，第一版呈现标有注音的由词串组成的韵文，第二版是要求认识和会写的字。要求认识的字在课后两条绿线内标出；要求写的字，分别呈现在黑色田字格和红色田字格内，黑色田字格内的字加注拼音，上面呈现红颜色新笔画。如图 2－1 所示，它实际是一篇

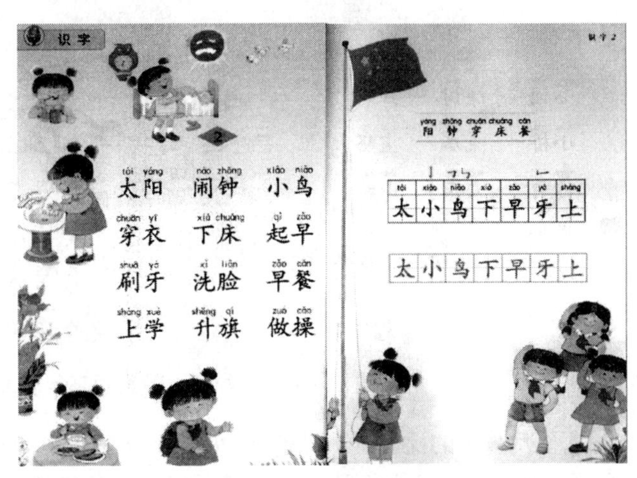

图 2－1　苏教版一年级上册《识字 2》

围绕某一主题而精心编制起来的有一定意境的“韵文”。

看图会意识字。分 2～3 版编排，第一版呈现要识的字，并在字的左边或右边配置相应的插图，字、图左右穿插呈现，或出现生字组成的词语，如图 2－2 所示，便是通过表现“亭、停、闻、鸟、鸣”等字的图与文字关系的比较，使小学生初步认识到会意字的组合规律。

图 2－2　苏教版二年级上册《识字 7》

“转转盘”识字。分 2～3 版编排，第一版呈现分上、下两部分，上部分识字伙伴出示“转转盘”，盘内呈现同一声旁及不同的形旁，下部分呈现不同形旁和同一声旁组成的不同形声字及相应词语。第 2、3 版，分两部分，一是和生字相关的儿歌及情景图，二是呈现要求认识和会写的字。如图 2－3 所示，课文先以“转转盘”换偏旁的方式，转出了“猫、锚、喵、描、瞄”等一串同声旁的形声字，使学生初步认识到这几个字都是由两部分构成的，一部分表示字音，一部分表示字义。之后，又配了相应的语境儿歌《船上有只锚》供学生阅读，在加深理解字义的同时，领悟到形声字的学习方法——“看看偏旁就知道”。

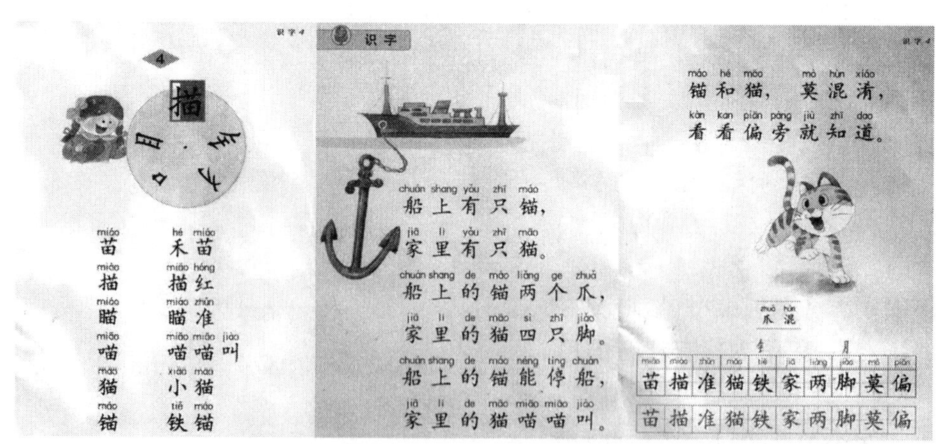

图 2－3　苏教版二年级上册《识字 4》

形近偏旁的比较。每课安排两组易混偏旁，分两版编排。第一版三部分，第一部分是两个形近偏旁、偏旁的象形字及相像的插图；第二部分是与形近偏旁各自相关的六组词语；第三部分是与词语相关的插图。第二版与第一版编排一致，是两个形近的偏旁，并呈现认识的字和要求写的字。如二年级下册第3、4、7课均属此种类型，共比较了“木 禾”“竹 ⺮”“日目”“冫氵”“礻衤”“宀 穴”等六组易于混淆的偏旁。第3课（图2－4）第一组，第一栏是一个表，以两两相对的形式表现了“木”与“禾”的“实物图—古文字—今文字（偏旁）”的演变过程，使小学生初步认识到“木”与“禾”所表示的不同意思。第二栏是“松柏 杨柳 桌椅”“秧苗 稻谷 庄稼”两组词语，意在印证以“木”做偏旁的字与以“禾”做偏旁的字所表示的意义范畴是各不相同的。第三栏是两组图，分别与第二栏的两组词语相对应，意在帮助学生看图识字（词）。

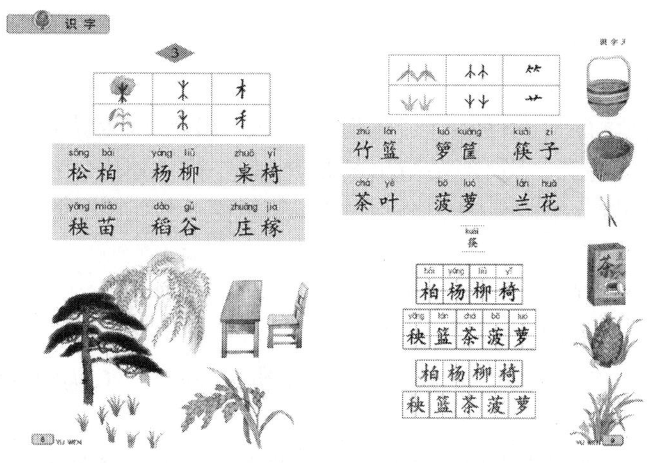

图2－4　苏教版二年级下册《识字3》

特殊偏旁的认识。如图2－5所示，第一版：第一栏是不同偏旁表示同一个意思，如“鸟”与“隹”是两个不同的偏旁，但都是表示鸟；第二栏的两组词，虽前者有一些字是“鸟”旁，后者有一些字是“隹”旁，但都是属于鸟类。第二版：第一栏是同一个偏旁表示不同的意思，如同是一个“月”旁，有时表示“月”，有时表示“肉”。第二栏有两组词，前一组“明亮 晴朗 朦胧”中带月字旁的字均与月亮有关，从“月”；后一组“弯腰 踢腿 挺胸”中带月字旁的字均与肌肉有关，从“肉”，这也是要留心识别的。

图2－5　苏教版二年级下册《识字8》

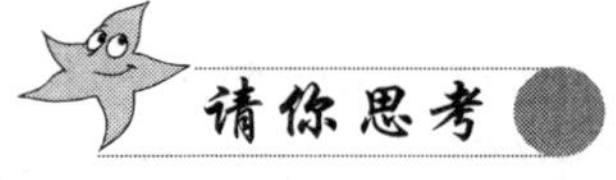

著名的语文特级教师于永正曾说:“这法儿那法儿,钻研不好教材就没法儿。”我想这句话你深有同感吧,也可以这样认为,“这个内容”的“这种编排”隐含着“这种方法”,关键是你要理解教材内容和编排意图。读了上面介绍的五种识字与写字的编排方式,你能否从各自的编排中解读出适合的教学方法呢?

3. 随课文识字与写字

人教版教材整个低年段都安排了随课文识字,二年级下册起,不再安排专门的识字课文,识字、写字都随阅读课文进行。生字在当页文下列出,加注汉语拼音并配有赏心悦目的背景图,以引起学生的注意;特别需要指出的是,生字一律注本音,在文中的具体语句之中,有的要读轻声或者变调。要求认识和会写的字,都在课后练习“我会认”“我会写”栏目中呈现出。

苏教版大量的识字任务要靠随课文识字来完成,这也符合“在阅读中识字,识字是为了阅读”的整体观和“字不离词,词不离句,句不离篇”的识字教学原则。“能识会写”的字排在田字格内,要求“只识不写”的字,用较小字体排在两条绿线内,意为“绿色通道”。多音字用“ * ”号注明。

4. 课后练习、单元练习中识字与写字内容或有关知识及训练的呈现

(1) 人教版的呈现:

课后练习。用学习伙伴“我会认”的图标标示,并以生字条的形式呈现。要求会写的字用“我会写”的图标标示,并在蓝色田字格呈现黑色、红色两种字体和两个空白方格,体现仿1个、写2个的要求,力求做到识写同步。在编排上有一定规律,便于学生识记,方便教师指导。如图2-6所示,要求会写的6个字中有1个是本课要求认识的生字,体现尽量识写同步的编排思路,同时在编排上做到由易到难、注意字形或结构上的联系。

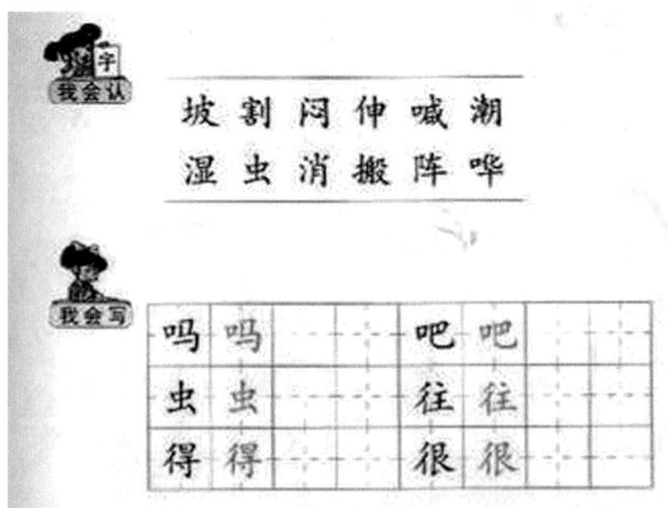

图2-6 人教版一年级下册《识字3》

语文园地。“语文园地”的呈现都是综合运用多种符号，图文结合。运用多种形式进行识字、写字的训练。一年级上册“语文园地”中运用活泼的形式安排了识字、写字练习。呈现方式上固定中有变化，设置“我会认”“我会读”“我会连”“我会写”“我会填”“我会说”“我会猜”“比比写写”“读读说说”“读读背背”“看看读读”“读读画画”等栏目。要求在读、写、说、做等言语实践中识字、写字，适合一年级儿童的学习特点。从一年级下册开始，“语文园地”面貌一新，包括四个栏目，相对固定。识字、写字内容的安排主要通过“我的发现”“日积月累”“展示台”三个栏目呈现。

另外，“语文园地”里也安排了要求认的字，用“我会认”的图标标示，并以生字条的形式呈现。

(2) 苏教版的呈现：

课后练习。在要求会写的生字中，凡含有新出现的偏旁或容易写错笔顺的，都展示了书写笔顺，每课后面还在田字格中安排了生字描红的内容，以便让学生在描红、仿影、临写时有所遵循。这种结构体例，既提供范字，又展示笔顺，使学生有字可仿，有章可循，为学生书写提供了科学有效的辅助，能使他们尝到写字的甜头，激发起写字的兴趣，把字写正确，写美观。另外，从二年级上册开始课文后还安排了“读读，抄抄，再听写”或“读读词语”等与识字写字有关的内容。

单元练习。在每册两组识字单元后的练习后都安排“认清笔顺”练习，将识字课文中新学笔画、所有要写的字的笔顺一一展示出来。

低年级识字与写字教材所有单元都安排了“学用字词句”，说读写做中也练习了识字写字能力，介绍了识字的有关知识和方法等。如二年级上册练习 1、练习 2、练习 3 的学用字词句，呈现了音序检字法的内容。利用老师和新新对话的形式来呈现方法知识。练习 1 通过读和唱拼音歌，复习汉语拼音；练习 2 利用对话和游戏学习排列大写字母；练习 3 朗读对话学习音序检字法的知识，设置“小猴写儿歌”的作业情境进行方法训练。二年级下册安排了部首检字法，练习 1 开始利用师生对话，学习如何提取部首，用“小猴读童话”的作业情境设置训练内容；练习 2 继续用师生对话形式，学习难以拆分的字的部首提取法，用“小猴读童话”作业情境设置训练内容；练习 3～5 围绕生活中街头牌匾、成语、对话情境，设置查字任务，进行练习和巩固。

“读读背背”。每个单元练习里都安排了读背内容，包括两方面：一是 4 个成语或有积累价值的词语。这些成语在内容上有一定联系，大都与前面学过的课文相关联，也贴近儿童的生活经验。例如，学了《小鹰学飞》和《青蛙看海》两课后，在“练习 4”中安排了“人外有人、天外有天、学无止境、一往无前”这 4 个成语。二是短小精悍的阅读材料，以帮助学生积累语言。这些阅读材料包括儿童诗、古诗、名言、谚语、对联等，形式多样，内容丰富，语言浅近，但意境深远，又多为韵文。读背的词句旁都配有相应的图画，有助于词句的理解与记诵。

练习中还专门安排“写好铅笔字”的训练。一年级上、下册和二年级上册每单元安排 3 个要写的字，在红色田字格中呈现，安排 2 个描红、2 个仿影、1 个临写；从二年级下册开始，在原来编排基础上，仿影少了 1 个，并利用学习小伙伴的形式，增加一栏有关写字的知识，并用“小建议”“小窍门”“小提示”等提示语标注，如图 2-7、图 2-8 所示。

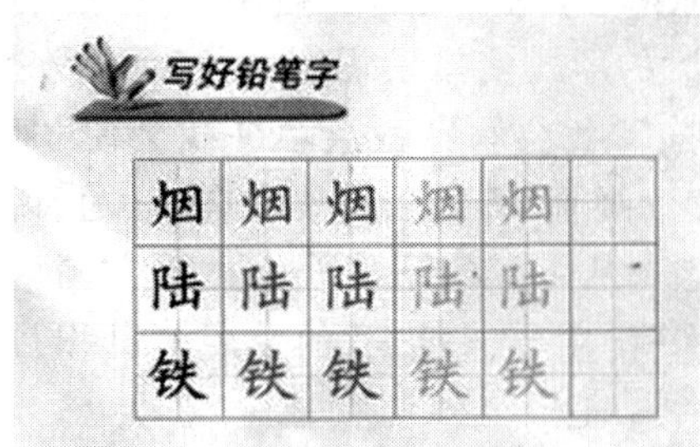

图 2-7　苏教版二年级上册练习一

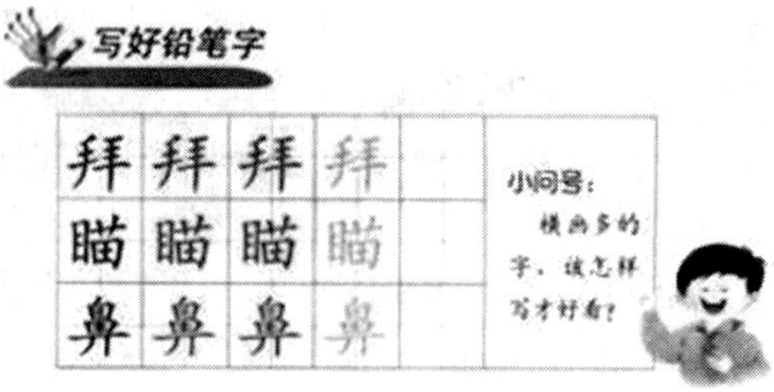

写好铅笔字

拜 拜 拜 拜
瞄 瞄 瞄 瞄
鼻 鼻 鼻 鼻

小问号：横画多的字，该怎样写才好看？

图 2-8　苏教版二年级下册练习一

5. 生字表的呈现

(1) 人教版教材最后是2个生字表。生字表(一)是全册要求认识的字，生字表(二)是全册要求会写的字。

(2) 苏教版一年级上册“认一认”整合成“生字表(一)”(共80个字)。其他低年级教材，统一为生字表，按不同课文分布在生字条内，“/”前的字为要求会写的字，“/”后为要求认识的字，识字课文和一般课文的生字以不同颜色的衬底区分。

6. 培养良好的学习习惯中有关识字与写字内容的呈现

主要是指苏教版一年级上册“保持正确的读写姿势”，一年级下册“认真写铅笔字”，二年级下册“勤查字典”“主动识字”等栏目，放在每册的开头，主要以图片的形式凸现相应的主题，而不是拼音或文字，标题以文字形式，横竖结合，内容取材于学生实际。

请你比较

我们对人教版和苏教版识字与写字教材内容的呈现做了较为细致的分析，请简单比较一下这两个版本的异同。如果你们当地用的是别的版本的教材，请依据我们分析教材的方法简单分析，并与这两个版本做个简单的比较，你对识字与写字教材会有一个更好的认识。

三、低年级识字与写字教材呈现的理论依据

1. 符合低年级儿童识字与写字的心理、生理特点

课程内容的选择和组织要与儿童的发展尤其是思维方式相符合。儿童识字必须具备四个要素，即声音(耳)、图像(目)、语义(心)和符号，所谓目视、口诵、心惟，才能学会。

儿童在学前已经具备了一定的口语能力和对于与所识的字相匹配的具体事物的认知经验，在四个要素中，已经建立了声音、图像和语义的联系，唯一缺少的就是符号。采用“看图识字”的方法，就能使声音、图像、语义与符号在儿童的大脑中建立起联系，从而达到识字的目的。

汉语拼音的“两境”，是非常适合刚入学儿童的年龄特点和心理特点的。因为刚入学儿童没有接触过汉语拼音，也不认识字母，所以汉语拼音是他们入学后第一个要跨越的障碍，且单纯的拼音学习枯燥乏味，学起来很困难，这就构成了刚入学儿童学习上的一大难点。汉语拼音源于语言实践，刚入学的儿童虽没有直接接触过拼音，但头脑中却存有与拼音字母相

似的发音，平时口语中经常用到，只是不认识罢了。教材把握住了这一点，每课设计“两境”，使学生在学习中感到拼音就存在于平时的语言之中，并不难学，从而缩短了两者之间的距离，有效地突破了难点，便教利学。

课标规定，多认少写，识写分开，也符合儿童生理特点。刚入学的儿童手部肌肉比较稚嫩，手的力气较小，写起字来比较吃力。这样要求就减轻了儿童负担，关注到了儿童的生理发展需要。

2. 符合语文自身的特性

(1) 汉字本身的特点：我国心理学家艾伟早就指出，用“六书”去解释生字能建立牢固的形、音、义联系。教学实践也证明，深入浅出地剖析汉字的造字规律，渗透“字理”，有助于儿童的理解和记忆，符合学习的心理规律。如苏教版小学语文教材在“识字”部分便有意识地揭示了一些汉字的造字规律，尤其是形声字的规律，用“转转盘”识字的方法给一个声旁加上不同的形旁，就能够合成一串字。学生掌握了形声规律，就可以举一反三，触类旁通，再加上汉语拼音的帮助，识字效率便可大大提高。

要求写的字，优先选择构词率高的字，力求每次写的几个字有一定的规律。写的都是本课出现的字，有的是本课新认识的字，有的是以前认识并在本课出现的字，便于学生记忆，也便于教师指导。

(2) 工具性与人文性相统一的特点：现行版本的教材都特别重视这一点。这样安排识字与写字，避免了集中识字可能产生的单调枯燥、功能单一的弊端。学生通过学习这些意境优美、内涵丰富的识字课，不仅识了字，而且积累了优美的语言，丰富了知识储备，并受到思想和文化的熏陶。

(3) 实践性的要求：苏教版字词句的编写尤其体现了这一点。从纵的方面看，写字训练贯穿小学阶段的始终；从横的方面看，坚持“识写结合，描仿入体”。所谓“识写结合”，就是识什么字，就练习写什么字；所谓“描仿入体”，就是通过描红、仿影，使学生的字渐“入”楷书之“体”。为便于操作，还设计了相应的描红练习和配套的“习字册”，供学生描红、仿影和临写。这样做，不仅巩固了所学生字，而且大大增加了学生的练字机会。

3. 遵循教材的编写理论

(1) 课标背景中教材的编写新理念：教材的编写力求使教材“符合学生的身心发展特点，适应学生的认知水平，密切联系学生的经验世界和想象世界，有助于激发学生的学习兴趣和创新精神”“在合理安排基本课程内容的基础上，给地方、学校和教师留有开发、选择的空间，也为学生留出选择和拓展的空间，以满足不同学生学习和发展的需要”。

(2) 编辑意图：主要是出于两点考虑：第一，要采用相对集中的策略，显现识字教学是低年级语文教学的重点之一的构想，并通过这部分的教学让学生尽快掌握一批常见字和常用词；第二，要搞好由识字到识词，再到阅读和写话、作文的平稳过渡。

(3) 教材编排教学化的思路：教材的教学化思路，归根结底是由教材内容是教学内容的核心所决定的，即教材的编排应朝着有利于教师的教和学生的学的方向转化。

四、低年级识字与写字教材呈现的逻辑思路

1. 体现出语文学科螺旋式结构的思路

语文学科属于“螺旋式课程”(spiral curriculum)，是在不同的学习阶段重复特定的学科

内容，同时利用学生日益增长的心理成熟性，使学科内容不断拓展与加深——“螺旋式上升”。其优点是能够将学科逻辑与学生的心理逻辑较好地结合起来，缺点是容易造成学科内容的臃肿和不必要的重复。现行教材都注意扬长避短，体现在识字写字内容方面，主要是熟字不断出现，但有不同的需要和学习要求。也有的教材对学过的拼音、生字用不同的颜色标注出来。

2. 生字的选择与编排追求系统性的思路

生字的编排是一项系统性很强的工作，语言是一个系统，这种系统性内在决定了其表达符号——文字编排的系统性。所以，为了提高识字教学效率，就必须构建一个科学的、合理的识字教学系统。以苏教版为例，在生字的选择及编排上，严格遵循以下几个基本原则：一是尽量先安排高频字和覆盖率高的字，以利于识字的巩固和日后的读写实践活动。二是尽量先安排常见的偏旁部首及构字能力强的基本字（如一年级上册的“认一认”），使之成为今后学习合体字的基础。三是尽量先安排笔画较少、比较简单的字，后安排笔画较多、比较复杂的字，例如，在一年级上册安排“中、青、不、村”等字，而“冲、晴、还、树”就安排在一年级下册；一年级下册让学生学习“波”和“女”，二年级上册再学习“婆”；一年级学习“土”，二年级再学习“吐”，等等。特殊情况可根据课标精神、识字的一些规律和学生的心理特点穿插进行，先学整体再学部分，由繁到简。要求认的字按照其构字能力、出现频率、常用性等来安排。

这样编排遵循了儿童学习语文的规律和汉字的构字规律，并有利于培养学生的语文实践能力。以人教版一年级上册为例，教材突出识字这个重点，本着多认少写的原则，全册要求认字 400 个，会写其中的 100 个。在编写教材之前，人教社小学语文课程教材研究开发中心做了调查研究，对《现代汉语常用字表》《小学生常用字表》等资料进行了分析综合，并加以人工干预，从中选择出最常用的 400 个字。据统计，这 400 个字的覆盖率可以达到小学生阅读材料的 50%左右。学生学会了这 400 个字以后，就可以阅读课文或浅显的儿童读物，也可以在阅读中增加识字量，培养初步的阅读能力，同时让学生体会到学习语文的成就感。

要求写的字按笔画的繁简程度和常用性来安排，呈现顺序也照顾到笔画、笔顺的规则。写哪些字，也应该讲求科学性。应该是写笔画最简单、最常用的字。以人教版一年级上册为例，从生字表（二）可以看出，所写的字绝大多数是独体字，笔画最多的不超过 8 画。每课要求写 3～4 个字，而且有一定的共同点。本着“先横后竖”“先撇后捺”“从上到下”等笔顺规则进行安排。例如，识字（一）第 1 课，3 个字都练习“横”，同时练从上到下的笔顺规则。识字（一）第 2 课是练习写“先横后竖”的字，同时认识“丨”“丿”两个笔画。目的是使学生逐步掌握汉字的基本笔画和书写汉字的笔顺规则，打好坚实的写字基础。

对于一些特殊情况，如在确定每册要求会写的生字时，先安排一些简单的常用字，课文中却偏偏没有；想先安排独体字，再安排合体字，却又要考虑让学生逐步学习一些偏旁。当碰到这样的矛盾时，便根据课标中“识字教学要将儿童熟识的语言因素作为主要材料，同时充分利用儿童的生活经验”的精神，将使用频率的高低作为首要的因素加以考虑，决定选字的先后顺序，这样也就出现了一年级上册安排“样”、二年级上册才安排“羊”的情况。所学的知识是可以迁移的，先学整体、后学部件也不失为一种选择。

3. 体现出逐步培养识字能力的结构顺序

教材遵循低年级儿童学习汉字的规律，并结合汉字的构字特点，体现出逐步培养识字能力的结构顺序。以苏教版为例，先出现构字能力强的独体字，再逐渐呈现合体字，到二年级下册开始出现特殊偏旁的字，体现出由部分到整体再到部分的逻辑结构，也顺应了学生的认知特点，即由笼统、模糊到精细的过程。学龄初期儿童的各种感觉分析器官已有较好的发展，但对客观事物又往往限于大体轮廓的知觉，笼统、粗略、不精确。比如，掌握半包围字不如全包围，不对称字不如对称字，尤其对字形内各部件大小、长短、距离、方位等把握起来更困难。因此，多一横，少一点，或部件相互推移，或两字相混淆的现象常有。

4. 体现出学段衔接的思路

一年级上册和二年级下册，分别体现出了与学前教育，中、高年段读写为主的教学相衔接的编排思路。如苏教版，一年级上册汉语拼音“双线并进”的编排思路，有承前启后的作用。所谓“承前”，就是将小学生在学前通过各种渠道学到的生字做一番系统的整理；“启后”，就是为他们今后识字、查字（部首字、独体字、高频字）做好铺垫。

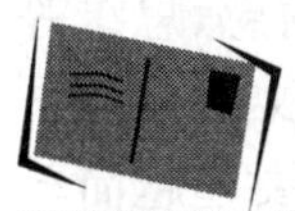

第二节　低年级阅读教材

【动手查一查】我国语文教材编排的主要类型是什么？这种类型有什么优势和不足？人教版低年级阅读教材或苏教版低年级阅读教材在编排思路上有什么突破和创新？把你的认识择要概述下来。

【动笔写一写】以低年级的阅读教材为例，从整册教材的角度反思自己是如何解读和处理阅读教材的？请将自己的经验概述出来。

【动脑想一想】看看所使用的低年级阅读教材内容是如何呈现的，并思考这种呈现方式对阅读教学的实施有何指导意义？

一、低年级阅读教材内容的选择

我们在前文对低年级阅读教学的学习指标进行了分析，那么，作为教学内容重要组成部分和凭借的低年级阅读教材，为帮助学生有效达成这些学习指标，选择了哪些教材内容？选择这些内容的依据是什么？这些内容是如何呈现的？搞清楚这些问题，教师在进行教学设计时，就会有一个宏观的把握，在制订具体的目标和教学内容设计时就有了科学的依据。

就现行较有影响的教材来说，我们认为阅读教材内容主要包括两部分，一是课文，二是言语实践。

（一）课文

课文是阅读教材的主体，现行教材选文更加贴近儿童的生活，能充分考虑儿童的经验世界、情感世界和想象世界，更具时代特点与现代意识。

此次教材选文一改往常的谨小慎微，大刀阔斧，更新内容。除了保持选用一些传统经典文章和名家名篇外，多数新选课文密切联系儿童的经验世界和想象世界，文质兼美，语言典范，洋溢着时代气息，富含人文精神。选文内容的突破，反映了儿童发展本位课程理念的确定。可从以下三个角度来审视：

(1) 从选文的文体角度看：有童话、寓言、故事、儿歌、古诗、儿童诗、散文、科普文章及日记等。这些内容呈现多句式，简洁，富有韵律，朗朗上口，有一定的重复回旋的语句，充满情趣，富有情节变化和强烈的感情色彩，容易发挥儿童的自由想象，为儿童所喜闻乐见。

先不着急往下读，想一想教材为什么要选择这些文体？尤其古诗是新选入的文体，这些文体在哪些方面与儿童的发展有联系？

之所以选择这些体裁，主要是基于阅读教学的学习要求、儿童语言习得规律和儿童发展特点等的考虑。

首先，低年级阅读教学侧重朗读、感受、体验、积累，强调个性化和多元化的理解和表达，体裁的结构与儿童世界具有同构性，容易将儿童的经验世界、想象世界，儿童的情感、思维等置于文本世界的召唤结构当中，利于引导儿童披文入情，在朗读中感知、理解课文内容与自己经验世界的联系，并在老师指导和点拨中达成目标，获得智慧成长。解读教材要超越简单的文体观，将文体学习置于儿童学习经验的情境中，思考这种文体语境与儿童成长的适应性，在细致把握每篇课文独特性的基础上，切入孩子经验的独特性。唯其如此，"文""人"才能有机融为一体，"达成'言语育人'和'育人言语'一体化目标的实践机会"。

其次，儿童从低年级开始学习书面语言，其学得方式主要靠模仿、积累，因此，提供儿童喜闻乐见、平实、规范的文本语言显得尤其重要。

最后，充分考虑到低年级儿童的发展特点，尤其是在思维、想象和情感等方面的发展需求。低年级儿童还以形象思维为主，直观的事物、事件、形象是学生进行理解、概括、表达等不可或缺的中介。再者"小学生的想象具有直观性和具体性的特点，小学生想象的直观性表现在其所想象的游戏动作中必须有某种具体的东西作直接的依据，否则其所想象的动作就不能展开"。初入小学的儿童，想象仍然带有幻想的性质，仍然非常喜爱童话和神仙故事，所以童话、寓言、故事仍然是他们最喜欢的体裁样式，但与学前儿童想象的最大不同之处在于：小学儿童虽然很喜爱童话和神仙故事，却日益明确地懂得童话和神仙故事的虚构性，根据这一特点可安排儿歌、古诗、儿童诗、散文、科普文章及日记等现实性强的文体。

(2) 从选文题材的角度看：选文的题材主要围绕儿童发展的四个外延来确定，即儿童与自然、儿童与社会、儿童与历史(文化)、儿童与他人(包括自我)等四个不同层面的范畴在一定语境中细化而来。

现行教材编写中倾向于分解成一个个主题或话题语境，不同体裁、风格的课文，围绕共同的主题组织单元，为学生的言语活动创设了一个共同的话语情境。以人教版低年级阅读教材为例，从一年级下册开始，二年级上册、二年级下册共 24 个专题，每组 4～5 篇课文，课文内容贴近儿童生活，体现时代特点，蕴含教育价值，把知识与能力、方法与习惯、情感态度价值观融为一体。其中涉及儿童与自然题材的有"多彩的春天，美丽的秋天，春天里的发现，保护环境，快乐的夏天，有趣的自然界，保护环境、爱护动物，美丽神奇的大自然"；涉及儿童与社会题材的有"家庭生活，丰富多彩的学校生活，我们的生活多么幸福，热爱祖国，爱祖国、爱家乡"；涉及儿童与历史(文化)题材的有"走进科技的世界，热爱科学"；涉及儿童与他人

(包括自我)题材的有“动脑筋想办法，我们都有好品质，怎样看问题、想问题，友好相处、团结合作，关爱他人，用心思考、勇于创造，培养优秀的品质，正确看待问题、善于思考，奉献与关爱”等。

之所以选择这些题材，原因至少有三个：一是语文的外延和生活的外延相等，其内容本身包罗万象，言语实践能力的形成离不开多元的言语情境；二是教育的最终目的是培养全面发展的人，终身发展的人，语文教育也不能脱离这一目的，围绕着儿童的生活世界、经验世界组织材料，利于儿童的全面发展；三是时代的发展要求也制约着课文题材的选取，“教材应体现时代特点和现代意识，关注人类，关注自然，理解和尊重多样文化，有助于学生树立正确的世界观、人生观、价值观”“教材要注重继承与弘扬中华民族优秀文化，有助于增强学生的民族意识和爱国主义感情”。这些要求为阅读教材题材的选取提供了直接依据。

(3) 从选文类型的角度看：现行教材主要类型包括精读课文、略读课文和选读课文，有的还安排连环画形式的课文，即原先的看图学文。

课文类型不是课文自身的一种形式，而是从教学要求的角度划定的一种教学方式，也就是说它是从教学方法的角度区分出的一种选文形式。不同的选文类型要求不同的教学方法，从而形成了不同的课型。

编排时将选文分为不同类型，体现了由学读到试读到自读、由扶到放的训练逻辑，利于达到“教是为了达到不需要教”的境地。就现行教材来看，小学阶段精读课文占了大多数，说明此类课文是小学生达成学习指标的主要凭借。略读课文、选读课文呈现出由低年级到高年级逐渐增加的趋势。

当然，不同课文类型的编排，主要是体现教材对不同阅读教学方式的要求，也就是说，这样编排，重点不是要处理这些选文，而是用这样的方式(精读或略读或选读)处理这些选文。了解了这样一种编辑思路，就可以形成两种超越教材的处理思路：一是选文仅是要求“这样教”的例子，我可以用，也可以用自己编选的内容替代；二是不管是哪种类型的课文，教师都可以根据自己的教学实际和要求进行类型转换。

(二) 言语实践活动

为什么课改后，我们不怎么愿意用“训练”的说法，而喜欢用“练习”或“实践”，这仅仅是词语的替换，还是另有深意？

训练与实践最大的区别在于：前者主要是基于知识的系统性追求，指向学得；后者主要是基于生活中语言的运用，指向学得和习得。本质上，两者的差别不是训练方式的不同，而是理念的差别。课标指出：“语文是实践性很强的课程，应着重培养学生的语文实践能力，而培养这种能力的主要途径也应是语文实践，不宜刻意追求语文知识的系统和完整。”该提法是对传统以知识为中心，刻意追求知识系统性的训练逻辑的纠偏，也是对语文特性的认定。要求加强语文实践，就是要求学生在直接或间接的语文情境中加强语言文字的应用。

就低年级的阅读教材来说，言语的实践主要体现在课后练习和单元练习的编制上，主要包括朗读、背诵、词句练习三个重点内容。

1. 朗读

现行教材的编排中，朗读的地位突出，要求多样，有的要求朗读片断，有的是分角色朗读，有的是朗读并演一演等。人教版、苏教版教材每一课都安排了朗读任务，其中苏教版教材还将朗读设置为练习的第 1 题，以凸现其重要性。之所以这样编排，是由朗读在低年段的重要功能决定的，教材就是要通过这种编排，体现其重要性。

2. 背诵

主要由两部分组成：一是背诵整篇课文或课文片断，这占了相当的比例，比如人教版一年级上册 20 篇课文，13 篇要求全文背诵；苏教版一年级上册 13 篇，10 篇要求全文背诵。二是读背词语（尤其是成语）或短小精悍的阅读材料，以帮助学生积累语言，这些阅读材料包括儿童诗、古诗、名言、谚语、对联等，形式多样，内容丰富，语言浅近，但意境深远，又多为韵文；读背的词句旁都配有相应的图画，有助于词句的理解与记诵。这些内容，只要求读读背背。在教学中，不要人为地拔高要求，不要进行繁琐的讲解，要求背诵的古诗或短文，只要学生能够读流利、背正确就可以。

教材之所以加强背诵的要求，主要考虑到以下几方面。第一，低年级学生处于记忆尤其是机械记忆的黄金时期，适合采用朗读、诵读以至背诵等方式学习。第二，背诵可以发展记忆力，加深对课文的理解和感受。对低年级学生来说，朗读和背诵是感受和理解课文的主要方式。第三，规范口头言语。低年级学生口头言语欠规范，不精练，要求背诵的书面言语是规范的白话文或是脍炙人口的名篇，学生通过熟读背诵，加以消化、吸收，久而久之，文章中的语言就会自然而然地进入口语的表达之中，对口语的表达起着积极的改造作用。第四，为低年级学生的写话积累语言材料，并为中年级的习作打基础。丰富的语言材料的储备，是提高儿童思维能力和智力活动水平的基础，也是言语理解和表达能力发展的必要条件。学生通过熟读背诵，课文里的选词炼句、谋篇布局的表达方法及修辞手段等就逐步在脑子里形成各种写作的“范型”，一旦构思行文，就会意到笔随，得心应手。巴金在谈到自己的散文创作时说：“现在有两百多篇文章储蓄在我的脑子里面了。虽然我对其中的任何一篇都没有好好地研究过，但是，这么多具体东西至少可以使我明白所谓‘文章’究竟是怎么一回事，可以使我明白文章并非不可思议，它也是有条有理，顺着我们的思路连下来的。”

3. 词句练习

从现行较有影响的教材来看，编排主要包括两部分，一是结合课文理解的词句练习；另一是单独的词句练习。前一部分主要放在课后练习中编排，形式多样，有“读读、说说、连连、填填、抄抄、记记等”。二年级上册开始，课后练习中逐渐增加此部分内容，如苏教版二年级上册开始增加“读读，抄抄，再听写”课文相关的词语，加大了词语、句子、文章内容的理解与拓展的练习；二年级下册又增加了“读读想想”。人教版二年级上册多数课文后面安排了词或句的练习，形式多样，有侧重于词语的理解和运用的，如“渐渐地——花骨朵渐渐地长大了”“静静地——小鹿静静地躺在床上养病”；有侧重于词语的积累和拓展的，如“弯弯的小路、长长的小溪”“我要把会写的词语都抄下来”等。后一部分主要放于单元练习中编排，结合学生的实践经验设置，形式多样。如读词语，用学过的字组成新词，反义词、形容词、叠词的练习，词语的搭配练习，读句子、说句子的练习等。

之所以选择词句练习：一是课标要求“结合上下文和生活实际了解课文中词句的意思，

在阅读中积累词语”；二是词句练习可以帮助低年级学生积累并正确运用词语；三是理解课文内容的基础。

此外，课后练习也安排一些思考题，意图主要有两个：一个是指向对课文的理解和感悟；另一个是将课内学习延伸到课外实践，旨在引导学生将课内学习获得的知识、方法和情感体验迁移运用于日常生活之中，如“让我们更多地了解一下自己的家乡吧”“我要留心观察天气的变化，把它写在日记里”。

以上不同形式的练习，立足课内又指向课外，其目的在于有意识地指导学生积累语言，发展思维。“语文又是母语教育课程，学习资源和实践机会无处不在，无时不有。因而，应该让学生更多地直接接触语文材料，在大量的语文实践中掌握运用语文的规律”。因此学习积累文字、语言、技能，归根结底是实践中的应用，并将应用中的巩固与生成重新作为经验和背景纳入课堂的学习。

（三）阅读习惯

苏教版教材利用插图的形式，在每册的开头编排了阅读习惯的内容。与低年级的阅读习惯相关的编排主要有“正确读书姿势的习惯”“使用工具书的习惯”“阅读课外书的习惯”等。如一年级上册的“保持正确的读写姿势”，一年级下册的“专心倾听”和“勇于发言”的习惯，“勤于朗读背诵”“乐于课外阅读”的习惯，二年级下册的“勤查字典”的习惯等。

教材选择这部分内容的意义是显而易见的，对整个小学阶段来说，养成良好的阅读习惯，是阅读的重要任务，尤其是从低年级开始就要进行。习惯的培养主要是和阅读任务结合在一起进行的，“反复抓，抓反复”才能奏效，教材没有安排太多的专门的板块或知识，也是考虑到这个特点。

（四）标点符号

认识课文中出现的常用标点符号。在阅读中，体会句号、问号、感叹号所表达的不同语气。因为低年级主要的学习任务是理解句意和用句子表达。三种标点，都是句子结束时的标志符号，并代表不同的语气。

二、低年级阅读教材内容的呈现

依据“教材的体例和呈现方式应灵活多样，避免模式化”的要求，现行阅读教材的呈现注重低年级学生的阅读心理、学习特点，综合运用较大字体的文字、多样化的符号、活泼富有生活内涵和文化内涵的插图、“学习小伙伴”等，灵活呈现，把教材变成了学材，把规定必学的课本变成了自己愿意学的读物。

（一）课文的呈现

1. 低年级课文一般是“双行阅读”，全文注音（三年级开始单行），字体较大，并有变化，行距清晰

有意加强拼音、识字、阅读之间的联系，以便学生采用“双行认读”的方法，使识字（看拼音识字）与阅读可以同步进行。以苏教版为例，是大 16 开本，低年级四册全是双行阅读，前三册是三号字体，二年级下册开始变为四号字体。人教版是大 32 开本，前两册双行阅读，但教材后的连环画课文和选读课文不再全文注音；后两册不再全文注音，只在个别字上注音。教材采用大 32 开本，具有现代气息，又符合低年级学生的阅读视野要求。教材字体的选择、字号的大小、行距的设定比较科学，使人阅读时感觉宽松而不局促、舒服而不压抑。

这种呈现方式，体现出对汉语拼音这个辅助工具的巩固，由拼音帮助到没有拼音自行认读，从每册教材内到每册教材之间的变化，体现出由扶到放，由教读到自读的逻辑思路。教学时要从整体上把握这种思路。

这种过渡性的安排，体现了课标的要求，只是用教材把这种要求呈现出来，这一册学完了要求学生能对不注音的课文进行阅读，前两册或几册学完了，学生能不借助拼音进行识字，要达到这种要求需要逐步训练。这就启发教师解读教材时把握住这一思路，并根据自身的实际，在处理一课、一单元、一册教材时，思考如何去贯彻和达到这一目标。如果教师能站在这样一个高度，去处理、把握每一篇课文和每一个环节的话，就容易达到用教材教的境地。

2. 以单元方式组合课文，或与识字单元交叉呈现，或与识字课文组织在同一单元

体现了先集中识一批字，再学一批课文，再识字，再学课文的编排思路。以人教版为例，一年级上册识字单元和阅读单元交叉编排。20 篇课文分两部分呈现，每部分 10 篇，5 篇为一单元。

一年级下册和二年级上、下册均是围绕专题整合教材内容，每册由 8 个单元组成，1 篇识字课文，4～5 篇课文，加 1 个“语文园地”。

每组均以“导语”的形式点明单元专题，识字课、阅读课、“语文园地”都围绕本组专题安排，各部分相互联系，相互渗透，构成有机整体。如二年级下册第三组，简短的导语点出了本组的专题——爱祖国、爱家乡，接着是 4 篇课文，《日月潭》《葡萄沟》《难忘的泼水节》《北京亮起来了》。这 4 篇课文向学生展示了祖国迷人的风光、丰富的物产和日新月异的变化。通过这一组内容的学习，学生可以了解到祖国的辽阔、美丽，增强对祖国的认识和热爱，并能激发他们渴望了解家乡和赞美家乡的感情。“语文园地”里“我会读”给出的是北朝民歌“敕勒歌”，向我们展示了“天苍苍、野茫茫”的广阔草原画面。“口语交际”要求学生将学习前面几组课文所获得的情感体验迁移运用于对家乡的了解、热爱方面，畅谈家乡的丰富物产、美丽景色以及家乡的变化，展望家乡的美好未来。“展示台”展示的是有关家乡过去和现在的照片，以此来认识家乡的变化，培养学生收集、整理资料和动手动脑的能力。综观这几部分内容，便会发现它们都是围绕“爱祖国、爱家乡”这一专题来安排的。之后的几个单元也都是如此，围绕一个专题把各项教材内容组合成一个整体。这样安排，体现了课标提出的教材要避免繁琐、加强整合的思想，便于开展教学实践活动，提高学生的语文综合能力。

3. 选文类型的呈现体现出差异性

上文已介绍过，现行教材主要编排了精读课文、略读课文、选读课文三种课文类型，在呈现上，三种类型之间及其在不同册都有所变化。例如，人教版一年级上、下册的选读课文是连环画形式，全文不注音；一年级下册开始 8 组课文之后专门编排 1 组选读课文，不再以连环画形式呈现，只在个别字注音。二年级下册为与中年段衔接，8 组课文之中穿插安排了 4 篇略读课文，只编排了 2 项课后练习，有识字任务，没有写字要求。

4. 配有丰富的彩色插图

传统教材的编排也非常注重这一点。低年级学生掌握的概念还带有很大的具体形象性，必须借助形象的事物来理解概念，对低年级教材来说，插图起了相当的凭借作用。课标规定能“借助读物中的图画阅读”，这就对插图提出了更高的要求。因此，插图的色彩、风格，插图编排的活泼、多样性，插图的完整性，插图和孩童经验的接近性，插图所涵盖的内容以及所给儿童学习语文留下的必要空白等特点，都是现行教材编者从编辑的角度所应追求和研究的，也是教师从教学的角度所应关注的重要课题。

现行低年级阅读教材，课文全部配有图画，一幅或多幅，尽可能形象地再现课文内容，并使课文的重点表象得到凸显。符合儿童以形象思维为主的心理特征，和由“具象”到“抽象”、由阅读“画书”向阅读“字书”过渡的阅读思维发展规律。以人教版为例，教材色彩鲜艳明快，整体采用冷色调，让人感觉宁静平和。插图除“天安门升旗仪式”采用照片外，均采用手绘儿童画，贴近儿童，符合儿童的审美心理，易于为孩子接受，并且在排版处理上多处运用渐变，形成图文一体又清晰可辨的效果。所有这些，使人教版教材的教育功能得到了扩张，对儿童的心理、审美、健康等都有积极影响。

（二）言语实践活动的呈现

言语实践内容主要通过课后练习和单元练习来呈现。

1. 课后练习的呈现

课后练习重视联系学生的生活实际，着眼于积累语言，启发思维，培养语文实践能力。以人教版为例，课后练习一般是 4 道题。每一课后一般都设置“我会认”“我会写”“读一读”或“读读背背”“读读抄抄”“想想说说”等(图 2－9)，体现了低年级阅读教学的主要任务和基本要求。其中“读读背背”一项，从课文的实际出发，提法有所不同，有的要求背诵全文，有的只要求背诵自己喜欢的部分。部分课后练习从尊重学生的个体差异出发，不做统一要求，如“背诵自己喜欢的部分”“我要把会写的词语都抄下来”。

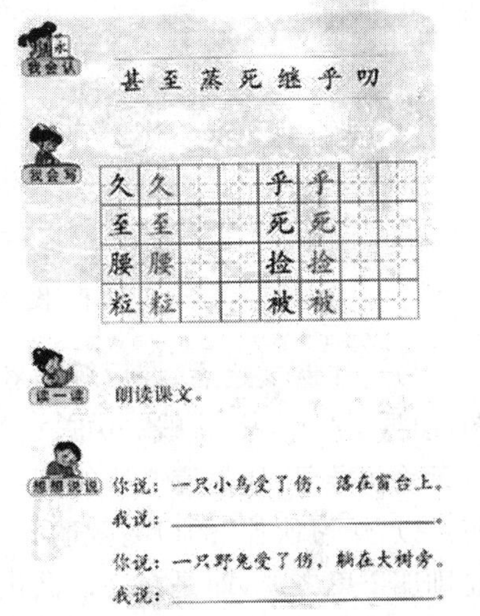

图 2－9　人教版低年级课后练习

苏教版课后作业设计具有明显的创新意识。一是把培养认读能力放在首位，旗帜鲜明地突出了读书、写字两大重点，比如，一年级下册 25 篇课文中有 20 篇只安排朗读课文和描红写字两项作业，其余 5 课也都把朗读、描红两项作业放在前面，再增加一点说话、造句、表演等加深或拓展阅读效果的活动，体现了“课标”提倡的“少做题，多读书”的精神。二是注重语言的积累，25 篇课文，要求背诵的达 14 课，占 56%。

2. 单元练习的呈现

单元练习利用学习伙伴、插图、方框、图形等形式活泼地呈现出所要求实践的内容。这样的呈现方式，活泼多变，富于亲切感、启发性，利于激发学生言语实践的动机。

以人教版“语文园地”为例，前 3 册教材一般包括 4～5 个栏目，二年级下册新增了“宽带网”。“我的发现”——鼓励学生探究发现，引导学生了解汉字构字特点、词语之间的联系，以及表达方法和标点应用等知识。“日积月累”——引导学生在复习已经学过的字词的同时学习生字新词，感受和强化词语之间的搭配习惯，并进行语文基础知识的综合练习。需要特别说明的是，二年级下册教材的“日积月累”中增添了能突显中华文化的、与本组专题密切相关的成语韵语、对联、节气歌、古诗词等内容，它们使学生在复习字词的同时，积累好词佳句、优秀段篇。

“展示台”给学生提供展示学习成果和才能的机会(图 2－10)。人教版教材以“学习伙伴”的展示为引导,鼓励学生从不同方面展示自己的本领和学习收获,使学生不断产生成就感。如“语文园地一”的展示台,引导学生展示自己制作的书签、贺卡,自己写的儿歌,画的图画;“语文园地三”的展示台,引导学生展示自己课外识字成果、收集到的北京风景明信片以及自己的文艺才能。教材以这种方式激发、调动学生学习的主动性、积极性,使他们感受到学习的快乐,进而不断产生学习动力,并逐渐使学习成为自身发展的需要。学生经常有机会展示课内外学习的成果,还能促使他们有意识地在生活中学习语文,成为学习语文的有心人。

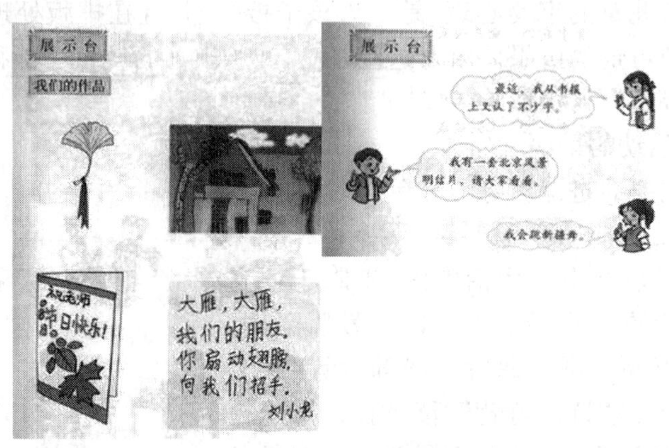

图 2－10　人教版低年级“语文园地”

教材在课文之后、课后练习和“语文园地”中安排了一些“学习伙伴”,并配有相应的插图,引导学生学习、实践。由关注教师的教,转向既方便教师的教,又方便学生的学。不论是单元前的导语,还是课文后的练习,或是“语文园地”,不是以叙述的方式或题目的形式呈现,而是以“学习伙伴”的口吻叙述的,非常亲切、自然。使学生感到不再是被布置这个作业或是安排那个思考题,而是在潜移默化中养成良好的阅读习惯:读书的时候要思考问题,读书以后和他人交流感受,提出自己不懂的问题,并运用阅读所得亲身实践等。这样安排,使教材真正成了学生的学本,这是呈现方式上的创新和突破。如在《坐井观天》一文后,“学习伙伴”引导学生思考:“青蛙如果跳出井口会看到什么,会说些什么(图 2－11)?”

图 2－11　人教版低年级课文《坐井观天》中的插语

人教版课后练习由“学习伙伴”呈现“读读背背”“读一读”“读读想想”“读读说说”“我会读”“说一说”“读读连连”“读读画画”等。“语文园地”中的“我的发现”“我会认”“我会读”“我会写”“识字加油站”等任务，也由学习伙伴呈现出来。教材选择“替代性榜样”将学习通过伙伴指向自身，逐渐增强自觉意识，这恰恰符合低年级学生的学习特点。

（三）**阅读习惯内容的呈现**

最有特色的是苏教版教材的“培养良好的学习习惯”的呈现方式。它主要以图片的形式凸现相应的主题，而不是拼音或文字，放在每册的开头，标题以文字形式，横竖结合，内容取材于学生实际。

三、低年级阅读教材呈现的理论依据

1. 符合课标的要求

这种编排体现了课标提出的教材要避免繁琐、简化头绪、突出重点、加强整合、注重情感态度和知识能力间的联系；体现了全面提高学生和语文综合素养的总指导思想。这种编排为教师创造性地理解和使用教材，积极开发课程资源，灵活运用多种教学策略，不断改进教学方法，引导学生学会学习，提供了充分的有利条件。“单元整组教学”就是实验教师创造性劳动的产物。

2. 符合低年级儿童阅读的心理与生理特点

第一学段的课文是“双行阅读”，学生遇到生字，只要读读上边的注音，再联系上下文想一想，便可解决。加上儿童的声带尚在发育之中，常念短文可使声带得到锻炼，又不致使其负担过重；上口的短文，儿童读着读着还有音韵和谐的享受，再读着读着就会背了，有利于培养儿童学习语言的兴趣。编选短文的好处还不仅限于此，教材有限的版面可以放大字号，省孩子的目力，还可以配以大量插图，收图文并茂之效。这是符合儿童记忆力高于理解力的年龄特征的，抓住记忆的最佳期，让学生多背一些好东西可以终生受用。

这样呈现符合儿童以形象思维为主的心理特征和由“具象”到“抽象”、由阅读“画书”向阅读“字书”过渡的阅读思维发展规律。

3. 符合语文实践性强的特点

用单元方式编排，识字单元和阅读单元交叉编排或与课文整合是现行教材主流编排方式，符合语文实践性强的特点。李海林在《言语教学论》中的论述，对目前单元编排的方式和今后单元编排提供了可供借鉴的理论依据。“教学单元是以语文能力为标准划分的教学单位。独立完成一个主题的语文能力培养任务的教学单位就是一个教学单元。所谓一个主题，就是指一个语境条件；所谓一个主题的语文能力，就是指一个语境背景下开展言语活动的能力。因此一个教学单元也可以说就是一个语境类型。在这个教学单元内，若干篇课文的语境都是属于一个类型的，例如，都是家庭的语境，或都是学校语境，或都是社会活动语境等。一个单元的教学目的，就是培养学生在这样的语境背景下开展言语活动的能力”“若干课之所以能组合在一起成为一个教学单元，就是因为它们是围绕一个话题开展的言语活动，一个教学单元的若干课就是因为其语境的相似性而被组合在一起的，一个教学单元通过同一语境类型的若干次言语活动实践，培养学生在这种语境背景中的言语交际能力”。

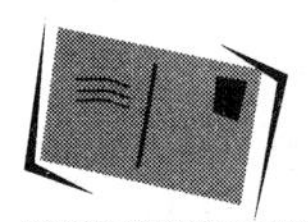

第三节　低年级写话教材

【动手做一做】把低年级写话内容找出来，看看教材选择了什么内容？这些内容之间有何逻辑关系？

【动脑想一想】分析所使用的低年级写话教材，看看所选内容是如何呈现的？

【动笔写一写】联系自己的教学实际，思考这种呈现方式对写话教学的实施有何指导意义？

一、低年级写话教材内容的选择

1. 运用阅读和生活中学到的词语写一句或几句话

课标要求“在写话中乐于运用阅读和生活中学到的词语”。现行教材编排不再从句子写作要求的角度出发编选内容(如1993年大纲要求，六年制一年级要“能用学过的部分词语写通顺的句子”“学习观察简单的图画和事物，练习写句子”，二年级要求“能用学过的部分词语写通顺的句子，能理顺次序错乱的句子”“学习按一定顺序观察图画和简单事物，写几句意思连贯的话”)，而是通过设置情境，包括书面语情境(阅读中学到的词语)和生活情境(生活中学到的词语)，即在言语实践中，进行句子的写作训练。这既符合语文实践性的特征，又适合低年级儿童学习的特点。

要求的变化，导致了教材编排思路的不同，课标是从言语实践的角度设置写话内容；大纲则从知识训练的角度来设计写话内容，但有一点是共同的，就是低年级学生的写话，要加强句子的写作练习。

【请你联系】想想儿童在入学前已具备了哪些句子基础？低年级阅读教学中词句的教学会对低年级写话有何作用？如何以儿童接受的方式将句子的读与写结合起来，提高写话的效果？

学前儿童的口头言语已经有了很大的发展，掌握了一定数量的词汇，能正确地使用简短的语句来表达思想，并且有一定的连贯性。从儿童心理学的角度看，“儿童在学前时期，已经基本上掌握了言语交际的能力，他们能够运用比较丰富的口头词汇来正确地造句，表达自己的思想”。但还不善于独立地、按照一定逻辑顺序进行连贯性的讲，词汇还很不够用，言语还很不完整，内部言语还不发展，还不善于掌握书面言语，这一切都说明学前儿童的言语能力还是不完善的，还有待于发展。也就是说，在口头言语向书面言语转变时期，尤其是一年级时书面言语落后于口头言语，规范、纠正、发展书面言语是必要的。

另外，从应用语言学的角度看，句子是最小的意义单位，一个或几个句子能表达一个完整的意思。句子形式是最适合低年级学生的表达形式。

2. 联系自己的经验进行观察，并用几句话写下来

课标要求“写出自己对周围事物的认识和感想”，这其实是写话过程中的观察和想象。

儿童要表达出自己的认识和感想，就必须在课堂上或生活中进行观察和想象，这既是条件，也是方法。现行写话教材中对这一内容都有所设计，如苏教版二年级上册练习 8“学用字词句”中“仔细看图，想想同学们在干什么，然后再写几句话”；二年级下册练习 4 中“说说写写”要求观察一种生活中常见的动物，说说它的样子，再用几句话写下来。

3. 想象写话

课标要求“写想象中的事物”，在现行教材的内容选择中常见的就有以下形式：一是续写，如苏教版二年级上册《11 狐狸和乌鸦》课后练习 4 要求“发挥想象，以《肉被骗走以后》为题编一个小故事”；二是仿写，如苏教版二年级下册《24 问银河》课后练习 5 要求“你还有什么问题问银河吗？像课文那样写下来”；三是联系课文内容，进行想象，如苏教版二年级下册《12 木兰从军》课后练习 5 要求“展开想象，说说木兰是怎样说服家人的，然后用几句话写下来”；四是专门的想象写话训练，如苏教版二年级下册单元 8 的“说说写写”栏目要求“未来的交通工具会是什么样的？展开想象画一画，再用几句话写一写”。

4. 应用文体的训练

课标没有明确规定，留出了空间，应善于和学生的生活实际联系设练。人教版就规定有学习写日记的内容，比如二年级上册就编选了日记两则课文，利用“学习伙伴”引出“我想从今天开始写日记”的要求。有些学校提出“取消”作文的口号，其实不是不写作文，而是不布置写作任务，先让学生做事，并根据需要写假条、留言、通知等，以此带动常规意义上的写作，这是很好的启示。

5. 根据表达的需要，学习使用逗号、句号、问号、感叹号

教材没有编排有关的知识和专门的练习内容，只是提出要求，不作为知识来学，而是在书面言语活动过程中，重点体会和运用。之所以选择这些内容，是因为这些符号都是一句完整话的标志，在写话中体会不同形式的标点所表达的内容和情感。

二、低年级写话教材内容的呈现

1. 结合具体情境呈现

主要是文字要求和相应内容的插图相结合，塑造真实的言语表达情境。具体来说：一是结合单元练习。比如苏教版一年级下册单元练习 2 的“想想做做”，把“三八”写话和动手实践结合起来，设置具体情境，在贺卡上写一句祝福妈妈的话，有情境要求，并配有插图（图 2－12）；二年级上册练习 4 要求在汇款单中写几句附言（图 2－13）。二是结合口语交际

图 2－12　苏教版一年级下册单元练习 2“想想做做”

图 2－13　苏教版二年级上册练习 4

情境。如苏教版二年级上册单元练习 1 的“学会祝贺”(图 2 - 14);还有单元练习 7“学会待客”,要求根据图意把下面一段话补充完整(图 2 - 15)。

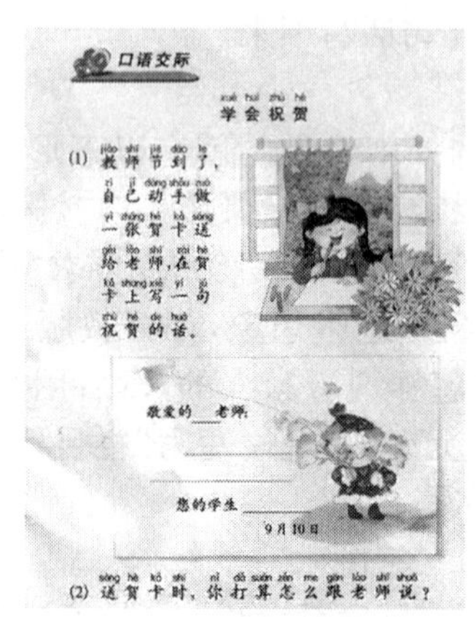

图 2 - 14　苏教版二年级上册单元练习 1

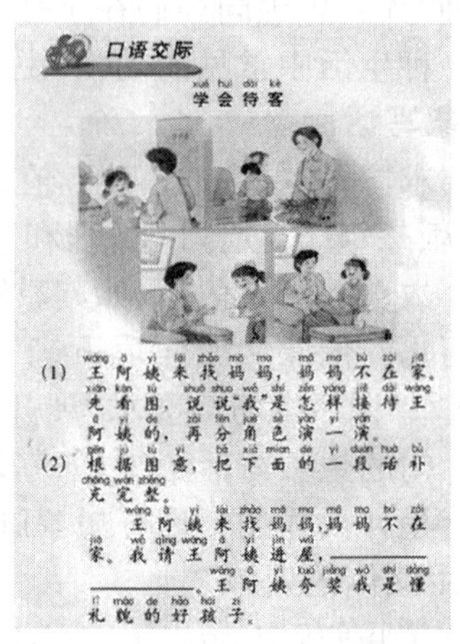

图 2 - 15　苏教版二年级上册单元练习 7

2. 结合课文练习呈现

如苏教版二年级上册《2008,北京!》课后练习 4“你打算为 2008 北京奥运会做点什么?先说说再写下来”;苏教版二年级下册《9 母亲的恩情》练习 4“读句子用带点的词语写一句话”。

3. 独立的写话任务

一般是图文结合,比如苏教版二年级上册单元练习 3“说说写写”(第一次出现专门练习),有文字要求和相应插图,要求“说说图中的小朋友在干什么,然后从下面的词中任选三个,照样子各写一句话”(图 2 - 16)。

图 2 - 16　苏教版二年级上册单元练习 3“说说写写”

苏教版二年级上册单元练习 5“做做写写”,文字要求“跟妈妈到菜市场去买菜,看看菜市场有哪些蔬菜,妈妈买了哪几样,先说一说再写下来”。二年级下册单元练习 4“说说写写”,“观察一种生活中常见的动物,说说它的样子,再用几句话写下来”,并配有插图。苏教版二年级下册单元练习 8“说说写写”,“未来的交通工具会是什么样的? 展开想象画一画,再用几句话写一写”。

三、低年级写话教材呈现的理论依据

(1) 遵循书面言语发展规律。

(2) 符合儿童的言语发展规律。

(3) 适应儿童的写话特点,图文结合形式活泼。

(4) 符合语文言语实践性要求。

在具体的语境中或与课文语境、生活情境结合,让学生在言语的应用中习得书面言语的能力,内容贴合学生的生活经验。

四、低年级写话教材呈现的逻辑思路

1. 集中编排与分散编排相结合

先分散安排，因课、因题设练；再集中设置写话练习，再分散，再集中；集中和分散的训练项目都是按先易后难、先说后写、说写结合的编排思路。

在写话教学中，我们常常是先说后写，这是为何？参考：一是低年级儿童以口头言语叙述自己的思想较容易，因为比刚学习的书面言语更习惯。二是儿童的内部言语发展不够完善，从内部来控制与调节自己的思想还要学习。所以，在把想法写出之前，先从口头上把其组成为连贯的言语，才能使学生有可能进行自我检查与自我控制；同时，也便于教师及时帮助改正其错误，把学生的思想引向积极的一面。

2. 体现出学段衔接的思路

以苏教版为例，一年级上册没有急于安排写话的练习，而是先安排说话、阅读的内容，从而为写打下基础。这是考虑到书面言语总是在口头言语的基础上形成起来的，同时它又可以反过来丰富和改造口头言语的缘故。一年级上册的写话教材起到过渡作用。在儿童入学的初期，口头言语已有一定的水平，但书面言语还非常贫乏。教师的任务在于引导儿童逐步从口头言语过渡到书面言语。例如，书面词汇的学习应当尽量接近口头词汇，在作书面叙述之前，先做口头叙述等。

3. 遵循学科训练的逻辑和言语能力发展的逻辑

先安排说读的内容再安排写的内容，这是因为“从儿童出生后言语发展总体看，听、说、读、写是递此发展的过程。首先是会听，然后是会说，但会说不一定会读，在会读中才逐步发展写的能力”。遵循说说、读读—写一句完整的话—写几句连贯的话—写一段具体的话的顺序，这种编排符合儿童学习语文的规律和认识事物的规律，逐步发展和提高。

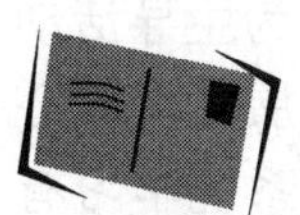

第四节 低年级口语交际教材

【动手做一做】把低年级教材中口语交际的话题罗列出来，看看四册之间的口语交际内容的编排有没有逻辑序列？如果有你认为是什么？

【动脑想一想】分析所使用的低年级口语交际教材，看看所选交际内容是如何呈现的？

【动笔写一写】这种呈现方式对口语交际教学的实施有何指导意义？请结合自己的教学实际写一写。

一、低年级口语交际教材内容的选择

从上文对课标第一学段“口语交际”的六个学习指标分析看，低年级口语交际的要求着重在三个方面：一是口语交际时要养成讲普通话的习惯；二是口语交际时要认真、努力地听，完整或简要地讲述；三是在口语交际时要有礼貌、态度大方、有自信心。

那么，作为教学内容重要组成部分和凭借的低年级口语交际教材，为实现这些教学要求，选择了哪些教材内容？为什么要选择这些内容呢？

（一）从口头言语的形式角度，可分为侧重对话言语类的交际话题和侧重独白类的交际话题

综观低年级口语交际指标：“能较完整地讲述小故事，能简要讲述自己感兴趣的见闻”“能认真听别人讲话，努力了解讲话的主要内容”“听故事、看音像作品，能复述大意和精彩情节”等侧重独白类要求；“与别人交谈，态度自然大方，有礼貌”“有表达的自信心，积极参加讨论，对感兴趣的话题发表意见”等侧重对话类的要求。仅以苏教版一年级上册六个“话题”为例：“自我介绍”“听故事讲故事”属于独白类，“借铅笔”“打电话”“悄悄告诉他”“我们来讨论”属于对话类。学前儿童在说出的言语上，对话言语占有主要地位，而且在对话的过程中，还常常要用手势、表情来加以补充，独白言语还不是很发展的。从儿童进入学校以后，由于学习上的要求，独白言语逐渐成为口头言语的主要形式。这种独白言语比对话言语要求更多的预先思考，要求善于选择词汇，组织内容，要求更大的完整性和连贯性，要求措词精确，主次分明，使老师和同学都能听得明白，感到满意。独白言语和对话言语相辅相成，共同促进儿童内部言语的发展。口语交际无疑为两种言语形式的发展提供了很好的平台，并在教学过程中提高口语交际能力。

（二）从言语功能的角度，即根据言语功能、想象功能、交际功能、表现功能、启发功能、表达功能、调节功能划分教材内容

这样划分的依据有三个：一是言语的形式由言语的功能决定。言语具有多种功能，每一种功能都有相应的言语手段，言语功能的改变，必然会导致语言结构发生变化。二是言语功能的发展由每个年龄阶段的主导活动所决定。活动心理学认为，儿童心理的发展由每个年龄阶段的主导活动所决定，从一个年龄阶段向另一个年龄阶段的过渡，也是因为主导活动的改变造成的，语言的发展同样如此。三是小学阶段是儿童言语功能的最佳发展时期。心理学家列昂捷夫曾经指出，教学是组织得最有系统的交际形式。在教师指导下系统学习有关知识，学生言语的概括功能会得到迅速发展；教师与学生、学生与学生、学生与社会其他人员之间的交往则使学生言语的自我表现功能、调节功能、影响功能得到快速发展。按照社会语言学派对言语功能的划分，低年级口语交际内容的编排如表 2 - 2 所示：

表 2 - 2　低年级口语交际内容的编排

言语功能	年段	功能项目举例	交际活动形式举例（以苏教版为例）
想象功能	低*	看图编故事、续编故事、复述	讲童话故事
交际功能	低*	问候、感谢、道歉、欢迎、祝贺	学会道歉

续　表

言语功能	年段	功能项目举例	交际活动形式举例（以苏教版为例）
表现功能	低	介绍、转告	说说我的家
启发功能	低	提问	问路
表达功能	低	生活报告	我在“六一”这一天
调节功能	低	提醒	悄悄告诉他

注：* 表示其中想象功能和交际功能是低年段训练的重点。

让学生掌握言语的一切功能，培养学生的言语交际能力是言语交际教学的最终目的。对于如何循序渐进地培养学生运用语言的能力，活动心理学为我们提供了一个大致的教学程序安排：一是学会通过想象、观察和思维来反映客观世界的某些意义，交流这些意义，熟悉相应的语言手段；二是学会自我表现，即意识到自己的言语表达中存在着“目的”，它代表自己的立场、观点和情感，必须表达出来，同时要熟悉相应的言语手段；三是调节与别人的交际活动，能够根据不同的对象施加影响，即在交际的过程中确定自己的表达目的，并能根据对方的兴趣、文化水平和心理状态判定对方表达的目的，对其进行说服，同时要熟悉相应的言语手段；四是学会自我调节和自我教育，即学会通过交际，将社会公认的价值标准（意义）同自己的观点（目的）和别人观点（目的）进行比较，从而形成自己的道德观念，同时要熟悉相应的言语手段；五是学会提炼新的意义（从事创造性的活动），即根据自己具有个性的目的，去重新研究社会所公认的各种意义，并把它纳入新的体系。

二、低年级口语交际教材内容的呈现

从现行比较有影响的人教版、苏教版的编排来看，口语交际内容一般放在单元练习中单独呈现，综合运用图标、图案、线条、颜色等活泼并富含寓意的形式引出口语交际专题。比如，苏教版口语交际的话题由一个“手握手，心连心”的暗含交际寓意的图标，引出口语交际专题。人教版一年级上册是两个正在采访和回答的男女学习伙伴；一年级下册和二年级上、下册，则将口语交际标题和话题内容都放到图案当中，活泼、醒目，提示性强。

请分析自己所使用的口语交际教材，看看每一个话题是如何呈现的？它们之间的呈现方式有何不同？这种不同给你教学这个话题和确定教学内容有何启发？

具体来说，主要有三种呈现方式。

1. 话题单独呈现

一般由三个部分组成：即话题、情境图和教学要求提示。以苏教版口语交际教材和人教版一年级上册为代表，话题选择的内容都是小学生关心的，与他们的学习、生活、发展密切相关的内容。“情境图”有单幅的，也有多幅的。有的展现口语交际的具体场景，有的表现较完整的口语交际过程，有的反映口语交际过程中一瞬间的情景。例如，我们在公共场所经常会遇到一些不正确的行为，我们必须对此进行制止和劝阻，怎么劝阻是项本领，苏教版二年级下册单元练习 3 中《学会劝阻》这个话题，就是针对这个需要安排的(图 2 - 17)。教材要求学生先说一说江晓宁等对不正确的行为是怎样劝阻的。这里的“说一说”，就是让学生对“怎样劝阻”进行充分地讨论。在学生说清楚的基础上，再分角色进行表演。这里的“表演”实际上就是口语交际训练。为了便于教学，教材精心设计安排了四幅情境图：第一幅图描绘的是江晓宁劝阻两位小同学在高压电线下放风筝的情景；第二幅图描绘的是江晓宁劝阻一位同学在运动后喝生水的情景；第三幅图描绘的是一位男同学见一个小女孩随手丢垃圾上前进行劝阻的情景；第四幅图描绘的是一位大同学见一位小同学在草垛旁边放爆竹，赶忙制止劝阻的情景。情境图提供的几种不正确的行为是我们在平时生活中常见的。我们在教学中，要充分发挥情境图的作用，让学生结合情境图提供的实例学习劝阻。

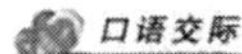

学会劝阻

在公共场所，对不正确的行为，应该用恰当的言语加以劝阻。想一想，在下面几种场合，江晓宁等人是怎样劝阻的？先说一说，再分角色表演。

图 2 - 17　苏教版二年级下册单元练习 3 口语交际

“教学提示”对本课的教学目标以及教学顺序提出了大体的要求，也是教学思路的提示。比如，人教版一年级上册“这样做不好”话题下是两幅插图，插图下的提示是“说说每幅图画的是什么”“讨论讨论：这样做为什么不好？你怎样劝说他们不要这样做”。

2. 按照围绕专题整合教材内容的思路呈现

口语交际话题围绕主体内容提出要求，仅有话题和教学要求，不再设置情景图。比如，人教版二年级下册第三组，简短的导语点出了本组的专题——爱祖国、爱家乡。接着是四篇课文，有《日月潭》《葡萄沟》《难忘的泼水节》《北京亮起来了》。“语文园地”里“我会读”给出的是北朝民歌“敕勒歌”，向我们展示了“天苍苍、野茫茫”的广阔草原画面。“口语交际”要求学生将学习前面几组课文所获得的情感体验迁移运用于对家乡的了解、热爱方面，畅谈家乡的丰富物产、美丽景色及家乡的变化，展望家乡的美好未来。“展示台”展示的是有关家乡过去和现在的照片，以此来认识家乡的变化，培养学生收集、整理资料和动手动脑的能力。再如第六组，导语点出了关爱他人的专题，识字课是与本组专题联系密切的内容，接着安排了四篇课文：《窗前的气球》是讲关心同学的故事；《假如》是讲一个孩子怀着一颗善良的童心帮助弱者的愿望；《日记两则》是讲城里人帮助贫困山区儿童读书的事；《古诗两首》反映的是真挚的乡情与友情。“语文园地”中的儿歌(《谁和谁好》)、“口语交际”的话题(讨论怎样帮助残疾人)、“展示台”的内容(唱《爱的奉献》这首歌)，均与本组专题有一定联系。这样安排，体现了“课标”提出的教材要避免繁琐、加强整合的思想，便于开展教学实践活动，有利于提高学生的语文综合能力。

3. 口语交际与写话整合编排

体现说写结合的思路。人教版二年级下册为了对学生进行初步的习作能力的培养，从本册教材开始，在“口语交际”中特别增设了“写一写”栏目，引导学生在口语交际的基础上，进行写话训练(图 2 - 18)。

口语交际

奇妙的动物世界

鹦(yīng)鹉(wǔ)能学人说话，大象能帮人搬运东西，经过训(xùn)练的狗，能为盲(máng)人领路。响尾蛇的尾巴能发出喀(kā)啦喀啦的声音，萤(yíng)火虫的尾巴能发出微弱的亮光……

动物世界真奇妙！你身边有哪些动物，你了解它们的生活习性(xìng)吗？你和这些动物之间发生过哪些有趣的事？说出来，跟同学交流交流。

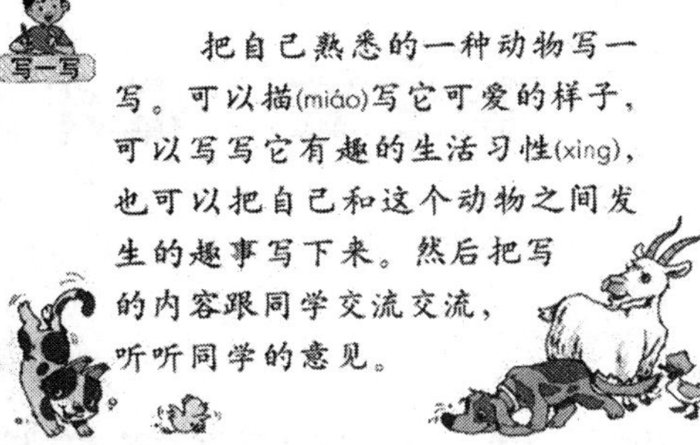

图 2-18 人教版二年级下册口语交际

三、低年级口语交际教材呈现的理论依据

1. 第一学段目标的要求

比如苏教版二年级下册，《学会转述》以“李响请假了，没有到校”为由，请学生转述一个通知，提供了通知的具体内容。我们在日常的生活、学习中，经常需要传递一些“事情”或者“捎”一些话，这就是转述。转述是一种不可缺少的口语交际方式，转述对每个人来说都是很有用的口语交际本领。根据课标中“能认真听别人讲话，努力了解讲话的主要内容”以及能“复述”“讲述”的要求，教材安排了《学会转述》这个话题。其实，这个话题也有下一学段关于“抓住要点”“简要复述”要求的渗透。

2. 低年级儿童言语发展特点

据有关心理研究得出结论，一年级儿童口头言语发展要优于书面言语，表达时借助具体的形象和低年级儿童相关的口语交际经验的话题，配有相关的插图，联系到自己的实际容易激发表达的动机。利用情景图的目的主要有三个：交代交际的对象、目的、时间、场合、过程等，虚拟一个与实际生活相似、相近的交际情境；告诉学生，图画中所描绘的都是自己在生活中见到过、经历过、体验过的“自己的事”，唤醒生活积累，将自己的生活经验与内容建立联系，产生参与的愿望与兴趣；为教师在创设口语交际情境时提供凭借、素材、“展开点”和空间。

四、低年级口语交际教材呈现的逻辑思路

1. 学段衔接

以人教版为例，一年级上册单列内容，符合学前儿童口语发达的特点；一年级下册开始学龄阶段的交际要求，通过口语教学，发展书面语；二年级下册开始说写结合，以口语交际为途径，向习作过渡。

2. 直进式与螺旋式上升并行

现行教材构建的序列给出了口语交际教学一条主体直进的线路，但在日常教学中还必须注意学生言语能力的发展呈螺旋式上升的问题。按照随机访问教学模式的理论，口语交际教学作为一种高级学习，必须重视在不同情境和不同角度中不断加以建构，所以重视各个功能项目在各年段的复现，以促进口语交际能力的迁移。同一功能项目，在不同的年段，创出的情境不同，给出任务的复杂程度不同，要求达到的教学目标也不同。如苏教版口语交际教材一年级下册编排了“学会道歉”“学会做客”，二年级上册编排了“学会祝贺”“学会请求”“学会待客”，二年级下册编排了“学会劝阻”“学会转述”等。

第三章　低年级语文教学

第一节　低年级识字与写字教学

【动手查一查】一位重点小学的老师曾对自己班学生的识字情况做过统计，一年级时，在一类字还没有开始教的情况下，大部分学生已经认识70%左右，并且已经具备了一定的阅读基础。这个数据虽不具有普遍意义，却足以引起我们的注意，看来学龄初期学生的识字不是零起点，那么，学龄初期学生在学习识字、写字前已具有了哪些知识与技能的准备？请查阅相关资料，把你体会较深的地方试着用一些关键词写出来。

【动笔写一写】请在下面的空格中写下你对识字、写字教学意义的认识，写完后再查查有关资料，在学习本章前，先思考思考，因为对这一问题的认识，可决定你教学设计的取向。

【动脑想一想】你认为低年级识字与写字教学的重点和难点在哪里？可根据思考写下几个关键词，并依据关键词自己试着说说。

一、低年级识字与写字教学设计的思路与方法

（一）儿童识字的一般心理过程

请你反思

你可能教学识字多年了，沉淀下来的经验，很多也符合识字教学的规律，但如果让你说说学生识字的一般心理过程，还真说不出个所以然，或许你会认为即便说不出来，不也教得很好吗？了解这方面的知识有何用？

要为识字教学设计找到科学的思路，应先了解儿童识字的一般心理过程。儿童学习汉字是一种复杂的认知活动过程。据心理学家的研究，这种过程包括以下基本程序：

(1) 第一步：形成识字的心理定势。把所要学的生字置于儿童已认识的词句中，或者联系儿童已有的生活经验背景，以引起儿童识字的需要和兴趣。在该程序中可采取的教学活动有组织教学、检查复习和提出新字(词)等。

(2) 第二步：按汉字音、义、形三要素的综合—分化—综合的进程来组织学习活动。这里主要指新字(词)的教学，一般是先正音、再释义、后辨形，最终达到音、义、形的统一联系。

在某一要素的教学中一般也应按总—分—总的次序。如字音教学时，把词分成音节，音节分成音素（字母），又把音素拼起来，说出整个音节（字）和词，这就是所谓的分析综合法。辨认字形也同样，先感知整体，再分解部首和笔画，然后组合回到整体。

(3) 第三步：反复练习和尝试再现，达到长时记忆的水平。

(4) 第四步：音、义、形三者的相互联系达到自动化水平。一旦某一因素出现，其他两个因素就可以即时再现。

你阅读了上面的儿童识字的一般心理过程，能否试着说说识字教学的设计思路。

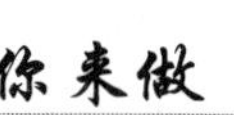

（二）低年级识字教学的一般设计思路与方法

一般设计思路可概括为：呈现生字→学习生字→复习巩固→运用生字。

1. 呈现生字

提出生字要结合具体的语言环境和低年级儿童的生活经验，形式应灵活多样。对所要教的生字，采取什么方法提出来，什么时候提出来，教师都要做周密细致的考虑。

生字的呈现方式主要取决于课文中生字数量、难易程度及学生的接受能力。常见的有以下几种思路：一是课文音同或形近的生字较多，可采用集中出示的方法，重点比较生字在读音、字形或字义方面的异同；二是课文中生字的意义与课文插图内容有密切联系，便可考虑用看图分散出示的方法，使学生通过图画的具体形象来理解词义，增强对生字音、形、义的记忆；三是课文生字多，且有一部分字义较难，就可以采取集中一部分、分散一部分出示的方法来教学；四是生字和学生的生活密切相关，可启发学生，联系经验自己提出生字。

对低年级的学生来说，活泼多变的生字呈现方式，能有效激发其学习动机。

2. 学习生字

教学生字，需在音、形、义紧密结合中，根据需要分别强调学习音、形或义，教学时切忌面面俱到，平均用力。总体来看，低年级的识字应突出字形的教学。我们知道，儿童口语的发展先于书面语言，他们在入学以前，已经会说许多话，掌握了不少字（词）的音和义，只是不认识字形。加之汉字字形复杂多样，准确地记住字形有一定难度。设计时要充分考虑生字的特殊性和儿童经验相关性的有机结合。比如，有些字的读音和儿童的口语有差别，不易读准，就要注意指导字音，有些字的字义较抽象，离学生的生活较远，就侧重字义的教学。

3. 复习巩固

记得快，忘得也快，这是小学生的识记特点。要牢固地掌握生字新词，必须做好复习巩固工作。复习巩固应注重生字（词）在新的语境中的应用，忌讳机械重复抄写、默写。

设计时防止把音、形、义割裂开来，注意从汉字的特点出发，加强对字的分析综合、比较辨异，加深对字的音、形、义的整体认识。要把字的复习巩固放到语言环境之中，联系听、说、读、写复习巩固识字。多练是复习巩固生字新词的有效途径，要调动自身多种器官参与，这样才能收到实效。

4. 运用生字

识字的主要目的是为了提高学生的听、说、读、写能力。识字的质量，不能只看会认会默多少字，而要看学生是否能把学过的字词用于阅读、口语交际和写作之中。设计时就应结合阅读、背诵、复述、问答、用词造句、写话、口语交际等，设计语言运用的情境，让学生反复运用学过的字词。

（三）低年级写字教学的一般设计思路与方法

常见的写字教学有两种设计思路：一种是集中写字教学设计，一般思路可概括为写前指导→教师示范→练习写字→检查反馈；另一种是分散写字教学设计。

1. 集中写字教学设计

（1）写前指导：写前指导是提高写字质量的关键。设计时重点应放在重点笔画和容易写错的笔画上；指导者除老师外，还可以是“小先生”（即学生）。

（2）教师示范：低年级儿童的“向师性”尤其强，教师的示范能起到潜移默化的引路作用，对低年级学生尤其重要。设计时要保证教师示范环节的设计，示范时可适当引入直观教具，但要慎用多媒体示范写字。

（3）练习写字：设计时要给予充分的写字空间，课堂写字的重点应放在写字姿势的强调与纠正，写字过程中写字方法的指导，重点笔画和易写错笔画的强调与纠正等的设计上。

（4）检查反馈：为提高写字教学的有效性，检查与反馈应及时，设计重点应放在重点笔画和易写错笔画的检查与纠正上，反馈时要多给予肯定和鼓励。从低年级开始，教师就应引导学生自己讲评、互评。

这种设计，一般放在第一课时的后段集中进行，第二课时可就学生写字时容易出现的问题再进行练习和巩固。笔画、笔顺和间架结构是学生写好字的关键，要注重在学生写字过程中渗透这些知识。另外，写字姿势和写字习惯是写字教学的重要内容，要反复进行。

2. 分散写字教学设计

分散写字教学设计是在识字或学习课文的过程中进行写字设计。这种设计是针对重点字、重点笔画或学生容易写错的字或笔画进行的，是对第一种设计思路的补充。两种思路也可结合起来进行。如学习《家》（苏教版一年级上册）时，教师以示范“家”字的写法引出课题，或引出课题后，再示范“家”字的写法，学生在下面书空，集中写字阶段再让学生分析这一重点字的写法，并进行练写。

二、低年级识字与写字教学的实施

（一）不同内容的识字教学的思路与方法

1. 字形教学

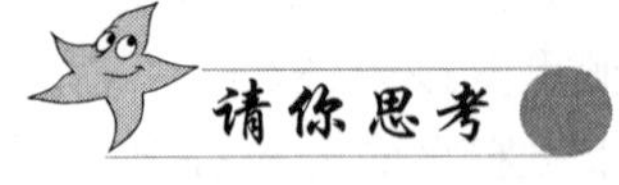

①为什么字形教学是低年级识字教学的重点？②将“万一方”“田一由”“b一d”等写错的汉字学和心理学依据是什么？如果思考不出来请读下面的介绍后再试着总结。

要对字形进行有效的教学，先需了解低年级儿童学习字形的心理特点。

据已有研究，对于汉字音、形、义的掌握来说，字形的掌握是初入学儿童识字的难点。汉字一般由式样不同的基本笔画，按一定的数量（如几点、几横）、一定的度量（笔画的长短、出头与否、封口或不封口)、一定的空间配置(如左右、上下、内外)构成一些偏旁部首或其他结构单位,再由这些结构单位按一定的布局组合而搭配成汉字。

对分化抑制能力尚处于低级阶段的学龄初期儿童来说,对客观事物的大体轮廓的知觉占优势,精细的辨别能力尚不强;空间知觉虽有了相当大的发展,能够较正确地确定周围物体的位置,感知物体的大小、长短、高低、方位和估计物体的距离,以及周围熟悉的环境的空间关系,但他们的空间知觉的精确性和分化性发展水平不高。在识字时,如果没有教师的指导,他们对辨认汉字的形状、度量和空间配置就会感到困难。反映在儿童初入学识字时,就是常分不清字体各部分的左和右、正和反、里和外的关系,往往把数字、字母、汉字笔画写反,写颠倒,写混,写漏。有时他们很难对一些汉字的笔画作出“度量”,该出头的没出头,该长的又短了,看不出到底错在哪里。而一个汉字要写得出,需要达到高一级的精细辨别水平,因为它不仅要形成字的形、音、义的联系,而且还要形成字形本身结构之间的联系,而后者较难,这也是儿童识字初期以字形为重点的心理学依据。

了解了这些,你是否会对低年级识字教学的重点和难点有了更加清晰、科学的认识?或许我们不会再轻易地说出“你怎么这么粗心大意”“你怎么这么笨”的随随便便、对孩子发展不利的评价,这其实是些糊里糊涂的外行话。因此,我们应将字形特点和学生的认知特点结合起来,寻求到更加有效的教学方法。

【以书为鉴】朱作仁、祝新华主编的《小学语文教学心理学导论》是把教学心理学和语文教学内容结合起来的一本好书,值得放到自己的书柜中。它为不同语文教学内容的学与教提供了较科学的心理依据。对一线的教师来说,可能读起来有点难,但如果你能从自己的教学经验中把相关的理论渗透进去,再还原出来,就会受益匪浅。

那么,儿童是如何掌握汉字字形的?它的过程与特点又是怎样呢?据研究,初入学儿童熟记字形的心理过程大概经历三个阶段。

第一阶段,对字形结构各组成部分和音、形、义三者建立模糊联系的泛化阶段。经过初步的生字教学,学生对汉字这一复合刺激物的字形轮廓已能建立起模糊的暂时联系。表现在新授课后、阶段复习前再认和再现时,常有波动和泛化现象,以致产生种种错误。其形式有两种:一是因联系模糊而出现偏旁部首“张冠李戴”、基本字“移花接木”等的结构混淆和增减笔画的细节错误;二是对汉字音、义、形三者尚未建立牢固的联系,常常因三者联想的错误,把这一字形与该字近似生字的某一因素相混淆。这一阶段记忆字形的特点,主要体现了初入学儿童大脑皮层对复合刺激物缺乏精细的分行综合能力,反映了他们感知汉字时的不够完整性和缺乏精确性,识记的随意性和机械性还占相当地位。

第二阶段,对字形结构各组成部分和形、音、义三个基本因素之间建立统一联系的初步分化阶段。该阶段的本质特点是对汉字的基本部分与整体已达到初步分化的水平,只是综合概括不全,主要表现在对字形结构某些细微部分尚有遗漏或添补,再认和再现时偶尔出现波动(猜测)和泛化(遗忘)现象,其错误几乎都是细节上的问题。这说明拿捏汉字还不是非常精确和牢固，但这阶段儿童的有意识记和意义识记已起主导作用。

第三阶段，形成字形结构各组成部分和形、音、义三个基本因素之间统一联系的牢固精确分化阶段。首先，表现在掌握的牢固熟练程度上，这阶段再认和再现时，不再像前一阶段那样把握不定，偶尔还会出现泛化现象，而是再认时熟练而坚定，词义讲解也较清楚、恰当；其次，表现在掌握的深刻和精确程度上，这时，不仅已能辨析字形，揭露字与字之间的异同，而且也能在学习了几百个字的基础上初步认识一般的构字规则，了解偏旁部首表义的含义，不再将偏旁部首“张冠李戴”“移花接木”，而且能指出为什么用某种偏旁部首的道理。

小学生分析综合和辨认汉字字形能力的发展是一个由量变到质变的过程，这当中存在两个转折点。研究结果表明：对中等水平的班级来说，第一个转折点在一年级上学期，学习汉字后一个月左右。这一转折表现为对字形的再认、大致综合、熟字的辨认都有较大的发展。这个发展与对汉字字形从不熟悉到熟悉有关。第二个转折点，在一年级下学期到二、三年级之间，表现为从熟字到生字的辨认能力的迁移，对字形的精细辨认、确认和重现能力大大提高。第二个转折是过字形关的一个比较重要的转折。如何促成这个转折提前，很值得进一步研究。

儿童掌握字形的程度有各种主客观因素，“据识字心理学研究，儿童掌握字形的难易度与下列条件有关：汉字笔画的多少，汉字结构的复杂程度，儿童关于汉字的已有知识、识字能力及学习汉字时所采用的方法，儿童的认识特点，儿童的学习态度(包括积极性、主动性、兴趣和注意等)，教师的教学方法和指导能力等”。

由此，我们可以选择有效的字形教学方法。

(1) 引导学生进行字形分析：汉字是拼形文字，笔画繁多，结构复杂，但有规可循，都是由基本字、结构部件按照一定模式组合而成，而零件——笔画、部件——基本字和部首，都是“标准化”通用的，这就为字形分析提供了可能。从心理学角度看，学生最初记忆字形时，是将生字分解成笔画来记忆的，随着识字量的增加，逐渐以部件为单位来记忆新字形。这时学生已有的字形知识在同化新字形时发挥了重要作用。

字形分析时单位要大，数量要少，引导学生从笔画分析法向部件分析法转化，充分利用部件分析法识记生字，提高学生的分析能力。表 3-1 对我们应有启发。

表 3-1 促进字形学习的学习机制与教学措施

学习的机制	教学措施
找出同化生字的熟字	教师的言语提示
找出生字与熟字的相同处	教师的言语提示
辨别生字与熟字的差异	教师的言语提示
建立生字各组成部分间的关系	用上下、左右、内外等方位词提示

例如，“能”字的教学就是这些措施的具体应用。

一位教师在教“能”字时，说“能”是左右结构，右边像两个“七”字，教师板书以后，让学生抄写，结果许多学生在作业本上将“匕”写成“七”(生字是“能”，熟字是“七”，找出了熟字，未进行辨别)。

有经验的教师在出示“能”字后，这样来教：

师：这个字是怎样的结构？右边部分跟什么字差不多，但又有什么区别？（这些问题既提示学生回忆熟字，又提示学生对生字熟字进行辨别。）

生：左右结构。右边跟两个“七”差不多，但不相同——“七”的第一笔是横，“匕”的第一笔是撇，“七”的第二笔竖弯钩在一横的中间，而“匕”的竖弯钩却在一撇的左边。（学生进行辨别，更好地记住生字各部件的空间关系。）

师：现在我们书空这个字，再默写这个字。（这是对生字的巩固，当然，巩固的工作不应局限于一节课上，要延伸到其他课时中。）

当然，具体操作中要结合低年级儿童的学习特点，寻求活泼的变式以达到教学目的。譬如，寻找同化生字字形的熟字进行学习，“找朋友”就是这样一种好的方式，如对生字“理”，找出的“朋友”是“王”“里”；对生字“亮”，找出的“朋友”是“高”“壳”。

(2) 采用“联想法”将汉字形、音、义的特征与儿童的认知结构联结起来：比如，斯霞老师教“攀登”的“攀”时对小朋友说：“‘攀’字笔画很多，怎样记住它呢？山上有许多树木，‘攀’字上有两个‘木’字，树上有许多枝杈，两个木中间有两个‘×’，用大手一攀就上去了。”学生边听边记字形边理解字义，很快掌握了这个字。

(3) 引导学生观察、比较，尤其重视形近字的教学：心理学研究发现，学生对字形的遗忘率高于对读音、意义的遗忘率。在默写过程中，结构混淆、笔画增减及字形相混的形错字，超过音近、义近相混的字 2～3 倍。因此，引导学生对形近字共性与差异性进行分析、比较十分必要。在这一过程中，学生的心理过程往往是先求同，教师要因势利导，强调“同中求异”，突出其区别点。如果相似字不是同时学习，而是先后学习，形近部分容易产生混淆，如先学“纸”后学“旅”，常常会把“旅”字的右下角写成“氏”，要引导学生自觉联系“纸”“旅”和“派”进行对比，认清“旅”字的右下角与“纸”字的右边不同，但与“派”字的最后四笔是相同的，就不易写错了。

相似字的比较中，在求异和求同上要视具体字形情况，有所侧重。有些字形复杂的字，求同比较容易，就一笔带过，直接求异。如“辨、辩、辫、瓣”四字可着重区别两个“辛”字中间的不同结构，并认识这些结构所代表的不同意义。

要注意的是，由于低年级儿童的注意力不稳定，精细的知觉能力没有充分发展，不会对字形做有目的、有计划的观察，往往只能笼统地反映字形的大致轮廓，或是只觉察到字形的一些明显的笔画，对于字形结构中的细节极易忽略。因此，老师引导就显得特别重要，几乎是教师引导什么，学生就注意什么。教学时，可在前期加强引导，并教给引导的方法，然后逐渐地启发学生自己进行观察、比较、辨异，以提高其自学能力和学习的自觉性。

(4) 采用直观活泼的教学方式：比如编字谜、歌诀、顺口溜等。

请选择自己的一则字形教学案例，结合以上的阐释，分析这则案例的优点和不足，并试着改正你认为不足的地方。

2. 字音教学

字音是语言的基本物质单位。汉字中的语音是一种复合的听觉刺激物，可以用音高、响度和音色等要素来衡量。语音的高低在言语的感知上十分重要。语音的响度与重音密切相关，响度差异所引起的重音区别在语音中常常可以改变词义的感知。语音的音色，由于人的发音器官结构的个别差异，发音时的状况变化多端，非常灵活，因此它的变化很大，但声带引起的音色差异基本上与区别词义无关。

汉字是表意文字，字的构造不能把读音直接标示出来。所以，准确感知和发出字音要依靠汉语拼音。能读出字音对字义的理解及字形的掌握起着重要的作用，它们是互相制约的过程。不理解字义，字音就成为无意义的声音，字形也就难以掌握，即使记住，也成为机械的记忆，容易遗忘。读不出字音或发音不准，也会影响字义的理解和字形的掌握。

在寻求字音教学的思路及方法之前，先了解一下低年级儿童学习字音的心理特点。

(1) 汉字注音的辨认服从知觉整体性原则：即对由形母（书面的拼音字母）组成的拼音的整体的知觉取决于对各个形母的知觉；同时拼音整体的知觉本身也影响形母的知觉。例如，某些形母的脱落并不妨碍读出原汉字的注音。

(2) 读拼音最重要的是依靠组成音节的形母的外形：即起首的形母、结尾的形母和中间的形母几部分。这些形母是音节符号可以被认识的特征，所以读有脱落形母的拼音时，假使上述这些主干的形母仍然保留时，还是能够读出整个音节的读音。一个汉字拼音的前半部分和后半部分对学生的认知起着不同的作用，一般来说，依靠前半部分比依靠后半部分读音读得好。

(3) 儿童在初学拼音和掌握字音上有各种难易的表现：据研究，前鼻音与后鼻音最易混淆，复韵母 ou 念错的最多，ɑ 最容易学。字形构造愈相近（如 p、q、b、d、f、t 等），则混淆程度越大；其中特别是 b 与 d，p 与 q，彼此相混淆最多。这个事实表明，外国心理学熟知的“b、d、p、q”现象，即儿童在辨认时易产生方向位置上的错误现象，也发生在我国儿童身上。初入学儿童，由于方位知觉不够完善，容易把字母左右调向、调位，或颠倒过来看，以致书写时造成错误。例如，把 c 写反，把 ch 写成 hc，把 sh 写成 hs 等。学习拼音的主要困难在于正确辨别一形多音、一形多调、一音（近音）多形的单个拼音符号。

(4) 影响字音掌握的心理因素主要是：① 听音辨调能力的发展。这是读准字音的关键。要读音准确，必先听音辨调精确。研究表明，小学低年级学生对于声调，上声最易读准，去声次之，阴平和阳平较为困难。② 拼音能力的水平。学生的拼音能力直接影响字音的掌握。汉字以一定的形体为符号，代表语言中的词素，字形不能直接表示字音。要读准字音，必须依靠汉语拼音作为正音工具。因此，在识字教学前，要求学生过好汉语拼音关，努力培养学生的拼音能力。③ 汉字在口语中出现的频率。对那些在口语中经常出现的汉字，学生对它有了初步的感知，因此读准字音就比较容易。反之，对口语中没有出现过或很少出现的字，要读准字音则较困难。④ 字义。学生在理解字义的基础上，更容易辨别音近字之间的语音差别。因此，教师在指导学生区别近音字的读音时，应加强对字义的讲解。

由此，以下几种字音教学的思路与方法值得注意：

(1) 充分利用汉语拼音字母这个识字工具读准字音：低年级学生学习汉语拼音的主要目的，就是帮助识字。中、高年级也应利用汉语拼音识字、正音，并在应用中求得熟练巩固。

(2) 字音教学要根据汉字规律：指导学生领会形声字的表音规律，根据声旁推断读音，再按偏旁部首查字典来订正读音。

(3) 根据汉字字音特点，强化同音字归类教学：低年级学生识字少，很多词会说不会写，所以很容易用同音的熟字代替不会写的字，就写了别字。同音字有两种类型：音同形异，如“可”“渴”，教学时应结合词句，从字义和字形上比较。音同形近，如“情、晴”，教学时应根据形声字形旁表义、声旁表音的构字特点，熟字带生字，分别组词理解。还可以设置一定的言语情境，如组词、选词、编歌诀等形式。

3. 字（词）义教学

实际是词义教学。词是语言的最小单位，是发展语言、培养读写的起点。字（词）义教学的实质是引导学生在词和词所代表的事物之间建立起暂时联系。词作为第二信号，只有当它成为代表客观事物（第一信号）的信号时，才具有现实意义。也就是说，只有当学生在这两种信号系统之间建立起联系时，才算真正掌握了这个词。这就是词义掌握的心理学依据。学生对字（词）的掌握，不应该只看作对课文中词的含义了解，还包括在语言实践中能正确运用。有了以上的理解，寻求适合低年级儿童学习字（词）义的教法就比较明确了。

在寻求字（词）义教学的思路及方法之前，先了解一下低年级儿童学习字（词）义的心理特点。

学生对词义掌握的过程一般是从具体到抽象，从一义到多义，从已知到未知，从理解到运用。根据心理学研究，学生记忆汉字（词）意义的特点是：

(1) 词义熟悉的并在口语中常用的，易记。词义较浅显，即使字形复杂，也比词义较深奥而字形简单的字词识记效果好。由此可以推知，两个词的字形难度相同，学生识记效果就要以对词义的理解程度为转移了。

(2) 在词义已熟知的情况下，凡带有较大具体性、形象性的字词（如山、水、日、牛、羊等）、较大情绪性的字词（如红旗、欢呼、胜利、高兴等）以及与学生生活经验有密切联系的那些字词（如上学、小学生、写字、读书等），就比那些表示事物对象关系而词义抽象的字词，较易记住。

(3) 伴有生动情境刺激的字词，对词义有特殊理解和具有亲切性，也会加强记忆效果。例如，小学生对小囡囡的“囡”普遍记得牢，就是这个道理。

(4) 音义已知的生字词比音义未知的生字词，延期再现的遗忘率也少得多。

(5) 对名词性字词的记忆优于动词、形容词，因为名词性的汉字代表某种具体事物，词义较易把握。而动词、形容词的汉字所代表的动作、性状，有时不太具体，词义的识记可能较为困难。

请看一个词义掌握心理实例。某小学一年级期末语文试卷有这样一道题：在括号里填上表示方向的词（图 3－1）。

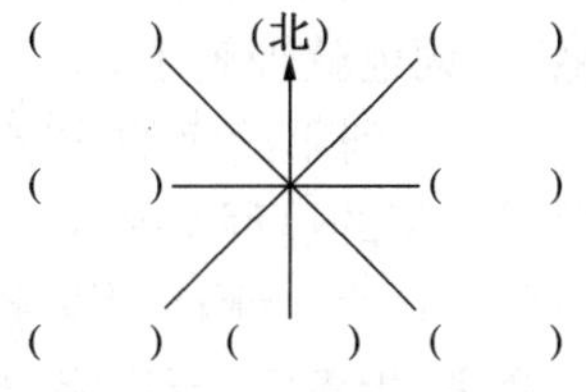

图 3－1 词义掌握心理实例

根据抽样调查，学生不仅四个偏向填不出，就连东、西、南三个正向填错的也不少。分析错误原因，就是平时在语文教学中，只是就字论字，学生只会背诵和默写这几个字，而没有同认识事物结合起来。

由此，低年级的字（词）义教学就要根据孩子的学习特点，联系学生的生活，灵活进行。

(1) 利用直观教具，调动多种感官，理解词义：低年级学生掌握词义总是跟直接感知的一定的对象、它的特征和运动（如物体的移动、人的动作等）相联系的。他们比较容易掌握一些标志具体对象或特征的词，因此教学时应合理运用实物、标本、模型、图片、录像、动作、表情等各种直观手段解释词义。

另外，利用"语言直观"手段，引起学生已有的与该词相应的事物的经验表象，为理解新词义找到感性的支柱。例如，"洋溢"这个词，如能唤起学生关于面盆里装满了水而往外流的表象，那么它就获得了真实的本义，词与它所代表的事物之间就建立了联系。

（2）联系低年级学生的生活经验和上下文语境，让学生在具体情境中学习字义：有些字词较难理解，联系学生生活实际，用具体的事例来说明，往往能取得事半功倍的效果。如对"祖国"这个词，著名特级教师斯霞是这样引导学生理解的。

师："祖国"是什么意思呢？什么叫"祖国"？

生：祖国就是南京。（好多学生笑了，知道祖国不是南京。）

师：不要笑，祖国是南京吗？不对。南京是我们祖国的一个城市，像北京、上海一样。大家再想想，什么叫"祖国"？

生：祖国就是一个国家的意思。

师：噢！祖国就是一个国家的意思，对吗？

生：不对。（答声中也有说对的。）

师：美国是一个国家，日本也是一个国家，我们能说美国、日本是我们的祖国吗？

生：不能！

师：那么什么是"祖国"呢？谁能再说一说？

生：祖国就是我们自己的国家。

师：讲得对，祖国就是我们自己的国家。我们的爷爷、奶奶、爸爸、妈妈，祖祖辈辈生长的这个国家叫祖国。那么，我们的祖国叫什么名称呢？

生：我们的祖国叫中华人民共和国。

师：对了，我们的祖国叫中华人民共和国。我们大家都热爱我们的祖国。

"祖国"的意思比较抽象，一年级学生不容易理解，教师联系学生已有的生活经验，启发学生自己思考，不仅使其正确理解了词义，还培养其独立理解词义的能力。

还有一些词必须借助上下文才能更好地理解，这也是较常用的一种词义教学方法。如学习《翠鸟》一课中的"鲜艳"这个词，可先让学生读一读描写翠鸟羽毛颜色的句子，知道翠鸟头上的羽毛是橄榄色，还有翠绿色的花纹，背上的羽毛是浅绿色，腹部的羽毛是赤褐色，学生把这几个句子连起来读一读，想一想，就能体会到翠鸟的羽毛的颜色既鲜亮又美丽，对"鲜艳"一词也就理解了。

（3）利用汉字的构字特点，了解汉字的文化含义：每个汉字都蕴含着丰富的文化信息，学习汉字的过程就是学习文化、培养情感的过程与理解、运用语言文字的过程的统一。教学中务必让学生领略到汉字和语言的精美。有人说，一个汉字就是一幅图画，不论是象形字、会意字、指事字、形声字，也不论是篆书、隶书、草书、楷书，都可以构成一个优美的图形。随着时代的发展，汉字所独有的图形特征和视听识别的优越性，将会焕发出更强的生命力。因此我们需转变观念，一方面要提高对汉字优越性的认识；另一方面要注重汉字的构字特点，并体会其中的文化内涵。让学生学习时不但感到有意义，还觉得有意思。

4. 音、形、义联系的教学

以上只是为了论述的方便，将识字教学的内容分别进行阐述，其实在识字教学的过程中要加强音、形、义联系的教学。现代汉语是以词为构筑基础的，孤立识字，要想真正掌握它的意义是非常困难的。鲁迅在《汉文学史纲要》中提到："诵习一字，当识形音义三；口诵耳闻其音，目察其形，心通其义，三识并用，一字之功乃全。"而真正做到"三识并用"，必须靠阅读来整合。教学中把三个要素的教学配合进行，以视觉、听觉、动觉等的协同活动刺激大脑，建立音、义、形的联系，使三者相互沟通，即见形而知音义，闻音知义形，想义知音形，达到准确完整地感知，牢固记忆的目的。

音、形、义的联系有两种：一是机械的联系，即音、形、义的联系是人为的、约定俗成的，没有什么道理好讲；或者有时虽然也可以讲出道理来，但对于低年级的小学生来说，讲出的道理可能会使他们更糊涂。二是有意义的联系，如象形字"日""田"，都可以从实际事物中引申出来。

根据这两种联系，介绍三种建立音、形、义联系的方法。

(1) 通过机械地重复来建立联系：这是指对某一个汉字的音、形、义不断进行重复或默念来达到长久保持的目的，是建立汉字音、形、义联系的最基本方法。

(2) 利用精加工策略建立联系：这是一种提高记忆效率和效果的方法，指个体根据已有的知识对新学习的材料进行补充、添加的活动，从而使新学习的材料更有意义、更易于记住。如教学"拔"字，就可以用讲故事的形式来进行："老公公种的大萝卜要收了，他用手来拔(提手旁)，拔不动。他请老婆婆、小朋友、小花猫、小花狗来一起拔，那么多的好朋友都来拔(友)，汗都流出来了(加上一点)，把萝卜拔起来了。"这样的生字教学，都是对一个字进行补充、添加，以达到长久记忆的目的，其特点有三：一是用生字组词；二是在词语的基础上，采用精加工策略添加、补充和扩展意义；三是在扩展意义时，将生字的各个部件融进意义中。再比如斯霞这样教"蚯蚓"两字："蚯蚓是条虫，所以是虫字旁。她生活在土里，所以虫字旁加个'土丘'的'丘'字，它没有脚，'丘'不能错写成'兵'。蚯蚓的身体弯弯曲曲，就像一张'弓'，但有时候又很直，是一条直线，所以'蚓'字是虫旁加个引。"

(3) 利用形声字的特点建立联系：形声字形旁表义，声旁表音，这样可以方便地在音、形、义之间建立联系。如学习形声字"蚂"可如下所示：

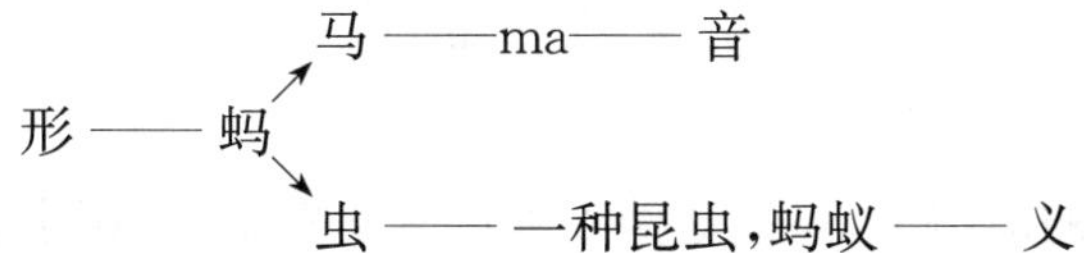

特别强调的是，识字教学的一个重要目的就是培养学生的自主识字能力，即在识字教学过程中逐步以外部的教学措施来促进和引发学生内部的学习机制。美国教育心理学家罗伯特·加涅认为，当外部的调控学习过程的一些教学事件被学生自己用来调控学习时，学生就成为自我教学者，换言之，是一种自主学习者。教师用来引发调节学生识字过程的措施被学生用来调节控制自己的识字过程，这些措施被学生掌握后，就变成了支配学生学习生字的程序，也就是程序性知识。根据现代认知心理学对程序性知识学习规律的揭示，可将识字方法的教学过程描述如下：首先，用规一例法让学生知道识字的方法是什么；其次，通过变式练习形成识字的技能。

(二) 不同形式的识字教学的思路与方法

苏教版识字教材编排很有特色，下面就其中的几种识字形式探讨教学的思路与方法。

1. 词串识字

教材分析时已讲过，所谓词串识字，实际是以“准韵文”形式，围绕着某一个中心而组织起来的有内在联系的一组词语，用于表现某个场面或意境。词串是押韵的，可以连贯起来诵读。配有相关的情境图，用于帮助儿童理解词语的意思，并感受词串描绘的意境。一般的教学流程可概述为：看图感知，建立表象→利用经验，自主识字→图文对照，形成联系→整体诵读，想象入境→指导书写，检查反馈。

教学时还要注意以下几点：一是对词串识字的教学，不但要注意一个个词儿连成串，而且要通过诵读把“串”与“串”整合到一起，最后达到对整个词串的整合，尽量让学生在整合的过程中对词串的内部结构、关系有所领悟；二是要注意引导学生通过反复诵读，感受词串整体的情味、意趣、形象，努力建立起立体多维的“内心视像”，并且外化为抑扬顿挫、疾徐有致的朗读；三是要非常注意对小学生边读边想的学习习惯的培养，要求边诵读，边想与这个词语相对应的事物图像，把表面上孤立的图像整合为一体，在他们的头脑中建构、存贮起日后解决问题时能迅速激活、选择、匹配、重组的模块。

【请你设计】请按照上面介绍的词串识字的一般流程，结合苏教版一年级上册《识字2》(见本教材低年级识字与写字内容呈现部分)，试着写一写自己的教学思路。

2. 看图会意识字

主要是用形象化的图来揭示汉字的造字规律，并附有为识字提供语言环境的相关韵文。学生在识了字以后，再读后面朗朗上口的儿歌，不仅进一步熟悉了这几个字是怎么构成的，对于小学生的语言积累无疑也是大有好处的。教学时要注意以下问题：

(1) “会意识字”不是六书中构字意义的“会意”，这个“会意”是要求学生对汉字结构和意义的“意会”。

(2) “看图会意识字”这一形式的命名，就揭示了这类识字的教学过程，即从看图入手，用心意会，学会生字。

(3) 教学重点是第一部分“看图”和“会意”识字，第二部分韵文是为巩固识字效果，提高识字自动化水平服务的。

3. “转转盘”识字

先显示同一个声旁的形声字，再将这些字编进一篇韵文，为识字提供语言环境。教学时要注意以下问题：

(1) 用“转转盘”的方式，建立偏旁部首的初步概念，揭示字义。

(2) 学习词语，丰富词汇储备。

(3) 在语境中巩固识字成果，在诵读中历练阅读的本领。

(4) 教师要重点引导学生领悟形声字的基本规律，提高自主识字能力。

(5) 注重识字兴趣的培养，培养主动识字的习惯。

4. 形近偏旁的比较识字

此类识字形式的一般教学流程可概述为：溯源了解，加深比较→利用经验，看图识字→图文对照，以识促读→指导书写，检查反馈。

【请你设计】请按照上面介绍的形近偏旁的比较识字的一般流程，结合苏教版二年级下册《识字 4》(见本教材低年级识字与写字内容呈现部分)，试着写一写自己的教学思路。

5. 特殊偏旁的认识识字

此类识字形式的一般教学流程可概述为：观察画面，认识偏旁，建立联系→看图识字，建立表象→整体诵读，强化感受→指导书写，检查反馈。

要注意的是这些识字形式编排的方式就是教学应遵循的方式，教学时应加强教材分析，解读出编排中隐藏的教法。

(三) 低年级识字教学中应注意的问题

1. 多认少写，识写分流

课标中说："识字与写字的要求应有所不同，1～2 年级要多认少写。""多认少写"是为了扩大初入学儿童的认字量，提早进入汉字阅读阶段。提倡"识写分流"是因为识字的负担重，主要是重在写上。小学低年级学生的手部肌肉不发达，对笔画的长短、轻重的控制不精确，手眼还不够协调，写字既缓慢又吃力，相对来说，只识不写就要轻松一些。

目前做法是将生字分为两类：一类是能识会写，在字形的指导上要从整体出发，不要进行繁琐的字形分析，可以考虑字形的结构特点，但切忌细致到指导每一个笔画，主要是通过各种形式，反复见面，让儿童从整体上把握字形，并通过大量阅读来复习和巩固识字。一类是只识不写，只要儿童能够把所学的汉字运用于阅读，就可以了，既不要求书写，也不要求对汉字的结构做过细的分析。教师不要对认字提出过高的要求，模糊识记即可。

2. 在语言环境中识字，做到字不离词，词不离句，句不离文

课标对识字教学总的指导思想是：以读为本，寓识于读，先学后教，尽可能加强识读联系，使识读相互促进，相得益彰。因此，教学时应鼓励学生积极自学，主动借助拼音读准字音，联系上下文和生活经验了解字(词)义，随着课文阅读活动的进程对生字音、义、形的掌握逐步到位，一般不搞孤立的识字教学环节。

从语文学科课程的角度来看，识字是阅读和习作的基础，其直接目的是解决阅读问题；而阅读是智力开发和自我教育、形成良好的语文素养的核心手段，阅读本身就是自我教育的过程、识字的过程。从这个意义上讲，识字教学应识读同步，寓识于读。

从汉字语言规律来看，汉字是音、义、形的结合体，由于每个汉字所含信息量大，因此，在具体的语言环境中，学习汉字是一个丰富的智能开发过程。从这个意义上讲，识读结合能发挥汉字"音、义、形"特有的综合优势，建立起生字音、义、形的联系，立体识字。

就汉字的人文性而言，汉字融入了丰富的情感与人格教育，当识字与阅读有机地结合在一起时，它的滋润性愈强。从这个意义上讲，识读结合符合儿童的心理规律，能激发识字兴趣，厚积文化底蕴。

在语境中识字，是一种分散识字的教学思路，教师要有意识地设置识字任务，提供丰富的语言材料，使学生在不同的语境中识字、应用、巩固。主要有以下两种做法：

(1) 调动学生的识字积累，引导学生在生活中识字：生活中识字是一种学习理念、学习方式，更应是一种学习态度和学习习惯，应贯穿于整个小学甚至是义务教育阶段。对低年级儿童来讲，学生的经验是重要的学习资源和凭借，设置任务，激发学生在生活中识字，有利于识字兴趣的养成。教学中可依托教材中的有关内容，将识字引向课外，认姓氏字，认各种标牌上的字，从电视、广播中认字，激励学生在生活中识字，使生活成为识字的大舞台，并提供机会让学生交流课外认的字。

（2）识字与阅读、写话结合：阅读对汉字识别的要求不仅仅是能识别，而且要达到“自动化”的整体认知。也就是说，不必看清字的每一个细节，只要看到字的轮廓或特征，就能准确无误地加以识别。只有达到这样的程度，儿童才有可能联系上下文体会语义，从而顺利地进行阅读。明白了这个道理，才能恰当地处理好识字与阅读的关系。识字是低年级的教学重点，这是大前提。识字又要兼顾到与阅读的结合，这是应予以注意的。如一年级上册“识字1”《一去二三里》，其用意是借这首诗的语境来学10个数字。这是教学重点。学会了这10个生字，又要将它们放到这首古诗里去诵读，从而训练学生“自动化”地整体认读汉字的能力。

3. 在识字过程中，适当渗透识字知识和识字方法，学生能够独立识字

这应当是低年级识字课堂教学中的重点，也应是通过低年级识字教学能达到的要求。不管是知识还是方法，要融合在低年级学生做的过程中，这既符合识字教学的规律，也符合学生学习的特点。教师要创造多种途径和多样方式进行识字教学，多鼓励学生用自己喜欢、习惯的方法认记汉字，并在识字过程中渗透或纠正一些方法和做法。可以设计多种活动，如字词游戏、阅读竞赛活动等，使儿童通过与汉字反复见面，逐步从本课会认过渡到在其他语言环境也能认识。

另外，要教会学生初步掌握三套工具：一是学会识字拼音，这是自学字音的工具；二是掌握汉字的笔画、笔顺、偏旁部首、间架结构和构字率较强的独体字，这是分析和记忆字形的工具；三是学会按音序和部首查字典，这是纠正读音和理解字义的工具。

（四）写字教学的实施

根据美国教育心理学家罗伯特·加涅的学习结果分类理论，写字属于动作技能领域的学习。“写字技能是一种视觉和动觉协调活动的写字运动方式，包括坐的姿势、执笔姿势和运笔活动，其中运笔是关键”。书写作为一项动作技能，其教与学的过程也必须参照动作技能形成的规律来把握。“动作技能的形成不外乎如下几个方面：一是习得支配肌肉动作的规则，二是进行练习，三是在过程中获得反馈”。

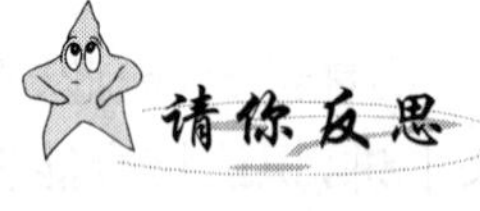

实践教学中比较常见和有效的模式常常是“看—记—写—比”，另外，实践中你觉得集中讲一批字、再集中写一批字，和讲一个字、写一个字，哪一个更有效呢？

1. 铅笔字的教学

初入学儿童，手指、手腕关节和肌肉都不够发达，用铅笔写字比较适宜。教师要教给他们写字的基本知识和方法，为其今后练习写钢笔字和毛笔字打好基础。

（1）写字姿势的指导：写字姿势的正确与否，不仅影响到写字质量，还关系到学生的生长发育，因此，从练习写铅笔字开始，教师就应结合课本中的写字姿势图，边示范边指导，教给学生正确的写字姿势，通过经常训练使之养成良好的习惯。写字姿势包括坐姿和执笔方法。

正确的坐姿：写字时，身体坐正，两肩齐平，腰背挺直，头和上身稍向前倾；眼睛离桌面0.33米(1尺)左右，胸部离桌沿一拳左右；两脚平放在地上，两臂平放桌面；右手执笔，左手轻轻按纸，纸要放正。

正确的执笔方法：用右手拇指和食指握住笔杆下端，距离笔尖约0.03米(1寸)；中指在内侧抵住笔杆，无名指和小指依次自然地贴在中指旁，并稍向手心弯曲，起辅助中指、支撑手腕的作用。笔杆要握得不紧不松，笔杆上端稍向右偏，紧贴虎口，与纸面约成45度倾斜。

(2) 运笔方法的指导：铅笔字笔画平直，书写时运笔方法比较简单。一般在起笔、转折、提钩时要稍重；在运笔过程中，用力要均匀，速度要适当；在写捺、提、钩的收笔和写其他尖状笔画时，要稍轻、稍快。

(3) 使用田字格的指导：低年级学生空间知觉能力比较差，初学写字不知道从哪里下笔，写出来的字不是东倒西歪，就是“顶天立地”。使用田字格练写铅笔字，可以逐步提高学生知觉的精确度，帮助他们掌握好笔画的位置和字的间架结构。练习时，先写好基本笔画和独体字。教师要把字的起笔部位和笔画名称，以及每一笔在田字格中的位置认真地教给学生，再通过临写生字，引导学生掌握在田字格中写好字的要领。教师要特别提醒学生注意田字格的中线，以掌握字的重心，安排好字的笔画结构。

(4) 笔画、笔顺和间架结构的指导：笔画教学要让学生认识笔画名称，教给各种笔画的书写方法，特别要引导学生分辨一些基本笔画在不同汉字中的变化，如点有上点、左点、右点、竖点的不同等。笔顺教学可以从分析笔画先后顺序开始，逐步过渡到分析汉字结构单位的书写顺序，教师要通过范写，显示笔顺过程；学生通过书空练习，记住字的笔顺。间架结构的教学，教师要指导学生观察、分析字的结构单位，知道一个字是由哪些偏旁部首、独体字及部件构成的，特别要引导学生观察和分析字的每一个组成部分在田字格中的位置和每个部件所占位置的大小，逐步掌握汉字各种结构的写法。对少量结构特殊、笔画特别多或者特别少、极其难写的部分，要重点指导，反复书写。

【链接一线】写字之余有的老师还编了手操，以灵活手指，放松精神：小乌龟，别缩头，我和你来比赛跑(竖的写法)，向左跑，向右跑，左跑右跑来回跑(横的写法)，哎哟哎哟往上爬(提的写法)，骨碌骨碌滚下坡(点的写法)。哈哈，我第一，我第一(套上笔，同桌竖起大拇指比一比)。

2. 写字教学中应注意的一些事项

(1) 习得支配肌肉动作的规则：教师的示范与陈述是关键。对学生而言，习得写字技能的规则，主要途径是观察教师实际的写字示范，并结合教师对写字规则的言语陈述来获得，这在写字的初期阶段非常重要。另一种途径就是学生通过自己观察范字，自己体会规则，这一途径主要是通过前一种途径逐渐培养起来的。初学写字的人往往不能很好掌握写字的规则，表现为“① 写字姿势不对。如歪头、曲背、身子偏斜或前倾、本子放歪、眼睛与纸的距离太近、经常移动本子等。② 执笔姿势不对。如握笔很低很紧、手掌手腕紧靠桌面等；不但毛笔执法不正确，连铅笔、钢笔的正确执法也有不少人没有掌握。③ 运笔不对。视动失调、肌肉紧张、出现多余动作、笔画生硬、字迹潦草、毛笔字没有粗细、钢笔字笔笔分离、倒笔、逆笔、漏笔画等”。

这些规则的学习主要通过接受的方式来习得，因此，老师的示范与陈述非常关键，并在练习中运用体会。

教师的示范与规则讲解的确重要，但对低年级学生，尤其是刚入校的一年级新生，教师范写时尽管对每一笔在田字格中的位置、字的间架结构做了详述，但临写时仍大大走样，这是为什么？参考：一是低年级学生观察力弱，带有幼儿期观察笼统、模糊的特点，对汉字的结构中细微的差别难以辨清；二是指、腕关节的肌肉不发达，自控能力差，动作难以达到精细的要求；三是视觉及指、腕、肘运动神经和思维的衔接还无法自如，写字时常常顾此失彼。

(2) 写字练习：结合小学生的身心特点和汉字的特点灵活进行。

运用多种方法培养写字兴趣，稳定注意力。写字主要是对字形的认识和把握，字形是难点。根据研究，初入学的儿童掌握字形的心理过程可分为三段：泛化阶段—初步分化阶段—精确分化阶段。小学生分析综合和辨认字形的能力发展是一个量变到质变的过程，教学时应根据学生心理特点，灵活运用多种教学方法，激发学生写字兴趣，使之养成良好的书写习惯。以低年段为例，初入学的儿童大脑皮层对复合刺激物缺乏完整精确的分析、综合能力，感知汉字时缺乏完整性和精确性，因此，写字时常因联系的模糊而出现偏旁部首的结构混乱和增减笔画的细节错误等。为此，教师指导学生写字时，应重点引导学生自主观察字的笔画、结构，以及笔画之间、结构之间的关系、变化和区别，以激发写字兴趣为出发点，培养喜爱写字的情感。

【请你分析】有位教师曾说过自己的教学经验："为了激发学生的兴趣，每次上课时，我巧妙地把一些学习的内容、要求融入故事当中，或者以相关的故事导入新课，经常讲述一些古今书法家刻苦练字的故事给学生听，以激发学生的自觉性和积极性。在讲课时，注意语言的儿童化和形象化。形象地把长横比拟为拱桥，长撇比拟为象牙，竖弯钩比拟成浮鹅，点比喻成毛茸茸的小鸡。学生在习字过程中，哪怕不好，我都以鼓励的语气说写得好，只要注意哪一点。在讲评学生写的字时，以表扬为主。还在教室的墙上开辟'书法天地'，谁的字写得好就贴在墙上供大家欣赏。"

你觉得这位老师做法的合理性体现在哪儿，请用课标的相关理念进行评价。

小学生的注意力稳定性不高，容易分神，自我控制力差，好动。依照这些特点，要求教师应当而且必须充分发挥自己的聪明才智，以灵活多变的方式进行愉快写字教学。例如，有位教师在实践中自编了一个游戏活动，名之谓"背写猜字活动"，这种活动简单易行，具体操作是：学生甲用食指在学生乙的背上写字，然后让学生乙猜是什么字，甲、乙学生交替进行，谁猜中的多，谁就是胜者。这个活动不局限于两个人玩，也可以在两个小组之间进行。从心理学的角度分析，学生甲用食指在学生乙的背上写，是书空练习；学生乙凭借触觉，感知学生甲的手指运动，然后进行分析、综合，判断学生甲写的是何字，这是一种心理练习写字的活动。

学生乙猜错了，学生甲会立即指正；如果学生甲写错了，学生乙也会马上指出来，两者在同时进行练习的时候又能及时地相互反馈信息。这个活动有利于学习和巩固汉字书写。由于这个活动还带有比赛性质，学生乐此不疲。

另外，教材编写也应注意培养学生的写字兴趣。比如，苏教版教材中选编“名人识字与写字的故事”就是很好的做法。从心理学上讲，这是通过对书籍中符号性榜样的模仿，习得一种态度和兴趣。

教学应适度。信息加工理论认为，人的短时记忆加工信息的能量是有限的，如果要求学生在短时间内掌握大量信息，不为他们留下加工或思考的时间，结果必然会拾一个丢一个。汉字本身的结构比较复杂，小学生的手、眼、脑的协调能力不够发达，小学生的手指肌肉发育还不成熟，因此，写字教学的起始速度要慢，以后酌情逐渐加快。

另外，写字练习的量要适度，每个字练习的遍数也要适度。心理学研究表明，以五个字为例，如果连写，三遍效果最佳；如果分写，四遍最有效。如果练习方法不科学，主观认为抄写得越多越好，甚至对学生的错误采取“错一罚十”的办法，那么，结果是两败俱伤，对教师而言是事与愿违，对学生而言是身心疲惫。

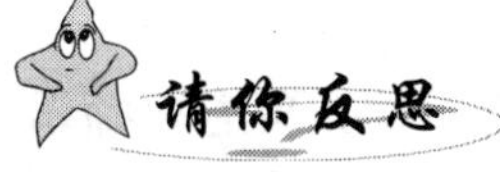

类似“错一罚十”的做法并不少见，不知在你身上有没有发生过？读了以上的文字，请你结合实际反思一下这种做法的弊端，为什么本意是为学生好，可事实会向我们期望的反方向发展？请查一些相关的资料来指导自己的教学，以增加写字教学的科学性。

抓好基本功练习。传统写字教学很注意基本功练习。“古人先教孩子们写那似通不通的‘上大人，丘(孔)乙己。化三千，七十士。尔小生，八九子。佳作仁，可知礼也’干什么？那是在练习基本笔画、基本部件、基本结构，为写复杂的字练基本功作准备”。古人经过长期的摸索，逐渐积累出行之有效的做法，应注意继承和吸收。

写字首先是练习执笔，然后练习写基本笔画并了解基本结构，这是写字的基本程序。为加强基本功训练，应先写好偏旁部首和独体字，再写合体字就容易写好了。

表 3－2 不同字形书写时的笔误百分比统计

序号	字形	笔误(%)	序号	字形	笔误(%)
1	AB	20.6	5	ABC	21.0
2	A B C	35.0	6	A AB BC，C	21.0
3	A B	16.0	7	A B BD AC C ， D	6.5
4	$\mathrm{A}^{\mathrm{B}}_{\mathrm{C}}$	27.0	8	A B C D	4.0

由表 3 - 2 看，字形结构特别复杂的字，其笔误率反倒小。可见，偏旁、部首和独体字的书写是写好汉字的基础。应注意的是，低年段是识字写字的重要阶段，教者应对笔画、笔顺、间架结构等严格要求，抓住起点，打好写字的基础。有经验的教师在教学生写字时，不但用田字格规范板演，而且用不同颜色的粉笔分别写出字的各个组成部分。

教师的指导与学生的自我体验、自主学习相结合。也就是强调把外在强化和学生的内在自觉结合起来，并逐渐完成由外而内的转化。课标表述的变化，也体现了对这一理念的强调，比如"教学生正确的写字姿势和怎样执笔、运笔，使学生掌握汉字的笔画、偏旁、结构的书写方法"，变成了"养成正确的写字姿势和良好的写字习惯""掌握汉字的基本笔画和常用的偏旁部首，能按笔顺规则用硬笔写字，注意间架结构"等。这就要求写字教学时，除了教师的指导外，尤其要注重学生的自我体验、自主学习。

例如，过去抓儿童的写字姿势，只是要求他们做到"三个一"，至于为什么写字要"三个一"，学生就不得而知了。其实也可以让儿童自己体验一下。先让他们执笔写字时手指靠近笔尖，学生立马就会发现这样执笔是看不见笔尖的。为了看清笔尖，身体就得前倾，头向左偏。时间久了，不仅人容易疲劳，而且容易造成近视和脊柱弯曲。再让学生手指离笔尖稍远些，他们就能感到腰板可以挺直了，胸部也能与桌缘保持一拳的距离了。学生有了体验，就会自觉地调整自己的写字姿势，从而形成良好的习惯。

另外，有两点要特别提醒：一是教师应写得一手规范、漂亮的粉笔字，要知道教师示范写字的活动表象比任何媒体都有效；二是注意利用各种媒体的各自优势，引导学生自主观察、分析、比较新字的结构，积极参与到课堂写字的教与学上来，并对自己或他人的书写发表意见。

【各抒己见】随着多媒体功能的逐渐强大，有的教师开始用多媒体示范写字。"是啊，多方便、多规范啊，老师写得再好也不能与多媒体比啊，老师还费劲地练字干什么？"这是笔者与一位小学语文骨干教师谈话时，他发出的疑问，对这一点你怎么看？

3. 教师反馈和学生自我反馈相结合

反馈是仅次于练习的影响动作技能学习的重要因素。反馈主要有两种，一是外反馈，即教师通过评价、纠正等手段，使学生得到激励和自我纠正；二是内反馈，即学生不需要外来的帮助而进行的自我调节与纠正。两种反馈的作用都在于指导学生尽快习得写字技能。反馈的目的除了让学生调整、规范自己的写字行为外，更重要的是要完成由外反馈为主逐渐向内反馈为主的过渡。教学过程中，要逐渐以老师的反馈为主向学生自我反馈为主转变。

对低年级的学生而言，自我意识不强，外反馈非常重要。例如，关于坐姿要领、执笔姿势、运笔技巧、笔画、笔顺、间架结构，以及书写态度、习惯、卫生等，教师都应及时做出评价回馈，以纠正、规范学生的写字及其行为。对中、高年段的学生，教师可逐渐培养他们相互之间的评价以及自我评价的能力。这时的学生已具备相互或自我评价的能力，如果能抓住时机，相机引导，不仅能提高他们的书写能力，还能培养其分析判断能力、团结合作精神等。

有些教师提供反馈时有一些误区，譬如只重视学生写字的结果，不注重过程。众所周知，结果中出现的错误正是在写字过程中产生的，反过来看，结果的正确有可能掩盖了写字过程中的错误。比如说，学生笔顺的错误、姿势的问题、执笔的毛病等都是出现于写字过程中的，教师只有在学生写字过程中注意观察，随时发现、及时纠正，才能尽快地把错误消灭在萌芽之中。再者，教师的反馈应该是具体的，不应是笼统的，只有明确而具体地说明，并随机示范，学生才知道如何去改进，才会有所进步。另外，教师还要在反馈过程中注意一些规律性的问题，“学生一批批入校，都难免带有一种普遍性的、类似的书写毛病，随着时间的推移，这些毛病又不断重复出现，教师要能够准确地把握住这些规律，随着学生的换届，重复进行指导”。

要强调说明的是，考试是写字评价的一个重要手段，目前写字考试评价中主要存在两个问题，一是只看学生写得对不对，不看学生写得好不好；二是凡写得正确的便打上一个大红勾，忽略了字的间架结构、笔画笔顺等因素。这些做法影响了学生写字水平的提高。因此，在写字批改上，教师不仅要看学生写得是否正确、端正，而且还要尽量从字的结构、笔画等方面去研究、品味，给予恰当的评价。

三、低年级识字与写字教学的评估

（一）拼音教学的评估方法

汉语拼音是第一学段（一、二年级）的教学重点，课标确定的教学目标是“能读准声母、韵母、声调和整体认读音节；能准确地拼读音节，正确书写声母、韵母和音节；认识大写字母，熟记《汉语拼音字母表》”。据此，评估中应将学生是否能正确发音作为着眼点之一。另外，课标还规定“汉语拼音能力的评价，重在考查学生认读和拼读的能力，以及借助汉语拼音认读汉字、纠正地方音的情况”。汉语拼音教学的评估主要有两种方法，即口试法和笔试法。

口试法即要求学生大声朗读声母、韵母、音节、汉字、短文等语言材料，并依据学生朗读中的表现直接评价学生的发音水平。该方法简单易行，能直接测量学生的发音水平；其缺陷在于它属于个体测验方法，不能进行团体测验，因此，评价起来比较费时，且评分（或评等）难以做到客观、准确。另外，口试材料对学生的识字量提出了一定的要求，教师运用时要充分考虑学生的识字量。

笔试法能弥补口试法的不足。它要求学生完成一定的汉语拼音书面测验题，根据学生的回答情况对学生进行评价。因此，笔试法能在同一时间测量许多学生的汉语拼音水平，其根据标准答案进行的评分也会比较客观、准确。但其评价效度低，在评价学生发音水平中只能作为一种辅助方法加以使用。

需要注意的是，拼音教学的评估应注重对学生发音难点的测评。由于方言或个人生理因素的影响，有些学生在某些声母、韵母、声调的发音上存在较大的困难。例如，南方有些地区对 z、c、s 和 zh、ch、sh，前鼻韵母和后鼻韵母等较难分清。评价时要抓住这些重点，纠正学生的发音错误。另外，拼音教学较枯燥，评价时可以考虑与识字教学相结合，也可以寓于游戏性活动中。比如，下面就是一则汉语拼音与识字测评相结合的案例。

（1）准确地拼读下列每组音节，然后根据拼音，在后面的括号内写出词语。

zhān shí(　　　)　lǎo rén(　　　)　shān fēng(　　　)　fǎn fù(　　　)

zàn shí(　　　)　nǎo rén(　　　)　shāng fēng(　　　)　fǎng fú(　　　)

（2）朗读下面一段话。

今天，在这曾被鲜血染红的沙滩上，长起了枝叶茂密的果树林。鲜花正盛开；火红的桃花，娇艳的海棠花……都开得笑盈盈的，万紫千红，飘荡着浓郁的花香。成群的蜂蝶在花间飞舞，百灵鸟在锦簇般的果林上空欢乐地歌唱。当你来到这里，你会有何感想呢！

案例中第一题将易混淆的鼻音和边音、平舌音和翘舌音、前鼻音和后鼻音等列为一组要求学生辨读，便于学生通过比较加以区分。第二题通过口试直接考查学生的发音水平，该题可以考查较多发音难点，例如：

平舌音和翘舌音辨正。如：万紫千红的“紫”、沙滩的“沙”。

前鼻音和后鼻音辨正。如：染红的“染”。

分辨多音字的读音。如：盛开的“盛”。

轻读。如：“得、地、了”，笑盈盈中的第二个“盈”。

（二）识字教学的评估方法

课标规定“评价识字要考查学生认清字形、读准字音、掌握汉字基本意义的情况，以及在具体语言环境中运用汉字的能力，借助字典、词典等工具书识字的能力。不同的学段应有不同的侧重”。识字评价要立足于整体识字，并主要从两个方面来进行评价：一是识字数量，即识了多少字；二是识字质量，即考查学生是否读准字音、认清字形、理解字义等。

1. 识字数量测定的方法

小学生识字量测定应以课本中的字量为基础，并把现代汉语实际用字数作为超标准识字的参考范围。其测定方法主要有如下三种：

（1）总体测定法：这是对规定的某一范围内的全体汉字进行测查的方法。这种方法适用于小范围字量的测查，其测定结果比较准确。因此，识字教学中，应用该法对某一课、某一单元或某一册书的生字进行测查，得出的结果比较准确。例如：

第七单元学过的字你都认识吗？还多学了几个？

拔 苗 助 总 终 于 疲 力 尽 累 非 常 枯 死

久 芽 盼 晚 根 竿 或 者 绳 足 记 住 感 谢 实

__________、__________、__________、

__________、__________、__________。

（2）抽样测定法：即从一定范围的汉字中抽选部分字进行测查，以此成绩代表对总字量的识字成绩。抽样测定法必须进行随机抽样，以保证抽查样本的代表性。

（3）分等测定法：分等测定法实际上也是一种抽样测查的方法，只是在抽查之前，先将全部字数按常用度分成几个等级，再从中抽选测验用字，编成适用于不同程度的测验卷。

2. 识字质量测定的方法

识字质量测定，主要包括字音测验、字形测验和字义测验三种类型。

（1）字音测验的基本方法：一是认读法，即由主试指点测验的字，让学生读出字音。它采用对要求认读的字进行直接考查的方法，其效率较高。认读法属于个别测验方式，不能进行团体测验，因此，考查的字数一般不能太多。这种方法经常被用于课堂教学评价中，以抽查部分学生对所学生字字音掌握的情况，也可以在复习检测时加以使用。二是选音法，即让学生选出测验字的拼音音节或同音字。它属于选择题型，在编制测验题目时可以采用灵活多样的形式。选音法的评价效率高，在实际评价中应用十分广泛。例如：

① 找朋友(词语和相应音节连线)。

归来	zhuā zhù	闹钟	xiǎo tōu
复习	guī lái	习惯	tàn wàng
四川	fù xí	探望	xí guàn
抓住	sì chuān	小偷	nào zhōng

② 教导处( )通知教师们下午4点到阶梯教室开会。(chǔ chù)

示例中第一题采用匹配题的形式要求学生连线,并用“找朋友”做指导语,使题目显得活泼,但所给出的词语发音相差太远,缺乏挑战性,学生猜对答案的可能性较大,该题在题目内容上有待改进。第二题将多音字放在句子中,要求学生准确分辨多音字在不同语境中的读音,试题较为简洁,有效。

(2) 字形测验的基本方法:

一是认字法,即要求学生根据字音、字义选出正确的汉字。测验时提供字音、字义的方式可以采用多种形式,如听音认字、看图认字、根据拼音认字等。下面就是一听音认字的案例。

师:“子,子孙的子,男子女子的子。”

A. 不　　B. 女　　C. 又　　D. 子

师:“名,名字的名,名誉的名。”

A. 姓　　B. 名　　C. 年　　D. 岁

二是写字法,即要求学生根据拼音、字义、读音等写出正确的汉字,其测试题型可以多种多样,如下面案例就是采用了填充题型。

根据拼音写出词语:

fàng xué	xué shēng	xiǎo zǔ
(　　　)	(　　　)	(　　　)

三是改错法,要求学生把测验题中的错字找出,并加以纠正,写出正确的字形。这种方法的使用应谨慎,以免对学生产生负面影响。

(3) 字义测验的基本方法:字义测验的基本方法有组词(联句)法、释义法、图示法等。例如,下面一例就是通过释义法进行字义测验。

妈	鸟
A. 一种动物	A. 一种虫
B. 姐姐	B. 一种飞禽
C. 母亲	C. 马的一种
D. 阿姨	D. 黑色

3. 识字方法与识字能力的评价

(1) 识字方法的评价:评价识字方法的意义在于引导学生掌握好的识字方法。学生采用什么样的识字方法具有较强的个性特点,如记忆“淡”字,有的学生按字形结构和部件来记:“淡”字是左右结构,左边是三点水,右边是个炎。而有的学生则是这样记的:盐(炎)加点水就淡了。评价“识字方法”宜采用调查问卷法、自我报告法等。这些方法直接要求学生反思与报告自己识字时所采用的方法,教师通过对问卷或报告的分析,对学生的方法做出评价和反馈。例如,关于“识字方法”的访谈提纲:

指导语：认真回答下列问题。希望通过答题，使每位同学了解自己的识字方法，进而帮助自己改善识字方法，可以更快、更多、更轻松地识字。

① 你在课堂上一般是怎样识字的？请举例说明。② 老师、家长教你识字时，通常采用哪些方法？③ 你在课外是怎样识字的？④ 你最喜欢什么样的识字方法？⑤ 你最不喜欢什么样的识字方法？⑥ 你的同学一般都怎样识字？你觉得他们的方法怎么样？

在使用这种方法时要注意其局限性。例如，有的学生不愿说出自己的真实想法，或者即使想真实表达自己的想法，但其对过去的记忆和自我总结存在偏差，因此，教师应尽量变化问话予以克服。

(2) 识字能力的评价：识字能力具体表现为运用三套识字工具的能力，即掌握汉语拼音以识字音，掌握笔画部首以识字形，掌握两种查字法以识字义。测验法是评价识字能力的一种简易有效的方法，测验题的编制形式可以多种多样。另外，评价识字能力时，也可以把书面测验与表现性评价方式结合起来。例如，可以给学生一段短文，其中包括一些学生不认识的字，要求学生阅读完短文后完成一些与生字有关的测验题。

(三) 写字教学的评估方法

根据“课标”规定，写字教学的评价应“关注学生日常识字的兴趣，关注学生写字的姿势与习惯，重视书写的正确、端正、整洁，激发学生识字写字的积极性，不能简单地用罚抄的方式来达到纠正错别字的目的”。

(1) 自评：常见的有两种方法，一是学生仿写的过程中，随时和范字对照，找出不足之处，以便在写下一个字前加以改进；二是小组互评时，与同学写的字对照，面对面地展开自评。

(2) 互评：在仿写后，积极组织学生互评，或选取几份作为例子，集体评议。评议时，教师要给学生提供评价的标准及评价原则，如“书写是否正确，结构是否合理，主要的笔画是否突出，运笔是否到位，字面是否整洁，要发现别人的长处等”。同时，教师要鼓励学生对照自己的书写善于发现别人的长处，学习借鉴，以便改进。

(3) 点评：在点评过程中，教师的点评往往起到关键作用。有时教师的一句点评可以增强写好字的信念。这就要求教师的点评要恰当准确，要善于捕捉孩子的闪光点；对孩子写得不足的地方，可以委婉地指出，帮助其改进。

(4) 使用写字成长记录袋：由于学生写字的作品集中反映了学生的写字能力、写字态度等，一段时间内的写字作业又记录了学生在写字方面的发展过程，比较容易看到学生的进步。所以，使用成长记录袋收集学生在各个时期的写字作业是一种行之有效的写字评价方法。所收集的学生写字作品可以按照目的不同加以选择。使用这种方法时可以通过将学生之间的作业成长记录袋进行比较或进行优秀作业成长袋展示等活动，促使学生端正作业态度，关注写字学习过程。在实际教学评价中，写字成长记录也可以作为语文学习成长记录袋的一个方面的内容，与其他学习内容的成长记录一起被收集起来，综合评价学生的语文学习水平。

另外，还应引起注意的是，适当降低汉语拼音教学的要求；注意从三个维度的整合中进行；要注意识字、写字教学评估的连续性和阶段性；要区分“认识”和“学会”两种识字要求；评估的指向应侧重在学生识字方法、能力、习惯的培养上。

四、请你来做

案例分析：下面是苏教版二年级上册《识字 4》的两堂识字课，阅读后请结合案例具体分析并回答以下问题。

(1) 两则课例在处理教材的呈现方式上有何不同?

(2) 两堂教学设计的思路有何差异?

(3) 你认为哪堂课更好，为什么?

【课例一】

一、创设情境，导入生字

小明家有只小花猫(出示生字"猫")，很爱捉老鼠。一天，小花猫看到一只小老鼠探头探脑地出来，就马上瞄准目标(出示生词"瞄准")，一下子猛扑上去，抓住了老鼠，它高兴地朝着小明喵喵直叫(出示生字"喵")，小明非常高兴，就把这个精彩的瞬间描写了下来(出示生词"描写")。第二天交给老师看，老师表扬了他。

二、比较学习生字

(1) 请同学们比较一下"猫、瞄、喵、描"后，发现了什么?

(2) 学生发现都有相同的偏旁"苗"，教学苗。

(3) 学生发现部首不同，老师就让学生想想为什么"猫"用反犬旁、"瞄"用目字旁、"喵"用口字旁、"描"用提手旁?

(4) 按规律唱读这四个字。

三、学习儿歌《锚与猫》

四、总结

今天我们学习的生字都与"苗"有关，不同的意思和用法就会给它加上不同的部首，因此这许多生字只要看看偏旁就不会混淆了。

五、学写生字

【课例二】

一、儿歌导入，学习儿歌和部分生字

(1) 出示课文情境图(海边的码头上，有一所小屋)，教师描述：蓝蓝的大海上远远地驶来一艘大轮船，快到码头了，只见船上的工作人员抓住一个大家伙(出示大铁锚图)用力地抛进岸边的海滩上，船就稳稳地停了下来。你们知道这是什么吗?出示词语(铁锚)，教学铁锚。

(2) 让学生观察铁锚，说说自己发现了什么?

学生交流，教师随机出示词语："两个爪、能停船"，随机教学这两个生词。

(3) 有一个非常聪明的人看到这种情景就编了一首儿歌，你们想听吗?出示一半儿歌，指导学生朗读：

船上有只锚，

船上的锚两个爪，

船上的锚能停船。

(4) 看到同学们读儿歌读得这么起劲，小花猫也想来凑热闹，它说："小朋友，你们会给我编个像它一样的儿歌吗?”

(5) 学生一起编儿歌,与前面的铁锚相对应:

船上有只锚,家里有只猫。

船上的锚两个爪,家里的猫四只脚。

船上的锚能停船,家里的猫喵喵叫(能捉鼠)。

(6) 学生自由读读这首儿歌,找出读不准的地方。教师指导学生读准“锚、猫、喵”等词语。

(7) 指导学生把这首儿歌读出来,可以用各种方式。

(8) 让学生给这首儿歌取个题目。

(9) 有的学生取“猫和锚”,有的学生取“锚和猫”,教师乘机引导:猫和锚、锚和猫,我都分不清哪个是猫,哪个是锚了,你们分得清吗?让学生自己得出“猫”和“锚”的相同点是都有“苗”,出示“苗”,指导读准苗、教学苗。不同之处是偏旁不同,铁锚是用铁做的,所以是金字旁,教学金字旁;小猫是动物,所以是反犬旁。最后得出结论(最后两句儿歌):猫和锚,莫混淆,看看偏旁就知道。

二、根据规律猜字,转转盘识字

(1) 说说“喵”怎么会是口字旁?

(2) 右边是“苗”的字还有许多,我们来做个猜字游戏。(出示猜字字卡)猜“瞄”:谁会做一个瞄准的动作?让学生说说怎样才瞄得准?谁来猜猜“瞄准”的“瞄”是什么偏旁?为什么?学生猜出来之后教学“瞄准”。

(3) 猜“描”:看老师在干什么?(老师做描红的动作。)那么,“描红”的“描”应该加什么偏旁呢?教学“描红”的“描”。

三、巩固识字

拿出快乐大转盘,师生共同玩转转盘游戏,巩固识字成果。

四、指导写字

(课例来源:江苏省无锡市惠山区杨市中心小学　张　英)

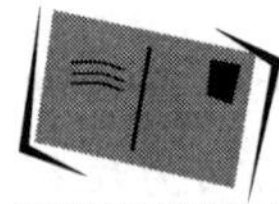

第二节　低年级阅读教学

【动手查一查】 查阅有关资料,并结合自己的教学实际,说说低年级的阅读课堂应该是什么样子?请概括出几个观点。

【动脑想一想】 一位有经验的教师在一次语文集体教研活动上曾这样说:“第一课时是我们语文阅读课的一个怪圈,一方面大家都瞧不起它,认为没什么好讲的,赛课也好,听课也罢,总爱上第二课时;另一方面我们又陶醉于第一课时表面的虚假繁荣和热闹,觉得比较好把握。”这位老师为什么有这样的感慨?低年级的阅读课的第一课时该如何设计,更有利于提高整篇课文的教学效率?

【动笔写一写】 你认为低年级的阅读教学如何设计才是高效的?

一、低年级阅读教学设计的思路与方法

【各抒己见】有论者认为，只要儿童具备了听说的语言能力，便已具备了阅读能力的条件；发展儿童的阅读能力，只需儿童沉浸在具体的语言环境之中，而不必进行独立、明晰的指导。联系自己的教学，说说你是怎样看待这种观点的？如果你不同意，对低年级的学生来说，“学会阅读”就应是训练的重中之重，那么你认为如何做才能使低年级儿童更好地“学会阅读”？

低年级儿童初学阅读，理解能力和认识水平都较低，阅读技能和习惯基本是一片空白。因此，在低年级阅读能力的培养上，打好基础尤为重要。

低年级的阅读教学应以理解词、句为重点。理解词语、句子是理解段、篇的基础，低年级课文篇幅短小、内容浅显，学生理解了词和句，也就大体理解了课文内容。同时，从一年级起就应当十分重视朗读训练，把朗读作为低年级儿童理解课文内容的一个重要手段，把朗读能力的养成作为阅读教学的重要任务。

设计时，可以先侧重正确地读，这是最基本的要求，在此基础上再要求读流利，并初步读出感情。二年级开始可设计些默读训练，要求做到不出声，不指读，一边读一边想，但因学生的内部言语还不发达，此时的默读训练主要为中年级打基础，切勿要求过高。设计时还要强化这样一个意识，即在培养理解和朗读能力的过程中，要有意识地培养学生良好的阅读习惯。低年级阅读习惯的重点是专心和认真，上课听讲、读书、写作业都应聚精会神，排除干扰；读书、写字都应认认真真，不马虎草率。

以篇的课文设计为例，探讨低年级阅读教学（以中高年级为比较）设计的一般思路。我们认为，教学设计应有这样一个认识，一篇完整的课文教学应该是“课前预习—第一课时—第二课时（或二课时以上）—课后延伸”四位一体。具体来说：

第一课时的主要教学目标可包括：① 检查预习；② 掌握本课出现的生字词；③ 确保人人都能正确、流利地朗读课文；④ 了解课文主要内容。

第一课时的基本教学流程：① 创设情景、引发猜想；② 放手试读，整体感知；③ 强化初读，确保正确、连贯；④ 强化对生字（词）的认知；⑤ 课堂练写生字。

【链接一线】一位主持过全国阅读教学大赛的老师跟我说，当一个老师上完课时，很多老师在问，这到底是第一课时还是第二课时，第一课时该如何上，或者说如何由第一课时为突破口，提高课堂教学效率，这也是一线老师们常讨论的一个问题，不知你怎样看？南京晓庄学院第一实验小学的语文教师刘荃的观点较有参考价值：

第一课时的安排源于三个问题的思考：① 你认为难读的地方？② 你不明白的地方？③ 你最欣赏的段落？由此，第一课时的一般思路：① 字音、字形，主动识字的习惯；② 文章读通、读顺（不读好，不开讲）；③ 不明白的地方质疑问难；④ 重点内容早点下工夫。

第二课时的主要教学目标可包括：① 了解词句的意思和感受课文内容；② 熟读背诵，形成积累；③ 当堂巩固，适度拓展，侧重识字与写字的练习。

第二课时的基本教学流程：① 复习；② 围绕话题，选择重点，读中感悟，以读见悟；③ 熟读背诵，形成积累；④ 课堂练习；⑤ 课外延伸。

当然，以上介绍的只是一般的做法，真正的教学实践中，还要考虑到各种条件的制约，以寻求灵活的变式。

【链接一线】低年级阅读教学“四必”

(1) 必须把初读训练落到实处：人人都能正确、流利(不错字、不添字、不掉字、不重复、不破句)地朗读课文。

(2) 必须把识字写字落到实处：识字、写字是第一学段教学的战略重点，是不能后退的指标，也是低年级阅读课的显著特征。

(3) 必须把理解定位在适当程度：能了解关键词句的意思，能初步感知课文内容和蕴含的道理、情感和精神。

(4) 必须把熟读背诵落到实处：密切关注词语、句式、段落、篇章的背诵和积累。

二、低年级阅读教学的实施

(一) 低年级阅读教学的主要内容与方法

1. 词句教学

低年级是培养小学生阅读能力的起始阶段，抓好词句教学尤其重要。课标在低年段要求“结合上下文和生活实际了解课文中词句的意思，在阅读中积累词语”。可知，低年级词句教学的主要内容包括两方面：一是了解课文中词句的意思；二是积累词句。

低年级词句学习应尽量结合上下文的语境和生活情境进行。有实验表明，中小学生掌握词语，以放在一段话中的为最佳，在一个句子中的次之，孤立地单独出现则最差(表 3 - 3)。实验也说明，词语意义是跟语境意密切联系的，有上下文提示，词义就变得易于理解。但要求不能过高，能在具体的言语情境中知道词语的意思即可，一般不必要求确切解释，并在此基础上完成积累，为段落篇章更大单位的教学打下基础。

表 3 - 3　中小学生掌握词语与词语环境比较

出现环境	单　词	句中词	段中词
成绩(分)	56.59	61.71	66.96

(1) 词语教学：了解了低年级学习词句的要求和儿童掌握词义的一些特点，有助于我们采用有效的教学方法，这些教学方法主要有：

运用直观的教学手段。主要指具体概念的学习，如“狐狸”“海参”等词语，可通过呈现其实物、标本、图像、图片等直观手段获得；“眺望”“俯视”“饱满”等可用动作、手势、表情等帮助获得概念；理解“保护膜”(《小兔和树的对话》)可用联系生活(学生书本上的薄膜)的方式。

具体概念的关键特征还可以直接观察概念的正反例，而后通过学生对正反例的比较，习得关键特征。例如：

斯霞教“笑嘻嘻”时问：“你们看老师脸上的表情怎么样?”(正例。)

生：老师脸上笑嘻嘻的。

师：除了笑嘻嘻，还有什么词表示笑呢？

生：笑哈哈，笑呵呵。（反例。）

师：笑哈哈与笑呵呵有什么不同？

生：笑哈哈，张大嘴；笑呵呵，嘴张得不那么大。（正反例比较。）

师：那么和笑嘻嘻有什么不同呢？

生：笑哈哈与笑呵呵都有声音，笑嘻嘻没有。（正反例比较。）

斯霞老师通过呈现"笑嘻嘻"的正反例，并引导学生对正反例进行比较，从而习得了笑嘻嘻的关键特征。

比较辨析。词语的训练要注意培养学生准确地用词造句的能力。因此，阅读过程中要选出用得准确、恰当的词语引导学生比较辨析。例如，《小蝌蚪找妈妈》一课里有三个词语写出了小蝌蚪的不同动作：当它们看见鲤鱼妈妈时，是"迎上去"；当它们看见乌龟时，是"追上去"；当它们看见蹲在荷叶上的大青蛙时，是"游过去"。教师可结合课文内容指导观察插图，帮助学生体会这几个词语。因为从第二幅图可以看出鲤鱼妈妈带着小鲤鱼正朝着小蝌蚪游来，所以小蝌蚪是"迎上去"；第三幅图画的是乌龟转过头来和小蝌蚪说话，乌龟是游在小蝌蚪的前面，所以是"追上去"；第四幅图上画的是一只大青蛙蹲在荷叶上，小蝌蚪看见了，所以是"游过去"。三个不同的词语.确切地表现了三种不同的情况，经常引导学生结合上下文体会词语的意思，进行词语的比较和辨析，不仅能加深对课文内容的理解，还可以提高学生准确用词造句的能力。

联系学生的生活经验和知识积累。① 学龄前儿童对生活中很多事物已有了初步的认识。课文中的词语所反映的事物有些是学生经常接触到的，只要联系生活实际，意思就容易理解。还有大量陌生的词语，特别是一些抽象的词语，学生理解起来有一定困难，如果能恰当地将其与学生的生活经验联系，在教师的引导下，学生也能够通过自己的思考懂得它们的意思。② 还可以引导学生用熟悉的、浅显易懂的口语去解释书面语言，用普通话去解释方言，这些都有助于理解词语的意思。要注意的是，在低年级理解词义与识字是紧密联系的。小学阶段要学会 2 500 个常用字，这个识字任务有一半要在低年级完成。低年级课文中的新词几乎都含有生字，对这些新词，既要指导学生理解词义，还要指导学生读准字音、写对字形。在低年级，教师要在引导学生理解词义的过程中教会学生理解词义的方法。

(2) 句子教学：句子教学一般有三层含义，即句子本身、引申义、课文情境中的特殊含义。在一般语文教学论系统中把第三类作为重点介绍，但这层含义的教学从本质上讲已不单是句子的教学，而主要是课文内容的教学，只是这样一个句子形式承载了特殊的含义。对此，学习方法虽有规律可循，但经验性、情境性的因素较多，必须在语文实践中才能习得。

入学前儿童句子发展的基础。发展心理学家对我国入学前儿童(六岁前)的句子发展水平做了一些调查：第一，单句的发展。六岁以前，儿童所讲的句子 70%以上为陈述句，还能讲出三种较复杂的单句，连动句、兼语句以及嵌套结构的句子(如小朋友在画小白兔吃萝卜)。第二，复句的发展。调查表明，入学前儿童已经能讲并列关系复句、承接关系复句、补充关系复句(如奶奶给我一本书，是讲孙悟空的)以及因果关系的复句。关联词的运用上，儿童最初使用的是“还”“也”“又”“就”“后来”“那么”“只好”等词。五六岁出现了“因为”“为了”“结果”“可是”“如果”等说明因果、条件、转折、假设等关系的连词，也出现了前后呼应的成对连词“一边……一边……”“要不……就……”等。第三，其他句型的发展。否定句方面，能使用两种形式，一是否定词位于句子之外，构成“否定词＋句子”或“句子＋否定词”的形式，如“不睡觉觉”；二是将否定词移入句子之内，如“书上没有画”。在疑问句方面，能使用四种疑问句，一是升调尾音疑问句，即将句尾的词用升调并稍拉长音而不用疑问词；二是助词疑问句；三是是否疑问句，即句尾加上“是吗”“好吗”等，要求听话者作出肯定或否定的回答；四是特指疑问句，即句中包含“什么”“谁”“什么地方”“什么时候”“怎么样”等。被动句方面，多数儿童四五岁已经大量使用“给”字句、“让”字句，少量使用“叫”字句，但典型“被”字句出现较迟，六岁时也是偶然使用。双重否定句方面，六岁理解正确率为60%，产生正确率为50%，七岁理解和产生正确率为80%以上，入学前已有一定程度的理解与运用。

入学后句子学习的任务。第一，对入学前儿童尚未掌握的句子结构，入学后将作为学习重点。一年级学生，语言文字的规律，使用常见的句子结构表情达意，如复句中的选择、递进、假设等关系复句。第二，入学前已发展的句子结构，入学后要进一步规范。比如，入学前儿童所讲单句常出现两种错误，即省略句子主语、宾语提前；所讲复句要么结构松散，缺少连词，要么连词使用不准。

低年级的句子教学。阅读教学中的句子教学内容主要有三个：一是建立句子的概念，二是能把每句话分辨清楚，三是理解和积累句子。低年级课文短小，主要由句子组成，课文教学的重点主要是理解词句，句子理解了，课文也就理解得差不多了。常见教法有四种：第一，抓重点词语，引导了解句子里面词与词之间的关系。比如《平平在家里》的第一句话：“平平上二年级了，还没戴上红领巾，心里怎么不着急呢!”这句话的重点词语是什么？“二年级”“红领巾”“着急”，“戴上红领巾”就是加入少先队的意思。整句话的意思就是，平平已经到入队年龄了，还没有入队(原因)，怎么不着急呢(结果)，老师备课时必须知道，这是个因果关系的复句，学生在入学前，就已经掌握了这种复句。但是备课时，不必讲，这是因果关系的复句，前半句是原因，后半句是结果等术语，要用孩子懂得的话来教，尤其是低年级的老师，要善于运用儿童口头常说的话来教他们，这是教学的艺术。可以这样问：平平几年级啦？为什么还没戴上红领巾？戴上红领巾是什么意思啊？也可以问，平平为什么着急啊？学生就会知道平平着急的原因，学生具体地知道了原因和结果，但不必讲原因和结果这两个术语。第二，要注意句子和句子之间的关系。还以这篇课文为例，第一句接下来是“他把心事告诉了妈妈，妈妈叫他向少先队员学习”。这两句对前边一句，又是原因和结果的关系，是个句群。老师备课时应注意到，但也不要把这个原因和结果告诉学生，可以问：平平把什么心事告诉了妈妈？你怎么知道的？妈妈怎么回答的？老师提的问题越通俗，孩子越容易懂，但在老师提的问题当中很明显是训练学生理解句子的能力。第三，句子训练，不要在整篇课文里一句话一句话练下去，而是要选择重点句子进行。这些句子和理解课文内容有密切关系。这样来教学，有重点进行，学生印象深刻。一篇课文有几个重点句子，几篇加起来，句子的训练内容就丰富了，学生对句子的理解就深了，学生就能够自己试着理解句子了。到了中高年段(四、五、六年级)还要侧重句子的含义。如《我的伯父鲁迅先生》：“四周黑洞洞的，还不容意碰壁吗?”再如《我的老师》里讲，苏老师红肿着眼睛进来了。为什么红肿着眼睛啊？必须联系上下文，因为上面说这是总理逝世的第二天，前一天听到总理逝世难受，哭肿了。第四，要注重利用朗读引导学生具体地认识句子。学习初始，教师可带领学生一句一句地读课文，使其知道，读课文不能一口气读下去，中间要有停顿，每一次较大的停顿，就是一句话。教师应当给学生充足的朗读时间，一句一句地分清楚，读正确，这是最基本的训练。进一步要引导学生认识句子是由词按一定的顺序组成的，例如，“我们爱老师”，这句话里包括“我们”“爱”“老师”这几个词，而且这几个词是按先后顺序组织起来的，不能随便颠倒。与此同时，要从句子“表达一个完整的意思”着眼进行训练。例如，上面那个句子，教师可以问学生：“我们怎么样？”（爱老师。）“谁爱老师？”（我们。）这就是从实际上让学生知道，这个句子是由“谁”和“怎么样”两部分组成的，缺少哪一部分意思都不完整。不断地这样训练，学生就可以从丰富的语言现象中逐步认识到：一个句子一般都包含两个主要部分，即“谁”或“什么”，“干什么”或“是什么”“怎么样”，缺少哪一部分都不是完整的句子。教师虽然没讲什么是主语，什么是谓语，学生却已经受到了关于句子基本结构的训练。

【阅读链接】国外心理学界对儿童理解句子的策略进行了研究，提出了三种观点：第一，句法策略。这种观点认为，儿童是根据句子中词语的排列顺序来理解句子的，儿童习惯于按“施事—动作—受事”这样一种句式来理解句子，符合这种句式的句子容易理解，不符合这种句式的句子可以通过转换来理解。例如，主动句符合这种句式，易于理解，被动句则可以转换成这种“施事—动作—受事”的格式来理解。语法转换越简单的句子，越容易理解。第二，语义策略。这种观点认为，儿童不是按句子结构理解句子，而是按词的意义、借助上下文和背景知识来理解句子的。第三，句法—语义综合策略。国外传统的看法认为理解以句法策略为主，所以非常强调语法教学；而后来又广泛地运用语义策略，强调语境的作用。目前多数人的看法则认为儿童理解句子不是单独运用一种策略，而是综合运用两种策略。

2. 朗读教学

朗读即是把文章（或词语、句子）念出声来，是将诉诸视觉的文字转化为有声的语言。参与朗读活动的人的器官有视觉、听觉和发音器官，而脑始终起着指挥和协调的作用。根据儿童的认知水平和教学目标来看，不同学段的儿童有着不同的朗读特点。对于初学阅读的儿童来说，朗读是理解课文不可或缺的重要手段，这时候几种器官的相互关系是“眼（看到文字）—口（读出声音）—耳（听到声音）—脑（理解文字的意义）。低年级儿童必须以口语为中介，把无声的文字变成有声的语言才能读懂它们的意义”。对低年级学生来说，朗读既是阅读教学的手段，又是重要目标，是低年级儿童重要的理解方式，有助于记忆和发展想象力。

课标在不同的年段都强调了“用普通话正确、流利、有感情地朗读课文”。这一目标不是一次完成的，而是在反复训练中逐渐达到的。要想有效达成这一任务，还需要清楚小学生朗读能力发展的阶段性特点，以及各年段在朗读训练中的侧重点。

（1）学生朗读能力发展的阶段性特点：一是分析阶段。在这个阶段，朗读过程中的分析比综合占优势，表现为一字一顿地读，或用手指指着字读，结果将多音节词人为地割裂开来。如有的二年级学生把“亲爱的乌鸦，您的孩子好吗”读成“亲/爱的/乌鸦，您的/孩子/好吗”，这样朗读破坏了正常的意义单元，所以无论读者和听者都不能很好地理解它。低年段侧重在正确上下工夫，然后兼顾流利，有感情。对小学生来说，有感情是朗读的最高要求了，并不是随便要求一下，学生能带着表情，声音发生了变化，就是有感情了。二是初步综合阶段。在这个阶段，综合占了优势。而学生急于"综合"，没有把每个字辨认清楚，具体表现就是读的速度快了，也比较连贯，但所读出的字词与原文不符的情况经常发生。有的是主观猜测，有的是顺口溜出，常常发生错字、漏字和添字。如《少年闰土》中有一句："有一日，母亲告诉我，闰土来了，我便飞跑地去看。"有些学生不是把一个一个字看清了再读，而是只看个大概意思，自己想当然地去念，便念成"飞跑着去看""飞快地跑去看"等。而当要求学生仔细看，防止发生错字、漏字、添字的错误时，朗读可能中断。由于孩子知觉不够精细，丢字、添字是常有的事，不要因追求速度、流利而不正确，中年段应该重在流利地培养上，兼顾巩固正确，减少错误，并进行有感情朗读。三是分析—综合平衡阶段。当学生有了大量的朗读实践后，词语积累多了，句式熟悉了，就开始了以词句为单位的整体性朗读。到这个阶段，目视、心惟、口诵三者自然协调，看到语句能迅速地读出来，读得正确流利，语句完整，语意连贯。高年段应侧重在有感情上下工夫。

(2) 朗读教学的思路与方法：低年级学生处于记忆的黄金时期，就阅读教学来说，适合采用朗读、诵读以及背诵等方式。低年段的语文教材主要涉及童话、寓言、故事、儿歌、童谣和浅近的古诗等文体，这些文体整体性强，富有音乐性和情感性，适合朗读或背诵。应把"正确、流利、有感情地朗读课文"作为重要的目标，教学过程中注意纠正读字，抓好读词，养成连读词语的习惯，逐步按语节朗读，加强朗读速度。尽量少分析，少解释，不要硬性灌输一些道理，只要能以自己的理解方式进行朗读，或随着朗读做些动作、表演，并能联系经验，说说自己的体会就可以了。

低年级的朗读教学要贯穿于整个教学过程当中。朗读训练和课文理解有机结合，阅读过程中采用多种适合低年级儿童的朗读方式。常见的有：① 范读。主要是教师，也可由朗读好的"小先生"范读，适当考虑用专家的朗读进行示范。低年级学生模仿能力强，教师不必讲朗读的技巧，可将技巧融入到自己的朗读中，但教师必须熟练掌握朗读的技巧。② 领读。主要是教师带着学生读，这是低年级儿童喜欢的一种方式。这种方式的优点是齐读，面广，利于扫除障碍，但要防止齐读过程中学生心口不一的"唱读"。③ 分角色读。低年级教材中的童话、故事及人物对话较多的课文适合分角色读，学生大都很喜欢这种朗读方式，教学中应让学生在角色体验中体会人物的情感。④ 指名读。要根据不同的目的选择不同层次的学生来读，比如朗读能力强的学生，一人读，大家听，边读边听，思维流畅，还有示范和纠正作用；如果是中等水平的学生，目的在于检测；对于低水平的学生，则是培植信心，因此朗读内容要简单。如果目的性不强，效率就不高。

伴随动作朗读。动作也是低年级儿童的思维方式，有助于了解朗读的内容。如朗读《家》中"泥土是种子的家"一句，伴随着朗读，有的学生将头枕在双手上，做种子睡觉状；有的单手蜿蜒上升，做种子生长状；有的将双手从胸前向上逐渐张开，做种子发芽状，这是儿童的朗读，也是一种理解，还是种子生长的表象在儿童头脑中的反映。想象、思维、动作与语言合而为一，更有利于学生语言的发展。其实教学此类文章，只要朗读好了、熟了，背诵了，也就达到了主要目标，节省出的时间可以补充与所学课文有关的课外资料，可将课外读本中的相关内容引用到课内，让他们背，让他们演，让他们说。

【阅读拓展】叶圣陶:“读法通常分为两种,一种是吟诵,一种是宣读。”两者要求有层次性,分在课上的不同阶段进行。初读阶段(先通读,后分读)利用宣读方式即“只是依照对于文字的理解,平正地读下去,用连贯与间歇表示出句子的组织与前句和后句的分界来”。这就是课标中要求的正确、流利。精读阶段(先分读,后通读),利用吟诵,“为了传出文字的情趣,畅发读者的感性”“按照国语的语音,在抑扬顿挫表情传神方面多多用功夫,使听者移情动容”“吟诵的语调,有客观的规律。语调的差别,不外乎高低、强弱、缓急三类,高低是从声带的张弛而来的分别。强弱是从肺部发出空气的多少而来的分别。缓急是声音与时间的关系,在一段时间内,发音数少是缓,发音数多就是急。吟诵一篇文章,无非依据对于文章的了解与体会,错综地使用这三类语调而已”。

3. 背诵教学

低年级是儿童机械记忆的重要时期,背诵是该年段儿童理解和感受的重要方式,可以规范儿童的口头语言,积累材料。

(1) 背诵过程的心理学意义:从心理学角度看,背诵主要是一种记忆活动。根据记忆的机制和时间,记忆可以分为瞬时记忆、短时记忆和长时记忆,背诵需要长时记忆。记忆过程可以分为识记、保持、重现三个阶段,因此,背诵也需要经过这三个阶段。

首先,识记阶段。识记可以分为机械识记和意义识记。背诵要取得好的效果,必须是意义识记。理解是识记,也是背诵最重要的条件。只有理解了的东西才能在头脑中长期保持,并在需要时很快地提取。此外,还有一些因素对识记有很大影响:一是有明确的任务。二是材料的数量,材料的数量越大,识记所需要的平均时间和次数就多。因此,对小学生来说,一般不宜要求他们背诵太长的材料。三是识记活动的方式。识记活动如果有多种感觉器官同时参加活动,效果优于单一的感觉器官活动。根据这个道理,背诵时朗读远比默读效果好。因为朗读时眼、口、耳等器官并用,与大脑联系的通道多,有助于在大脑皮层上形成暂时联系。所以朗读是背诵的主要手段。

此外,识记过程中学习者主动地参与活动,识记的效果会更好。例如,在背诵时,让学生自己想办法记住材料,如自己动手编列提纲、找背诵的主导词等,经过这种积极主动的活动,识记的效果将会提高。

其次,保持阶段。保持是识记的事物在头脑中得到巩固的过程。从信息论角度看,保持就是信息储存的过程。储存起来的信息不可能一成不变,在数量上和质量上都会发生变化。从数量上看,总的趋势是随着时间的进展保持量逐步减少。从质量上看,储存的内容会发生一些变化,如背诵的材料会记不确切,字句上发生差错。所以,保持必须跟遗忘作斗争。

心理学的研究证明,遗忘是有规律的。进程是先快后慢,对已经识记的材料,应及时巩固,而且巩固的时间以近期为好。一旦近期巩固以后,则可以经久不忘,长久地保持。此外,材料所处的位置不同,遗忘的情况也不一样。一个较长的材料,其开端和末尾部分被遗忘得少,而中间部分就容易遗忘。因为中间部分既受后摄抑制(指后面学的材料对先前学的材料有干扰作用)又受前摄抑制(指先前学的材料对后面学的材料有干扰作用)的影响,所以容易遗忘。背诵较复杂的材料时,必须加强中间部分的复习。

最后,重现阶段。重现是对不在眼前、过去经历过的事物在头脑中重新出现映像的过程。背诵不仅要记住，更重要的是在需要的时候能重现。美国心理学家布鲁纳认为，人类记忆的首要问题不是储存而是检索，而检索的关键在于组织，也就是说，要知道到哪里去寻找信息和怎样去获得信息。当我们对记忆的材料是理解的，所储存的信息是经过加工编码，并纳入一定的认知结构的，再现时提取就比较容易。

(2) 背诵教学的思路与方法：以下几种方法对指导低年级学生的背诵较为有效。

结合理解熟读成诵。低年级的学生，背诵就是理解的一种方式，机械记忆强，可要求先背诵，再理解，或边理解边背诵。

【请你试验】如果你有兴趣，你可以做这样一个试验，选择一篇文字较短的课文先让学生背诵，再理解课文，或是先引导学生理解课文内容，再背诵，比较哪一种课堂效果更好。

帮助学生寻找和建立记忆的“节点”。儿童在背诵的过程中，最初记忆形态表现为直接的“自然记忆”；随着知识的增长、智力的发展，转变为利用某些“媒介”的“文化性记忆”。这种“媒介”即是记忆的“节点”，它们一般是句段中的重点词、一段话中的中心句、每段的第一句话等。抓住这些“节点”先记住，然后扩展成一个句子或一段话，可以提高背诵的效果。

反复朗读，调动多种感官帮助记忆。背诵必须通过出声的朗读。朗读识记的效果优于默读，这是因为除目视外，还有口诵。如果加上手写，则有视觉、听觉、运动觉等多种感觉通道，在大脑皮层留下较多的同一意义痕迹，从而加深记忆的效果。对于低年级的学生，不一定要手抄，边读边做些动作，也可以利用运动觉加深记忆，使记忆的效果提高。

采用尝试回忆法。背诵一个材料，可以采用重复的方法识记；也可以在反复识记的过程中插入重现的方法进行，称为“尝试回忆法”。具体做法是不等背熟就尝试回忆，背不下去了，再翻书看，对难背或容易背错的地方作重点突破。

整体法和部分法结合。整体法是把课文作为一个整体，每一遍都是整篇诵读，直到会背为止。部分法是把一篇课文分成几个部分，一部分一部分地依次背诵，各部分都会背了，再把整篇连起来背诵。一般来说，较短的课文宜用整体法，较长的课文可用部分法。还可以采用整体法和部分法相结合的“综合法”。具体做法是：开始时，通篇诵读几遍，在诵读中把课文分为若干部分，明确各部分之间的联系，接着一部分一部分地诵读记忆，最后再把全文诵读数遍。背诵那些长且难、又有意义联系的材料，综合法最能显示出它的优势。

与综合法相似的一种方法是滚雪球式的“累积法”。具体做法是：先把较长的材料分为若干部分，然后识记第一部分；当第一部分记住后，把第一部分和第二部分连在一起识记；再把第一、第二、第三部分连在一起识记……直至把全文连起来。教学时，教师可把这些方法教给学生，让学生选择适合自己的方法，适合自己的才是最有效的。

(二) 不同体裁的阅读教学的思路与方法

根据低年级阅读教学内容的特点，主要介绍童话和寓言的教学。

【请你归纳】我们知道，因现行教材的编排多采用主题组元的方式，不同的体裁往往分散在不同的年段和不同的单元中，这就带来了某类体裁重复出现的问题。抓住了一类体裁的共性，在不同阶段、不同单元处理这类体裁中的某篇课文时就会有个基础和相互参照。请你总结，如果想掌握相似体裁的课文的教学，需具备哪些层面的知识？

1. 童话的教学

童话是按照儿童的心理特点和需要，通过丰富的幻想、想象和夸张来塑造鲜明的形象，用曲折动人的故事情节和浅显易懂的语言文字反映现实生活的作品。童话最突出的特点是富于幻想，这也是它区别于寓言的一个界限；另一个特点是它的故事有头有尾，情节完整，并常用反复叙述的方法；再就是童话的语言简洁活泼，表现手法多样，适合儿童学习。童话的种类多样，按内容性质可分为文学童话和科学童话；按描写对象可分为写日常生活的、动物的、神怪的；按表现形式可分为童话故事、童话剧和童话诗。童话的教学和记叙文类似。童话所以为儿童喜爱，能起很好的教育作用，是因为它的内容和形式都符合儿童的心理。

基于以上对童话的认识，教学上应注意以下几点：

(1) 要让儿童感到童话是真实的：幻想是童话的翅膀，幻想体现在童话故事、童话人物的语言和行动中。教学的时候，为使儿童能从幻想的境界受到感染，就必须让学生感到这是真实的故事。其实，幻想正是低年级学生理解世界的一种方式，用儿童的方式来影响学生，更能起到其他文体内容所起不到的效果。

(2) 注意引导学生想象：一篇好的童话，往往具有饱满的情绪和深刻的思想，它色彩鲜明，音律和谐，充分显示了语言的魅力。因此，童话教学要重视激发学生的感情，引起学生的想象。孩子们是好奇的、富于想象的，希望能上天，希望能下海，希望能变成童话里的主人公，也希望去拯救童话里的弱小者。在童话里，有许多奇异的情节，有一种自由的、积极的力量来实现人们的美好生活。童话在培养儿童的想象力方面，具备非常有利的条件。如《动物过冬》，通过小蚂蚁在冬天到来之前的所见所闻告诉我们天上的鸟儿是怎样过冬的，青蛙是怎样冬眠的，小蚂蚁又是怎样准备过冬的粮食的。通过启发学生的想象，不仅可以使学生了解某些动物的生活情况，还可以使他们懂得劳动的意义。总之，童话有鼓励儿童追求美好理想和探索自然奥秘的积极作用。教学童话一定要抓住童话里那些新奇的幻想，让孩子们插上想象的翅膀，与童话一起飞翔。

(3) 重视朗读和复述：童话的语言浅近、生动、简练、质朴。童话中单纯、流畅的文句，对于发展儿童的语言有积极的作用。如《小马过河》，许多幼儿园里的孩子都能讲述这个故事，是因为故事中小马和妈妈的对话，小马和牛伯伯、小松鼠的对话，都非常符合儿童的生活用语。例如，小松鼠对小马说："小马！别过河！别过河！河水会淹死你的。"这是孩子的语气，学生易掌握。童话故事还有一个特点，就是相同的情节和语言往往反复几次，人物的活动非常明确而有次序。如《小猫钓鱼》，类似的情节反复三次，相同的词语多次出现，这些特点有利于学生学习课文内容和语言。此外，童话中的对话较多，又能表现出不同形象的特点，利于学生模仿和表达。如《小马过河》共有九句问话，其中有疑问句、设问句、反问句，如果学生能把这些问句的语气表达出来，其语言能力就能得到提高。因此，童话教学要重视指导学生有感情地朗读和复述，并在这个过程中加深对课文的理解，提高学生的表达能力。在此基础上，还可组织学生进行表演，这可以训练学生的口头表达能力，也是学生所喜欢的活动。有的童话的语言很有节奏，富于音乐性，反复朗读之后，可以让学生背下来。

(4) 可以让学生演一演：演童话不失为一种好的教学方法，它可以为学生提高无限广阔的思维、想象和创造的空间。童话故事情节性强，叙述语言优美形象，对话描写生动而富有个性，很适宜学生进行表演，也符合学生的游戏心理，颇受学生欢迎。

2. 寓言的教学

童话和寓言的区别在哪里？低年级的童话课文和寓言课文的区别并不像高年级那么明显，为什么？如果区别不明显，教学时应注意些什么？

“寓”，是寄寓、寄托的意思；“言”，就是话。作者把自己要说的话，要宣传的道理，寄托在虚构的故事里，使读者从中受到启发和教育，这种作品即叫寓言。寓言内容简短、题材广泛，有生动的形象，适合儿童阅读。又由于它对人们的教育和批评不是正面斥责，而是寓于故事之内，这种方式容易被儿童接受。寓言讲的多是动物、植物或无生物的故事，这些奇奇怪怪的东西，说着人的话，做着人的事，非常适合儿童的心理，且它的语言生动，对于发展儿童的口头语言和书面语言很有帮助。

由于寓言具备了这些特点，所以在教学中应该注意以下两个问题。

(1) 要注意引导学生感受寓言的形象：为什么在这里要强调这个问题呢？这是因为一般人都认为寓言的价值在于它的寓意，教学时不怎么重视引导学生想象形象，往往只把寓言的形象简单地当做寓意的比喻来告诉学生，分析形象的目的只看作是为了解寓意服务。如果只是这样对待寓言的形象，学生就只能获得几条抽象的教训，不能真正领会寓意。寓言的寓意是包含在它生动鲜明的艺术形象里的，只有当学生具体而完整地感受了形象，才能真正领会它的寓意。所以寓言的教学，应该运用各种方法加深学生对形象的感受。

由于寓言的艺术形象有它自己的特点，所以在引导学生感受寓言的形象时，必须紧紧抓住寓言形象自身的特点。引导时注意从以下几方面进行：① 领会形象的语言。和其他文体一样，寓言的形象也是用形象的语言来描绘的。例如，《狼和小羊》写狡猾凶残的狼多次找借口要吃小羊，当狼理屈词穷之后，“狼不想再争辩了，龇着牙，逼近小羊……往小羊身上扑去”，狼的神态、动作跃然纸上。教学时，要注意引导学生挑出这些形象的词语，想象它所描绘的形象，说明它的作用，这是一般的领会形象的方法。② 抓取精辟的语言。所谓精辟的语言就是蕴含寓意的句子，是教学的重点，也是难点。了解这些警句，也就是帮助学生了解寓意，这是非常重要的一环，应该放在学生对寓言故事获得了具体而完整的印象之后进行。教师不要解释这些警句的含义，而是提出启发性的问题，让学生说出警句的含义。③抓住单纯生动的情节。寓言总是通过一个简单而完整的故事来表现主题，应该引导学生按照故事情节的发展进行想象。如《狼和小羊》，可按照这样的顺序进行想象：故事发生的地点（小溪边），故事的开端（狼非常想吃小羊），故事的发展（狼两次找借口要吃小羊，被小羊婉言戳穿），故事的结果（狼露出真面目扑向小羊）。这样可以帮助学生对寓言故事形成完整而清晰的印象，对狼的凶残狡猾和小羊的善良形象认识得更为深刻。④抓住寓言适于表情朗读的特点。表情朗读，可以增强形象的鲜明性。但寓言不像诗歌那样富于音乐性，也不像童话那样有比较复杂的情节，而是一个很有情趣的小故事。所以朗读寓言应该用日常讲故事的口吻，要求语调轻松、幽默而带讽刺意味。角色朗读是朗读寓言的最好方法，一般应该放在学生理解全文之后。教师要指导学生抓住各种人物的语言特点，如狼的蛮横、小羊的善良等，这样能加强儿童对形象的理解，但要防止学生朗读时装腔作势，以致影响寓言的教育效果。

(2) 要启发学生自己揭示寓言的寓意：寓言的寓意和寓言的中心意思不是一回事。寓言的形象是以比喻的形态出现的，寓言中所讽刺、批评的真正对象，不在寓言本身，而是现实生活的人或者现象。寓言的中心意思停留在寓言本身，而寓言的寓意却是指向现实社会。揭示寓意的过程也就是把寓言的形象指向现实生活的过程。寓言的真正价值也就在于它所要说明的现实中的某种现象。对寓意体会深刻，就在于能从现实生活中找出众多的类似现象。能否做到这一点，这与一个人的生活经验分不开。所以引导学生揭示寓意的重要步骤之一，是了解学生的生活中能否找到类似的例子。一般地说，教材中编选的寓言，是学生在生活中能感知和体会到的人和事。所以只要学生真正领会了寓言的形象，在他们的生活中又确实碰到过那样的事，学生是不难理解的。如《刻舟求剑》，这篇寓言故事寓意深刻，小学低年级儿童较难领会。有的老师从低年级儿童思维特点出发，特别绘制了一幅大挂图，江面上有可以移动的船只，还绘制了一把剑的模型。讲解在行舟过程中，剑掉到江底，然后船只继续往前移，直到靠码头后，丢剑的人才从刻舟的地方跳下去捞剑，当然是捞不到的。教师为了突出刻舟人对变化了的情况熟视无睹，特别挑选了课文中“一点儿不着急”“慢腾腾地”“不慌不忙地”等描写刻舟人心理状态的词汇，让学生着重领会，并着重引导学生认识“刻”与“求”两字的含义，使学生懂得这是讽刺那种用不变的眼光看待变化的事物的人，从而使学生掌握了课文的寓意。但是，由于小学生的生活经验还很少，对生活中的许多问题还不能深入地去体会，因而对许多寓言还不能和现实生活联系起来。这时，就需要教师把寓意直接告诉学生。对低年级的学生讲述某些寓意不大明显或难以领会的寓言，甚至可以不必揭示它的寓意，只分析它的实在内容，了解寓言的主要意思，能评定人物的好坏、行为是否正确就可以了。因为一篇生动的寓言就像一个奇妙的故事一样，保留在学生的记忆里，随着儿童年龄和生活阅历的增长，他们会把获得的印象与现实生活联系起来，在成长中感悟寓意。

请你来做

请根据以上的论述和自己的教学经验，形成自己的有关寓言教学的思路。参考思路：了解形象；把握寓言的中心意思；联系生活实际，初步体会寓言的寓意；寻找生活中类似的例子，领悟寓言的寓意。

三、低年级阅读教学的评估

低年级阅读教学的评价可侧重以下几个方面。

1. 朗读的评估

课标规定“能用普通话正确、流利、有感情地朗读课文，是朗读的总要求。根据阶段目标，各学段可以有所侧重。评价学生的朗读，可从语音、语调和感情等方面进行综合考察，还应注意考察对内容的理解和文体的把握”。

我们对这种提法可谓耳熟能详，可如果有人问你正确、流利、有感情的标准是什么，你会作何回答？

低年级要注重朗读的正确性，流利和有感情的要求不要过高。正确指能用普通话标准音读准字音，较准确地读出音变(轻声、变调、儿化)，做到不用方言和口语；不错、不改、不添、不漏；流利指在正确的基础上，读得自然连贯、清晰流畅，做到不破句、不颠倒、不重复、不结巴、不指读、不顿度、不唱读；有感情是根据课文内容和感情线索的发展变化，选用适当的语调、语速、语音，并辅助以表情和体态。朗读测验一般可采用口试的方法，个别测验的方式，为准确记录学生朗读水平可借助一定的评价标准和检核表，这样既能客观地评价学生的水平，也能展示出学生在朗读中的问题。具体操作可在实践中结合自己的教学实际进行摸索。

2. 低年级阅读理解能力的评估

课标指出，精读应“重点评价学生对读物的综合理解能力，要重视评价学生的情感体验和创造性的理解。根据各学段的目标，具体考查学生在词句理解、文意把握、要点概括、内容探究、作品感受等方面的表现”。低年级理解能力评价的重点内容应侧重在两方面：一是准确理解词语在句子中的意思；二是句子在整篇文章中的意思。评价时要注重在整体理解课文的基础上突出重点内容。主要的评估方式是测验，题型可采用选择题、填空题、主观题、完形填空题等多种形式。

当然，阅读能力的评价与提高不是孤立的，它与识字、写字、口语交际、写话、习作、综合性学习等有着种种联系，在评价实践中应积极探索其综合的评价效应。

3. 阅读积累的评估

要注意加强对学生平日诵读的评价，鼓励学生多诵读，在诵读实践中增加积累，发展语感，加深体验与领悟。评价中常见的方式有测试、口试、阅读材料袋等。

4. 低年级学生阅读兴趣、态度、习惯的评估

主要采用面谈、问卷、观察、学生自我评价的方法，随时进行。

小学阶段的阅读教学，可从低年级开始考虑采用阅读成长记录袋的形式，它是以学生个人的方式经过一定的时间，有目的、有计划地对自己阅读学习过程中的信息、资料、成果的系统收集物。这些材料反映了学生在阅读领域的努力、进步和成就。在阅读教学评价中，使用成长记录袋，可以反映学生阅读的态度、独立阅读能力、阅读量、阅读面及家长的合作情况等。

5. 低年级课外阅读的评估

可用阅读报告的形式进行。例如：

某小学图书阅读心得报告(低年级 1)

____年级____班　座号：________　姓名：________

(1) 今天是____年____月____日　星期____　我看了(书名)：________

(2) 我喜欢这本书的（在□打√）

图很漂亮□　人物有趣□　词句优美□　故事动人□　许多新知识□　其他________

(3) 我能写出书中的

人物__________　地方__________

动物__________　植物__________

(4) 写出在这本书中学到的语词 5 个(或喜欢的语词 5 个)

导师评语/评分： 完成第　　　　　张阅读记录	 家长签名：________ 导师签名：________

四、请你来做

案例分析：下面是人教版二年级上册《坐井观天》的教学实录片断，阅读后请结合案例具体分析，并回答以下问题。

(1) 这位老师在哪些环节上把握得比较好？

(2) 这个环节对故事内容进行了拓展，你认为这位教师的拓展是否适当？为什么？

《坐井观天》中的教学片断：

师：小青蛙看到外边的世界这么精彩，小青蛙还会回到井里去吗？(按座位)两个同学一起讨论一下。

生：讨论。

师：谁来说说你们怎么讨论的？

生：不回去。青蛙看到外面的世界这么美，就想在外面安个家。

生：不回去。外面的世界很精彩，留在外面可以了解得更多。

师：有不同意见吗？

生：要回去。因为它太小，不安全。

生：有时候在外面，有时候回去。在外面可以和小朋友玩；想家的时候就回去看看。

生：要回去。外面人多，它会被踩死。

生：有的人会把它抓去杀了吃。

生：还是回去好，要保护自己。

师：怎么保护？

……

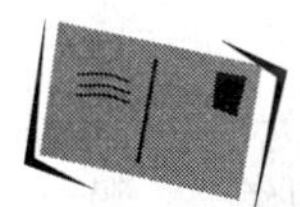

第三节 低年级写话教学

【动手查一查】课标规定作文教学从三年级起步，有人主张从一年级就应起步，并进行了实验，结果证明，从一年级开始作文起步，有这样几个好处：一是利于发展学生思维，二是减缓了作文训练的坡度，三是满足了儿童表达的心理需要，四是巩固了识字效果，促使学生大量阅读。这对丰富学生知识，开发学生智力，起到了很好的作用。你是如何看待这一问题的？

【动脑想一想】回顾低年级写话的要求和教材的编写，为何低年级叫写话不叫习作？这种提法体现了课标的什么理念？

【动笔写一写】想一想低年级的写话教学设计应该注意些什么？

一、低年级写话教学设计的思路与方法

(一) 低年级学生的写话心理特点

低年级可以认为是写作的起始期或启蒙期。低年级学生一般为 6～7 岁，还保留着学前

儿童的特点，感知的往往是事物的表象，喜欢具体鲜明的东西，以具体形象思维为主。从言语心理学的角度看，这一时期儿童的口头表达能力，无论是顺序性、完整性还是逻辑性，都已日臻完善。这一阶段，小学生在达到一定的识字量之后(一两百字)就萌生一种发表欲，想要把看到的、听到的和想到的内容“发表”出来。写话是适合此阶段儿童表达的一种形式，反过来，写话可促使学生对生活中的知识和事物更加关注。这种做法适合儿童心理发展的客观条件，又积极促进儿童的心理发展。

心理学研究同时表明，儿童的口头语言和书面语言在各自的发展过程中，是互相影响、互相制约又互相促进的。入学初期，学生的书面语言相对于口头语言来说是贫乏的。这时，如果我们重视对儿童进行写作的早期训练，使他们初步懂得一些书面语言的要求，就会反过来对他们的口头语言产生积极的影响。因此，根据这一时期小学生生理、心理特点，教师创设情境，凭借生动具体的事物或形象，进行写话训练是明智的，将会为小学生今后在写作上的发展奠定良好的基础。

(二) 低年级学生写作能力发展的特征

低年级称为写话期，表现特征为：作文起步阶段，在识字、写字、说话和初步阅读的基础上，从口述到笔录，联词造句，开始会写1～3个句子，并联句成段(表达一个完整的意思的句群)；习作内容比较浅显，表达的意思十分简单。

从小学阶段儿童的口头与书面表达发展进程看，低年级儿童的口头与书面表达没有实质性的差异，书面表达是“书面”形式的口头表达，换而言之是口头表达的文字记录。从发展水平看，书面表达明显地落后于口头表达，是“很贫乏而且无能为力的”。究其原因，是儿童入学时口头表达已有相当的基础，教学之初由于学生知识基础的限制，只能重点开展口头表达教学，书面表达训练相对滞后。这时期儿童还缺乏必要的写作知识、技能，儿童会讲的大量字词不会写、不会用，会写的字词又不能适合完整表达的需要，内部言语的局限，在一定程度上也限制了书面表达的发展。

(三) 低年级写话教学的一般思路

写话就是把自己想说的话用自己学的文字符号写下来。这是作文的启蒙训练，一般从一年级下学期就可以开始。用写话作为作文教学的起步，体现了从述到作、从说到写的作文教学的规律，让学生在不经意当中走上写作之路。写话教学设计的总体思路是以说促写，自由表达，语言规范，评价激趣。具体说来要抓住四个重点：

1. 如何让学生顺利地做到“我手写我口”

设计的一般思路是：根据目标确立话题→让学生联系自己的生活经验围绕话题进行讨论、交流→让学生围绕话题说出自己独特的想象、认识和感想等→把自己说过的话用文字写下来→评价激趣。

儿童有儿童的话语系统及逻辑，我们不能用成人逻辑刻意规约，而是应善于作一个倾听者、疏导者、激发者，具体说来，这一环节中老师的作用是：

① 与学生共同选择话题。② 组织、引导学生的表达，将学生独特的生活经验、独特的观察、想象、思维、体验等调动出来，让学生来影响学生(否则自己在家看书作文好了，为何还要集体上作文课)。③ 引导学生进行自我评价、相互评价，老师评价根据需要贯穿其中。④ 学生写完后要对学生的作品(我们应强调孩子的作品意识)进行指导、评价，着重在学生的低水平加工上下工夫，比如字、词、句等硬伤处，要让学生互相帮助修改，但对儿童作文中表达出

的言语世界要在肯定中引导，不要强制修正。

2. 如何不伤害儿童文字表达的兴趣

低年级学生的自我表现和表达的意识非常强烈，这是天性。我们不说如何提高学生的表达兴趣，是因为只要我们不伤害学生天性中的东西，兴趣会在其中自然地培养起来，这是一种教学思想。

写话教学设计中的每一个环节教师都应问问自己，这样做会不会伤及学生表达的兴趣。检验的标准就是大部分学生愿不愿意做，如果愿意做，还可以让学生们自己制订写作的任务及目标，让他们在写话过程中尽量承担更多的责任。“课标”对写话的要求是“对写话有兴趣，写自己想说的话”，也就是说，学生只要乐于写，写话教学训练就是成功的。

3. 设计时切实抓好词句训练

一者词句是适合于低年级儿童表达一个完整意思的形式；二者抓好词句训练可以为中高年级的习作教学打下基础。低年级写话训练中，重点要在词句通顺上下工夫。评改也应以词句为主，着重评改错别字、用词错误和重复、句子不完整、不通顺等项目，逐渐教会学生使用修改符号。

4. 重视培养良好的作文习惯

这是教学设计中始终应注意的问题，设计中要强调书写工整，不写错别字，写完后给他们诵读的时间，互相听听自己要说的意思写清楚没有。

人教版第三册《语文园地四》“我会写”：看图写几句话。图上画的是小学生在老师的带领下到动物园参观，假山上姿态不同的可爱的小猴子正吸引着他们（图 3－2）。

图 3－2 人教版第三册《语文园地四》“我会写”

【请你参照】写话不必过于强调口头表达与书面表达的差异，应鼓励学生把心中所想、口中要说的话用文字写下来。低年级写话训练应走“由说到写、说写结合”的路子。学生说得有条理，富有想象力，表达了真情童趣，就成功了一半。所以，我积极创设民主、和谐、宽松的互动氛围，鼓励他们讲真话，抒真情，使他们有话想说，有话敢说，有话能说，并且越说越好。

情景导入以后，我又展示出教材文本图：图上画着一群小学生在老师的带领下到动物园参观，假山上姿态不同的小猴子吸引着他们。

师：假山上的小猴子，给你留下了什么印象？

生1：小猴子们太可爱了！我喜欢孙悟空，喜欢小猴子。

生2：小猴子很顽皮，有的荡秋千，有的吃苹果，有的哈哈大笑。

师：现在，我们来做一个“说话找猴”的游戏。把你最喜欢的那只猴子介绍给大家，大家根据你的介绍在图中寻找你喜欢的那只猴子。看谁介绍得清楚，让大家一下子能找到。

（当学生的情绪储备达到高潮时，心中的写作欲望就会逐渐萌动和强化，从成熟到呼之欲出、不吐不快，老师此时恰当点拨，学生就会有通过文字倾吐心绪的冲动。）

在“说话找猴”游戏以后，我要求学生把“参观猴山”的事情写下来，把觉得最可爱、最有趣的猴子写下来。可以选一只，也可以选几只；可以一个人写，也可以小组合作完成。

（没有任何形式的限制，不过多要求写话的数量，只要能写得真实、有趣，就给予鼓励和表扬。学生有了兴趣，有了热情，有了“我手写我心”的习惯，笔尖就会在纸上快乐地“蹭痒痒”。）

（案例来源：浙江省慈溪市浒山街道西门小学　周央儿）

二、低年级写话教学的实施

结合自己的教学，思考哪些训练形式对低年级写话教学效果好些？先试着写几条。

（一）常见几种类型的写话教学

1. 看图写话教学

看图写话是指导学生观察图画，根据图上具体形象的内容进行想象写话。这种训练，可以由看一幅图写一句话或一段话，到看几幅图写一段或几段通顺完整连贯的话。低年级以看单幅图写话居多。低年级的看图写话教学与看图说话结合起来进行，主要是训练学生观察、分析、说话、写话等方面的能力，教学时要注意以下三点。

第一，引导学生看清图。这种图分两类，一类是单幅图，一类是多幅图，它不同于阅读教学课文的插图，它是写话教学的主要依据。图看不明白，必然在说话、写话时表达不清楚、不连贯，因此，教师对教学用图要仔细研究，认真备课。例如，《皮球浮上来了》由四幅图组成，备课时，教师自己要分析图上画了什么，表达了什么意思，各图之间的联系是什么，怎样说才符合图意又切合小学低年级学生的理解、表达能力。多幅图的还要研究出哪幅图是主图，单图的要体现图意的主要部分。《皮球浮上来了》这组图中，重点就要放在第三幅“想办法”和第四幅“浇水的办法真灵验”上面。

看图说话、写话的第一步是“仔细看”，既是为下一步说话、写话打基础，又是培养学生的观察能力。钻研图画之后，设计提问是关键。提出的问题要能引导学生会看、会说，还要防止问题过多、过碎。学生在教师问题的指引下，根据自己的观察和理解，逐渐学习用自己的语言先说后写。如果是多幅图，一般采用“先分后合”的程序，就是先分说每一幅图，然后把几幅图连起来说。

第二，发音要准确，话要说明白。仔细看图后，要进入“说图”阶段，再把自己所说的写下来。应注意两点：紧扣图意，不要脱离开图去过多地发挥；要求学生发音准确、响亮。因为这时学生是把观察、思维和口头表达三者紧密结合在一起。这是一种比较复杂的训练活动，学生容易紧张，而紧张往往带来胆怯。表达时声音容易越来越小，特别是把几幅图连起来说时，容易出现这种现象。所以要求学生声音响亮、说得准确。

第三，写得要连贯，字迹要清晰。低年级学生的写话，要在写得连贯上下工夫。写一句话，要注意词的顺序；写几句话，要注意句子的顺序问题。多幅图的内在联系，可按各图之间的顺序来观察，然后说话、写话。单幅图中各种事物的内在联系，可根据由近及远、由远及近，或者从左到右、从右到左、从上到下、从下到上等顺序来观察。总之，在表达训练初期，要特别重视言之有物、言之有序，培养学生有次序地表达，防止学生颠三倒四地说话、写话。这种训练不仅对低年级学生说话、写话是必要的，对中高年级学生的习作练习也是重要的。

2. 观察写话教学

一般是带领学生到观察地点，先进行现场观察指导，然后进行写话。实地观察的内容很多，可以带领学生参观、游览；可以到大自然中观察自然界的变化；可以带学生观察某一处景物或某一生动场景等。例如，把学生带到室外观察自然界的花、草、树木等，有意引导他们看一看、说一说，最后把观察所得到的情况写下来。可启发学生：“这里有什么？你对什么感兴趣？颜色怎样？形状如何？你喜欢吗？”通过引导学生观察，学生大都能把观察到的情况写下来。观察写话要和学校组织的活动结合起来，使学生在观察写话过程中养成观察的习惯。

3. 编写童话故事教学

心理学研究表明，低中年级的小学生处于创造性想象力发展的最佳期，常常借助幻想的方式来观察、理解和解释他们生活世界中的事物，那些在成年人眼里没有生命的事物，在他们眼里大部分是有意识、有生命的。正如鲁迅先生所说：“孩子是可以敬佩，他常常想到星月以上的境界，想到地面下的情形，想到花卉的用处，想到昆虫的语言，他想飞上天空，他想潜入蚁穴。”因此，鼓励小学低、中年级学生多写一些想象作文，不仅能顺应学生的心理发展，而且可以使他们的生命体验得到拓展，审美情趣得到提高。实践中可探索多种形式。

(1) 根据图像，说写童话：童年是充满幻想的岁月，儿童不像成年人那样现实，他们更多地生活在物我一体、精神现实不分的状态。富有童趣的各种动植物图画，能迅速地把学生带进童话王国，图画中的动植物的生活场景很快在学生头脑中转换为自己的生活场景，而他们在生活中的各种体验、感受也自然而然地融入了图画，讲图画上的故事，这是初始阶段的训练。当学生有了一定的编童话的基础后，再提供不完整或不连续的图画，让学生想象开头、中间或结尾，补充成完整的故事。最后，还可提供单幅图给学生编写童话故事。这样循序渐进，逐渐增加难度，扩大学生创造性想象的空间。

（2）略知梗概，说写童话：给学生一个提纲或一个故事梗概，让学生说些具体的故事情节，主要训练学生语言表达的形象生动性。如给出《大象救了小兔》的故事大意：三只小兔在树林里碰到一只老虎，吓得赶快逃命。可是，一条小河挡住了它们的去路。大象正在河中洗澡，它伸长鼻子，翘起尾巴，搭起一座桥，让小兔们从它身上跑到对岸。老虎追到小河边，大象用鼻子吸足水，朝老虎喷去，把老虎赶跑了。启发学生思考：小兔们是怎么碰到老虎的？老虎被赶跑后，小兔与大象会怎样呢？让学生把故事编具体，编生动。

（3）设计开头，续编童话：利用生动的语言描述、表演、多媒体动画演示、影响渲染气氛等多种手段，创设情景，帮助学生打开思路，充分发挥学生的想象，在他们的脑中演绎各种童话故事。比如在美妙动听的音乐声中用语言描述开头：茂密的森林深处，有一片平坦的空地，空地上长着绿油油的小草，开满了五颜六色的小花。今天是星期天，空地上聚集着好多好多的小动物，有小鹿啦、小猴啦、胖熊啦、小百灵啦等，它们来到这里……这些小动物来到这片空地上要做什么呢？那会是怎样的情景？让学生去想象，去续编。有条件的在描述过程中配上有趣的多媒体动画演示，有利于把学生带入情境，激发他们的想象。

（4）结合课文，编写童话：结合课文，采用“扩”“改”“仿”“借”“续”等方法训练学生编写童话。

“扩”，即扩写教材中的童话课文，把原来写得比较概括的地方加以扩展、补充。比如，《丑小鸭》一课中有这样一句话：“哥哥、姐姐咬他，公鸡啄他，连养鸭的小姑娘也讨厌他。丑小鸭感到非常孤单，就钻出了篱笆，离开了家。”这里写得就比较概括，“哥哥、姐姐咬他”“公鸡啄他”，“连养鸭的小姑娘也讨厌他”及“丑小鸭离开家”时的情景是怎样的呢？可以启发学生想象，然后写下来。

“改”，即改写，或改变人称，或改变中心思想，或把记实性课文改写成幻想性质的童话。比如，学了《丑小鸭》，让学生设想：假如你是丑小鸭，你遇到了丑小鸭遇到的一切，你的心情如何？你会怎么做呢？然后试写童话《我是丑小鸭》。学诗歌《晨光》第一节：“晨光叫醒了风/风叫醒了树/树叫醒了鸟/鸟叫醒了云。”可启发学生想象：晨光、风、树、鸟分别是怎么叫的，它们从睡梦中醒来时是什么样子的？它们醒来后会做什么呢？把想象到的情景写下来。又如，在所有的童话作品中，狼几乎都是扮演着凶恶的角色，狐狸都是狡猾的，在学了有关课文后，启发学生想一想：它们会不会在有些情况下改邪归正呢？试着编出狼和狐狸改变形象后的故事来。

“仿”，即仿写。学了《骄傲的孔雀》，也可以启发学生：小猫、小狗、小公鸡或者其他小动物都各有什么长处？它们在什么情况下也会骄傲，骄傲后会有什么表现？会有什么故事发生呢？试着编写它们骄傲自满后发生的故事。

“借”，即借助课文中的有关科学知识编写童话。例如，学了《看月食》，明白了引起月食现象的原因是地球转到了太阳和月亮的中间，挡住了太阳光，便启发学生想象：地球为什么要挡在太阳和月亮的中间，让月亮的脸变黑？后来为什么又让开了呢？编写童话《月亮的脸色变了》。又如学了《要是你在野外迷了路》，懂得树木向北的枝叶稀，向南的枝叶稠，是因为植物生长与太阳的光照有密切关系，朝南的一面光照强，枝叶就长得稠密，朝北的一面光照弱，枝叶就长得稀疏，就可以启发学生编写童话故事《不是树根妈妈的偏心眼》。

"续"，即续写。比如，《狼和小羊》一文以狼"龇着牙""往小羊身上扑去"为课文的终结，那么，狼扑向小羊后又会有几种结果呢？让学生充分想象，续写下去。

(5) 观察事物，说写童话：在孩子的眼中，世间万物皆有灵性，他们本身就生活在一个充满想象的世界中。因此，可以把孩子带到大自然中和花鸟说话，与风儿嬉戏，跟动物交友，然后引导学生把他们头脑中的、心中的童话写下来。

(6) 摆弄玩具，说写童话：我们经常可以看到，有的儿童在摆弄玩具的时候，会旁若无人的咕咕哝哝的自言自语。其实，他们此时就沉浸在童话的世界里。只要加以引导，就可以让他们用语言记录自己创作的童话了。

(7) 提供知识，编写童话：比如抓住各种文具、电器等事物的作用及特点编故事《书包村里的故事》《家用电器比本领》等；或者根据一些动植物的特点编故事，如根据含羞草一碰就低头，编《含羞草的故事》；根据蚂蚁的呼吸器官在腹部的特点，推想蚂蚁头部可以长时间地潜入水中，写个《蚂蚁大肚》的故事；根据蜗牛喜潮湿、雨后才出门的特点，想想在它身上会有什么故事发生呢？还有《猴子的屁股怎么红了》《长颈鹿的脖子为啥变长了》《大象的鼻子怎样长长的》等。

(8) 分析题意，说写童话：此种训练方式难度较大，教师要引导学生抓住题眼，精心设计问题，引发学生的想象。例如，《小老鼠感冒了》《小猫咪流浪记》等，启发学生结合自己的生活经验编写童话故事。实践证明，对于学生体验丰富、更贴近学生生活的题目，学生更有内容可写。比如，在指导学生写《小老鼠感冒了》时，可这样启发学生：你们生过病吗？哪些人来探望过你呢？在充分唤醒学生体验中的各种表象后讲述：有一天，小老鼠也生病了，那会是怎样的情景呢？想想写下来，也可以自己另外拟题。在这样的指导后，学生思路开阔，写起来就很轻松了。拟的题有《小老鼠感冒了》《小老鼠长水痘了》《小老鼠发高热了》等，写出的童话中有自己惧怕打针的体验，又有受到疼爱、关心的感受，其间童心荡漾、童趣横生、童意盎然。

(9) 联系生活，说写童话：引导学生留意生活中的某些现象，然后指导学生运用拟人、夸张的手法以童话的形式来表现。比如，先让学生读读《长鼻子的故事》，体会此类童话的写法，再抓住有些学生不爱做作业、懒惰等特点，启发学生想想他们会不会有什么奇遇，或用小动物来替代人物写他们生活、学习中的事情和现象。

以上形式，在运用时都要坚持循序渐进的原则，由浅入深，训练形式力求灵活多样，激发学生的兴趣，并随时帮助学生整理作品，使学生体会到成功的愉悦。

【请你分析】下面是一位教师设计的童话写作训练题，认真分析后说说其设计的合理性体现在哪里。

小荸荠真漂亮，胖胖的脸蛋，扎着笔直的小辫儿。有一天，小荸荠的小辫儿旁边烂了个小窟窿。她上水果医院去看病。医院里的病人可真不少，有苹果，有橘子，有桃子，还有西瓜。啄木鸟医生对小荸荠说："你不是水果，你是蔬菜，应该到蔬菜医院去看病。"小荸荠告别了啄木鸟医生和水果们，向蔬菜医院走去。

(一) 回答问题

(1) 小荸荠为什么要去医院看病？因为________，所以，要去医院看病。

(2) 在医院里，小荸荠都看见了谁？在医院里，小荸荠看见了________、________、________和________。

(3) 啄木鸟医生对小荸荠说了些什么呢？把它写下来。

(二) 续编故事

小荸荠来到蔬菜医院______________。

4. 写日记

学生写日记，主要是写观察日记，可以养成善于观察、勤于思考的好习惯；可以让他们的情感世界更丰富、更加美好；能够培养他们理解他人、体谅他人等良好品德；能帮助他们从日常生活中挖掘亮点、发现美；能成为沟通师生情感的桥梁。因此有必要教会学生写日记。要激发学生写日记的兴趣，教给写日记的方法，然后可对症下药，专项训练。

（二）低年级写话教学实施中应注意的问题

(1) 写话的重点还是侧重在对基础知识的巩固和学生观察的意识、习惯，以及思考的意识、习惯的培养上，而不仅仅是写话的本身。

(2) 正确理解“自由表达”和“先放后收”的理念，否则具体操作中就会出现问题。自由和限制，放和收都是相辅相成的概念，是老师的事情。在“自由”与“放”的前提条件下，学生首先要承担老师分配的责任，就是老师期望你写出什么；其次还要承担自定的责任，即你期望自己写出什么。

(3) 对文本的评价要强化“作品”意识，并提供多元发表平台。这是激发和维持学生写话动力的关键。比如，利用发表墙、班级报纸、网络博客、杂志发表、活动展示等形式，强化对学生自己独特成果的珍惜与肯定。有了这种成就意识的教育，学生的写话兴趣就有了附着点。

(4) 尤其对低年级儿童来说，写的本身比写的内容更重要，写作的评价比写的本身更关键，因此，评价的指向不应单单指向内容，更应指向学生的发展。对写了什么和如何写的可以不作过分关注，但对完成的态度、程度要和学生自定或共定的目标进行比照，并做共同追究。要在写话中渗透品德教育、责任意识，这也是低年级段写话教学中的着力点。

三、低年级写话教学的评估

课标指出：“写作评价要根据各学段的目标，综合考查学生作文水平的发展状况，应重视对写作的过程与方法、情感与态度的评价，如是否有写作的兴趣和良好的习惯，是否表达了真情实感，对有创意的表达应予以鼓励。”可见，新课程改革下的作文评价不再只是一纸文章，而是从多角度对学生的写作过程和写作结果进行综合评价。

1. 低年级写话评估指标的确定

评价指标的确定应紧扣“三维目标”来确定。按新课标要求，低年级写话的评估标准可参照表 3－4。

表 3－4　江苏盱眙县三河实验小学“构建小学习作评价机制研究”写话评价标准

指标内容	等级标准		
	合格级标准	良好级标准	优秀级标准
知识、技能指标	40 分钟内能写出 200 字以上的一段话(可以拼音夹汉字)，内容明白具体，语句基本通顺连贯，书写不潦草，容易辨认，会用学过的 4 种标点符号	40 分钟内写出 250 字以上的一段话(可以拼音夹汉字)，有较好的具体内容，语句比较通顺连贯，书写比较工整，能比较准确地使用学过的 4 种标点符号	40 分钟内写出 300 字以上的一段话(可以拼音夹汉字)，对写话有兴趣，写自己想说的话，写话中乐于运用阅读和生活中学到的词语，能准确运用 4 种标点符号
兴趣、习惯指标	对写话有一定的兴趣，较为愿意写自己想说的话和自己想象中的事物，写话中愿意运用阅读和生活中学到的词语	对写话有兴趣，乐于写自己想说的话和想象中的事物，乐于把阅读和生活中学到的词语运用到写话中	对写话有浓厚的兴趣，每天都能积极地把自己想说的话和想象中的事物写出来，写话中每次都能积极地把阅读和生活中学到的词语运用到写话中

2. 写话评价的常见方式

(1) 设计自评互评表，鼓励学生自评或互评：写话教学中要体现评价主体的多样性、对象的参与性和内容的层次性。教学中，一篇写话写好后，不要求急于上交，可在小组之间互相传阅，小组每位成员写上 1～2 条评语。然后由作者本人对照《写话等级自评表》进行量化和定性评定，最后才是老师评改。教会学生自己评价自己的写话是关键(表 3－5)。

表 3－5　写话等级自评表示例

自评项目	有/无	正确写法	小作者收获	等　级
用词准确				
错别字				
语句连贯				
书写美观				
格式正确				
标点使用正确				

(2) 教师的评价注重“解、评、展”：①“解”即教师在讲评之前对写话题目、要求进行解读。学生“作”之后的解读，往往能使学生茅塞顿开。②“评”即在学生自评的基础上，对学生存在的问题分类归纳，全班讲评。讲评是写话教学的重要环节，“鼓励学生自由表达、有个性地表达、有创意地表达”是教师讲评的最高准则。点评尽量抓住每一个学生的闪光点，哪怕是一个小小的进步和优点，都要给予精神奖励。如语言优美红花、语句通顺红花、用词准确红花、进步红花、标点进步红花等，尽可能让每位同学都有得到红花的机会。③“展”，即展示，教师尽量设置多种平台，让每一个学生都有展示自己“作品”的机会，展示是很好的评

价方式，它能够有效激发和保持学生写话的动机，对低年级的儿童更是如此。

【链接一线】牡丹江市井冈山小学为了改变这种现状，培养学生良好的习作态度、习作习惯，在各个学段分别设置了不同内容、同一目标的文前采风卡。这张卡片，在学生习作前一周下发到学生手中，学生可根据提示有目标地去收集下次习作所需要的资料，并且有选择地将接触自然和接触社会的感受、收集到的材料写到采风卡上，为己所用，同时此卡还有一定的自评、自估、自我激励的作用。由于每次习作的训练内容不同，需要积累的素材不同，因此，每次文前采风卡的设置项目也就不同了，这就要求教师提前将需要学生文前准备的内容进行梳理，最后设计出不同形式的文前采风卡。第一学段的文前采风卡的设计形式就非常灵活(表 3-6、表 3-7)。

表 3-6　牡丹江市井冈山小学第一学段文前采风卡 1

姓　　名		这次习作希望自己得几颗星	
话　　题	最喜欢的一种水果		
仔细观察它	眼看	手摸	鼻闻
美美品尝它	咬起来	味	感
品尝后最想说的一句话			
本次习作的采风你满意吗			

表 3-7　牡丹江市井冈山小学第一学段文前采风卡 2

姓　　名		这次习作我一定能得(　　)
话　　题	秋	
代表秋天特征的植物，描写秋天的词语、句子		
(校园、公园、马路、家)观察秋天，我发现了……	小草　　树木　　天气　　天空 花儿　　昆虫　　庄稼	
努力去做吧，你一定会从大自然中寻找到最美的秋天！你眼中的秋天别忘了告诉我呀		

四、请你来做

(1) 案例分析：学生永远是老师的一面镜子，下面是孩子日记中的写袁浩老师在低年级上的一堂写话课，认真阅读，运用所学知识分析袁老师写话教学成功在哪里。

今天下午，我们在小礼堂上公开课，礼堂里坐满了客人老师。一上课，袁老师先简单地小结了我们参观动物园的情况，就要求我们告诉大家：对哪几种动物印象最深？

接着，老师给我们猜了个谜语："红屁股、长尾巴，拱拱的嘴巴，毛茸茸的头，站起来像人，趴下去像狗。”这还不好猜，肯定是猴子！我很快举起了手。同学们也都猜出来了。袁老师表扬了我们，问：“为什么你们一猜就猜对了呢？”同学们有的说：“因为我们参观时观察的仔细。”有的说：“因为这个谜语讲出了猴子的特点。”袁老师满意地点点头，说：“好，这节课我们就先练习说说猴子的特点。”说着，他转身在黑板上画了个猴子，活灵活现的，真像啊！同学们瞪大眼睛望着、笑着。老师又叫我们看着画，想想在动物园看到的情况，说说猴子的模样。礼堂里一下子热闹起来了：同学们争着发言，客人老师也都哈哈笑起来……

后来，袁老师又叫我们写自己最感兴趣的一种动物，要抓住特点写具体。老师说，如果谁有困难，也可以写刚才大家讨论过的猴子。我写的是孔雀……

(2) 教学设计：请就苏教版二年级下册练习 4“说说写写”(图 3-3)说说你的设计思路。

可爱的动物

观察一种生活中常见的动物，说说它的样子，再用几句话写下来。

图 3-3　苏教版二年级下册练习 4“说说写写”

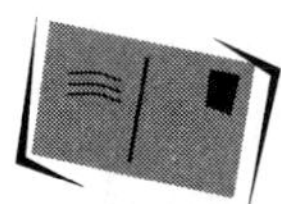

第四节　低年级口语交际教学

【动手查一查】调查显示，许多教师把口语交际等同于听说，因为日常的口语交际活动主要就是听和说。应该说，听和说是口语交际活动中的两个重要环节，如果不能准确地把握对方所要表达的意思，或者不能清晰地把自己的意思说出来，必然造成口语交际的障碍。可见，口语交际学习和听说学习有着密切联系，但并不能因此否定两者之间的差异。也只有明确了两者的区别，才能更为准确地把握口语交际学习的性质。请查一查有关资料，说说“口语交际”教学和“听说”教学到底有怎样的区别，并写下几个关键区别。

【动脑想一想】有的老师认为，口语交际的内容就是教材中呈现的话题，合适了就教一节，不适合学生的就翻过去不教。这种说法有没有道理？你认为口语交际的内容是什么？

【动笔写一写】口语交际嘛，生活中处处有交际，其他的教学环节中也处处有交际，何必要单独开课？如果你认为口语交际课的开设是必要的，它的独特价值体现在哪里呢？请结合低年级口语交际课堂教学谈谈自己的认识。

一、低年级口语交际教学设计的思路与方法

口语交际课堂教学的一般流程为：选择话题→设置情境→交际练习→展示与评价→总结与拓展。设计思路也基本按这一程序展开，差别取决于各年级的学习指标和儿童的学习特点。低年级口语交际教学的重点包括三个方面：① 口语交际时要养成讲普通话的习惯。② 口语交际时要认真、努力地听，完整或简要地讲述。③ 在口语交际时要有礼貌、态度大方、有自信心。围绕这三方面的重点，教学设计时应注意以下几个方面：

1. 内容方面的设计

对于低年级的孩子来说，激起参与的兴趣和动机是最重要的，因此，话题的选择特别重要。教学时，应围绕任务，选择孩子感兴趣的、贴近他们生活的话题，使学生有话可说，激发他们与人交流、沟通的欲望。也可以结合课文不断地为学生提供交际的内容。不管话题源于教材还是其他途径，最重要的选择原则就是该话题是学生经验或想象中的，且越接近学生的现实，越是最近发生的，就越能激发低年级儿童的兴趣。

2. 具体情境的设计

真实交际情境的创设对于口语交际的进行至关重要。如何围绕话题设置具体的情境，是低年级儿童展开口语交际的关键，情境不但要适合低年段儿童的交际经验，更重要的是要具体，达到学生根据情境能直接调动起自己的经验进行操作的程度。

请你比较

我们认为，情境设计非常关键，比如有两位老师同时训练“学会安慰”这个话题，第一位教师运用多媒体创设了一个小姑娘在上学的路上，不小心摔倒了，如果你恰好从旁边经过，你如何安慰她？另一位教师运用口头讲述和简笔画的手段设计了如下情境：我班的一个同学病了，大家去病房看她，恰好同学的妈妈也在，安慰在这种情境下发生了，思考在此情境中安慰会发生在谁与谁之间，不同对象之间应如何进行安慰？你认为哪位教师的情境设置更容易取得教学的成功，为什么？

3. 交际练习环节的设计

这是口语交际的中心环节。设计时要让学生在交际情境中展开，在互动中交流，使每一个学生都参与其中。方式可采用全班交流、小组交流、同桌交流、自由组合交流等。设计时要注意老师的组织和引导作用，因势利导，发现典型加以提醒和示范，对出现共性的问题，酌情点拨。

要说明的是，独白虽说也是口语交际的形式之一，但只有交际情境中的独白，才是适合口语交际的形式。也就是说，口语交际中的独白，必须和一定的交际目的、交际对象、交际场合等结合起来，才是有效的表达；否则，独白就变成了独语，无法完成交际任务。

4. 展示环节的设计

对低年级儿童来说，展示是发现问题和增强交际动机的主要途径。课堂上要善于发现典型进行展示评价，评价中引导学生发现和纠正问题，并找出应对策略。

5. 总结与拓展练习

这是学生根据在活动中习得的策略，进行进一步的训练和巩固。

总之，口语交际是交际情境中的口语训练，指向交际意图的达成度，而不是围绕交际情境进行的口语训练；后者是说话练习，通过设计要让孩子愿意参与，并在交际的过程中，渗透方法，指导行为、活动技能。年级越低，越要追求教学的无痕。

二、低年级口语交际教学的实施

（一）低年级口语交际教学的实施策略

1. 用活教材，多加预设，避免随意性和盲目性

虽然教材中口语交际的编排图文并茂，自成一体，一练一得，预留空间大，便于因地制宜。但是，若拘泥于教材，就教材静态地展开口语交际实践活动，只会使口语交际教学走入死胡同。教材编得再好，它永远是有缺陷的，那就是它的滞后性和定型性。我们必须用活教材，而不是只教教材，要灵活创造性地运用教材。

2. 创设有实践意义的交际情境

学生的口语交际能力，是在实践中培养出来的，没有具体的情境，学生就不可能承担有实际意义的交际任务，也不可能有双向互动的实践过程。口语交际的交互性，启示我们在教学中要千方百计唤起学生的交际需要，激发学生的交际动机，调动学生参与交际的积极性，以保证信息通道的畅通无阻。在教学中要特别关注交际话题的情境设置，恰当地引导学生在特定的情境中，真实地进入角色。主要包括两方面的情境创设：一是创设情境，引出话题；二是由教师或引导学生创设交际情境，围绕话题展开交际。教师在设计时应考虑低年段儿童的思维特点、行为特点，情境创设应体现游戏性，运用直观、多样、活泼的方式设置具体、丰富的交际情境。比如，用图画、影像、实物、表演等创设情境，学生能参与其中的就让学生先做后交流，在做中展开话题的交流，教师要参与进来。低年级学生对内容有趣、情节生动、人物形象鲜明的寓言故事、动物故事、童话故事等表现出极大的兴趣，教师可创设故事情境，让他们充当故事的主人公，诱发他们的创造力。如教学《狐狸和乌鸦》后，让学生分别戴头饰表演“乌鸦的肉被骗走了，狐狸叼起肉，钻进洞里”以后发生的故事。这样创设情境，抓住学生的好奇心，调动学生的主动性，使学生的思维、想象和表达能力都能得到充分的发展。

另外，还要引导学生自己创设自己熟悉的情境。例如，教学《自我介绍》，可分小组设置不同的交际情境，有的小组可安排为新生联欢会上的相互自我介绍，有的小组可安排在家中的相互随意介绍。场景不同，讲话的语气语调也就不同，学生不仅产生新鲜感，小组之间还可以展开竞赛。

3. 利用现代多媒体技术促进学生的口语交际

课标遵循儿童心理发展规律，明确指出：“要在课内课外创设多种多样的交际情境，让每个学生无拘无束地进行口语交际。”低年级学生的学习兴趣主要是直接兴趣，为此，教学中要努力使低年级的学习内容、学习过程生动活泼。多媒体技术有利于创设仿真的情境，激发学生的口语交际兴趣，促使学生产生交流的欲望。比如，教学《你最喜欢的小动物》时，选择学生最喜爱的“小白兔”为对象。以往总是看黑板的挂图，学生兴趣不高，如果改为播放配有轻音乐的小白兔在草地上蹦蹦跳跳的录像，并提出观察说话的要求，悦耳的音乐、精美的镜头，学生视听的注意力容易集中，利于进入学习心理的最佳状态，产生想说的欲望，提高说话的兴趣，促使学习过程的深化和优化。

4. 采用活泼、多样化的训练方式，力求让每一个学生都有参与机会

教学时应采用适合低年级儿童的各种形式，如说说、做做、玩玩、演演、猜猜、画画、找找、唱唱、跳跳等，使所有的学生都愿意参与进来。在师生之间、生生之间进行各种口语交际活动，只要精心地因课择法，因材施教，这些看似老套的方式就能焕发出新的光彩。如一位老师教《我家来客人啦》，采用分角色表演和师生互动的形式进行教学，效果很好。

选择适当的方式，使所有的学生都能参与进来，较好的方法就是采用分组合作学习，将不同的学生分为一组，在组内都有参与讨论发言的机会，也有倾听的机会，使不同的学生在学习过程中都有提高。如一年级口语课《我会拼图》，可让学生自由拼图，然后小组合作慢慢说完整，鼓励大胆说、多角度说。运用这种教学方式要注意以下几点：① 尽量让学生表达与众不同的见解。② 合作学习小组要体现异质分组的原则。③ 给不同意见的人更大的展示空间和机会。

5. 充分发挥示范与展示的功能

口语交际具有现场性、流动性的特点，交际的对象、场合、情境往往处于变化中，不易掌控，加上在听说教学的背景中教师侧重听说的要领和方法，学生很难把这些方法灵活运用于真实的情境中，不知道到底应该如何进行口语交际活动。因此，教学中我们应该充分利用口语交际的特性，把口语交际的过程和步骤详尽地展现给学生，这样学生在实际交际过程中，会有所依傍，而不至于无所适从，随心所欲。课堂上常见的示范形式有：① 教师亲自示范。主要是做一个交际的样板，以引导学生进行模仿练习，并最终能在拓展的情境中，围绕目标自行训练。② 学生之间的表演示范。学生的表演示范是口语交际教学中不可缺少的环节，一般安排在学生练习之后，进行汇报性示范，在示范过程中师生可以针对示范者出现的问题及时反馈，自我纠正。③ 示范还可以利用课件进行。比如根据交际要求，给学生放一些电视和录像上的访谈、辩论等节目，增强学生口语交际的感性认识。

6. 在交际过程中展开激励性的教学评价

教学中，教师要多表扬少批评，多激励少指责。要耐心地听学生发言，不要轻易打断学生的思路；要善于发现学生微小的进步，不要轻易挑剔学生这个词“不规范”，那个词“有毛病”，即使某个词说错了，也要允许或提醒他换个词再说。小学生初练口语，往往语无伦次，更需要教师的细心呵护。教师要重点评价学生的参与意识和情意态度，不必重在结果评价。在评价中，学生的优点要讲足，缺点和不足既要讲准，又要注意语气的婉转，要给学生一个宽松的环境，让他们无拘无束地交谈，主动积极地参与口语交际实践活动。

学生经过口语交际训练之后，交际能力达到何种程度最终还需一定的评价反馈。目的是为了让学生得到建设性的反馈信息，对自己的口语交际水平有一个认识，并对自身存在的问题及时进行调整。

（二）低年级口语交际教学实施中应注意的问题

1. 规范口语表达，能用普通话交谈

口语交际中应做到语音要标准，语气、语调要能准确地表情达意，语义要清楚完整，并能说出自己的感受和想法。儿童在学习语音时，教师应该给予及时、正确的指导。这是因为儿童要掌握语音，必须先听懂语音，然后才能说出语音。前者需要听觉系统与视觉系统的协同活动，后者还要加上动觉系统的协调。教师要有意识地引导儿童注意教师的口型和发音示范，如针对南京方言中的“n”“l”不分，教师指导学生用手捏住鼻子，看发音时鼻子是否有振动感，反复练习，多加体会。除此之外，可以让儿童读生字卡片、读课文、复述故事，强化语音训练效果，使儿童语音系统逐渐符合既定的标准音，即普通话，能做到正确地听与说。

2. 要注重培养四种意识

首先，增强学生的角色意识。低年级学生角色意识尤其重要(学生在参与口语交际活动时，是以双重身份参与的，一是社会角色，即学生；二是交际角色，即特定交际情景中扮演的角色)。社会心理学结构角色理论家乔治·米德认为，设想处于他人的角色，从他人的角色观点观察自己，是顺利实现人际互动的必要条件。教学中，教师应着力引导儿童通过扮演某个重要角色，逐步把自己看做是交际活动的对象，产生对自己的情感和态度，形成自我意识，从而取得良好的交际效果。如教学《学会道歉》，教师创设情境，让学生扮演踢碎玻璃的小男孩、打碎花瓶的小姑娘和撞掉铅笔盒的小学生，面对老师饰演的角色的提问，一步步认识到有时自己说话做事不好，可能会伤害别人，在这种情况下要及时向对方道歉，使用“对不起”“请原谅”等礼貌用语，取得对方谅解。

其次，要增强学生的对象意识。口语交际具有互动性，交际双方不断地发出信息，接收信息，处理信息和运用信息，听者和说者的地位随着交流的需要不断转换，说者根据听者的情绪及时调整自己的语气、语调或语言材料，而听者又根据说者的表达及时作出相应对答。如教学《小苹果树请医生》，教师要让学生知道与自己交流的分别是“大树伯伯”“麻雀姐姐”“猫头鹰哥哥”和“啄木鸟医生”，而不再是单纯的学习伙伴，引导儿童说话时注意对象的年龄、身份、心理特征，根据不同的选择对象组织语言，并随时观察对象的情感变化，听话时要仔细观察说话人的表情动作，揣摩其语言表达的真实意图，及时表达出自己的看法与意见。还以《小苹果树请医生》为例，“大树伯伯”说：“哎，我是一点劲都没有了。”学生根据大树伯伯弯腰的动作，唉声叹气的语调，明白“没有劲”不是因为劳累，而是生病了，要去请医生，因此赶紧关心地询问：“不如我替您请医生来看一看吧!”

再次，要增强学生的目的意识。教学中，要让学生明确交际目的，如进行《我爱吃的水果》教学时，首先让学生明白介绍水果的目的是什么？是希望别人同自己一起分享水果的美味。要达到这一目的，我们通过观察水果的形状、颜色、味道，搜集相应的水果知识，组织话题内容，尽量把内容说充实，引起别人的共鸣。

最后，强化交际的效率意识。要提高交际的效率，应注重合作原则的把握。美国哲学家Grice认为，在所有的语言交际活动中，说话人和听话人之间存在着一种默契，一种双方都应遵守的原则，以使每一个参加交谈者在整个交谈过程中所说的话符合这一次交谈的目标或方向。合作原则是会话交际的一条重要指导原则，它具体体现为四条准则：① 数量准则。使自己所说的话达到交际目的所要求的详尽程度，但又不超出这个度。② 质量准则。不说自己认为是不真实的话，或者缺乏足够证据的话。③ 关联准则。说话要贴切。④ 方式准则。避免晦涩词语，避免歧义，说话要简要，要有条理。因此，口语交际时，除了要考虑怎样把话说得简洁、真实、贴切、准确，还要考虑使用辅助手段，包括体态语言、礼貌用语和诚恳的态度等，以达到更好的表达效果。以教学《借铅笔》为例，“小猴”要向“熊猫”借铅笔，除了提醒学生考虑“小猴”借铅笔时会说什么话外，还要提醒学生考虑在“借”与“还”的进程中如何使用礼貌用语，让“熊猫”愿意借，愿意和“小猴”交朋友。

3. 重视口语交际习惯的培养

对于低年级儿童来说，教师应有意识培养以下习惯，如不插话，认清对象，用合适的语言进行沟通，学会合作等。培养儿童学会合作，在形式上则可以灵活多样，可以采取同桌交流的形式，也可以是学习小组之间的相互讨论，甚至是教师参与的多向互动。低年级儿童口语交际习惯的培养是一个长期的、循序渐进的过程，也是一项重要的培养任务。对于如何养成低年级儿童良好的口语交际习惯，本文提供了初步的分析，提出了相应的培养策略，还有待于进一步实践和探索。

另外，口语交际总目标要求“在各种交际活动中，学会倾听、表达与交流，初步学会文明地进行人际沟通和社会交往，具有合作精神”。因此，教学中应注意多开展丰富多彩的语文实践活动，探寻培养学生口语交际能力的多种途径。口语交际是一项实践性很强的活动，必须通过大量的实践锻炼才能内化为能力，这既是一种途径，也是一种方法，更是一种理念。除了交际课以外，教师应利用一切机会开展语文实践活动，如课外生活、语文教学的各个环节，包括听讲、朗读、复述、问答、讨论、口头作文等，都是很好的训练。总之，应让课堂成为学生口语交际的演练场，让生活成为学生口语交际的实战地。

（三）请你参考

口语交际课《学会转述》。

上课铃已经响了，可于老师还没来，这是怎么回事？于老师可是从来不迟到的。几个小脑袋早已耐不住了，纷纷探出去张望。来了，来了……咦？怎么不是于老师呀？

这时，一位女青年急匆匆地走进教室，说：“请问，这堂课是于老师上吗？我姓潘，是电视台的，请转告你们于老师，那篇稿件星期六之前一定要写好，请他写好以后打个电话给我，号码是7812519(还重复了一遍)。”说完，转身离开教室。走到门口她回过头又说：“还有，他丢在电视台的帽子，我给他放在传达室了。”她刚走一会儿，于老师就夹着书本匆匆进来了：“同学们，对不起，刚才有点急事，迟到了，现在开始上课。”

刚要写课题，“老师——”一位小男孩喊起来：“刚才，有人找你……”“是个女的。”另一位女同学补充道。“有人找我？”于老师故作惊讶，“人，有老人、青年人、还有中年人……还是个‘女的’？‘女的’范围也很广，你也是‘女的’嘛！”说着，转过身去，在黑板上写了两个大字“转告”，接着说：“那么，今天，我们就来学习怎样转告别人的一件事、一段话。”

“转告，最基本的要求是要做到准确，不能含糊，特别是时间、地点等。谁能把刚才的情况准确地转告给于老师？”

一阵议论之后，大家都举起了小手。一个学生说：“于老师，刚才有位电视台的阿姨来找你，你不在，她请你快点把稿件写好。还有，她把帽子放在传达室了。”

于老师高兴地点点头说：“啊，是潘阿姨找我，稿件的事我已知道了。”但又感到疑问，说：“帽子？潘阿姨送一顶帽子？”同学们都笑起来了，一个个争先恐后地将小手举得高高的。一个学生说道：“谁送给你的呀？是你自己忘带了。”“是潘阿姨送来的帽子。”“稿件快点写，星期六之前一定要写好！”……又有几个学生喊起来。

于老师笑了：“哎呀，原来有这么多内容要转告我，不过，转告不但要准确，而且要周全哟!”

这时,一个同学举手补充道:“于老师,阿姨还说,你写好之后,打个电话给她。”“留下电话号码了吗?”于老师问。大家你看看我,我看看你,一脸的后悔样,都说不出话来。这时一位文静的小女孩站起来说,是“7812519。”“对,是7812519。”于老师夸奖了她。“这个号码我老是忘掉,你能告诉老师,是怎么记住的吗?”这个学生回答道:“最后三位数是519,我把它记作‘我要有’,所以就记住了。”

于老师高兴地带头为她鼓掌,连连称赞她讲得好:“这个同学不仅认真听别人讲了什么,而且还想办法记住这些内容。只有这样,转告他人的事情才会做到准确、周全。”

“好! 同学们准备一下,看谁能把这件事说得既准确又周全。”

三、低年级口语交际教学的评估

评价学生的口语交际,原则上要掌握三条:一是为学生创造参与口语交际活动的生动情境;二是应让学生承担有意义的交际任务;三是为学生提供在具体语言环境中从事口语交际的实践机会。

1. 低年级口语交际评估的一般标准

根据第一学段口语交际的学段目标和评价要求,低年级的口语交际评价标准如表3-8所示。

表3-8　低年级的口语交际评价标准

一级指标	二级指标	三级指标	评价等级				综合评价
			A	B	C	D	
具有日常口语交际的基本能力,在各种交际活动中,学会倾听、表达与交流,初步学会文明地进行人际沟通和社会交往,发展合作精神	能力	学讲普通话,了解别人讲话的主要内容					
		听故事、看音像作品,能复述大意和精彩情节					
		能较完整讲述小故事;简要讲述自己感兴趣的见闻					
	习惯	坚持讲普通话					
		认真听别人讲话					
	态度	自然、大方、有礼貌地与人交谈,有表达的自信心					
		积极参加讨论,对感兴趣的话题发表自己的意见					

2. 低年级口语交际评估的常见方法

口语交际能力评价方法有以下几种:

(1) 复述法:复述法就是通过学生能否将听到的内容用自己的话说出来,从而考查其听、说能力的评价方法。这种方法侧重于考查学生的听记能力和语言组织能力。

复述一段话。

1. 命题要求

材料应选适合儿童年龄特点阅读的报刊和其他课外读物,文字宜浅显,内容应广泛,表达形式可多样，以引起学生的兴趣。每段话约100个字。

2. 实例(二年级学生适用)

(1) 要求：听两遍故事，然后把这个故事讲一遍。

(2) 材料：有一天，小羊想到山上去吃草，老羊说："别去！别去！山上有狼。"大狗说："不用怕，我跟你一块去。"小羊和大狗一块上了山。小羊吃草，大狗在一旁看着，狼不敢来了。

3. 使用说明

(1) 评价前向学生说明听故事的方法：听清楚故事中有谁，他们是怎么说的，结果怎样。

(2) 评价时间为2分钟。

(3) 复述要点。

时间：有一天。

地点：山下。

人物：小羊、老羊、大狗。

起因：小羊想吃草。

经过：老羊劝阻，大狗愿陪同。小羊和大狗上山，小羊吃草，大狗看着。

结果：狼不敢来了。

(4) 评分标准(表3-9)。

表3-9 段落复述能力评定标准

项目	分值	评定标准
叙事具体	4	1：随意更改故事情节，有3个以上的要点漏说，段落复述不完整 2：段落复述不完整，有3个以内的要点漏说 3：段落复述不完整，有1个要点漏说 4：段落复述清楚完整
语句正确	2	0：段落复述过程中，有5句以上的病句或错误 1：段落复述过程中，有3句以内的病句或错误 2：段落复述过程中，无病句和错误
表情体势	2	0：多抓耳挠腮、摇晃身体等动作，发音颤抖 1：比较拘谨 2：神态大方、自然，站势或坐势正确
音量速度	2	0：音量过小，听不清楚，语速过慢，多断句 1：复述过程中声音基本响亮，偶有过响或过轻、过快或过慢现象 2：声音响亮，语速适中

(2) 辨析法：辨析法就是要求学生边听材料边分析，然后说出自己判断的方法。该方法主要考查学生有无敏锐的听力和判断力。

辨句。

1. 命题要求

所选的句子应是教材作业中常见的单句，不宜出现生字。材料一般来自课外读物。

2. 实例(二年级学生适用)

(1) 要求：听老师读句子，请小朋友想一想，这句话后面应该加上句号、问号还是感叹号？

(2) 材料：① 今天的天气多好啊！② 妈妈在家洗衣服。③ 今天晚上有《四驱兄弟》电视节目吗？④ 我们是小学生。⑤ 公园里的景色真美呀！⑥ 这是谁的书？⑦ 在家一起做游戏。⑧ 老师多么辛苦啊！⑨ 今天的作业做完了吗？⑩ 爸爸边喝茶边看电视。

3. 使用说明

(1) 评价前应向学生说明辨句方法。

(2) 评价时间 5 分钟。

(3) 评分标准(表 3 - 10)。

表 3 - 10　辨句能力评定标准

项　　目	分　　值	评定标准			
		1	2	3	4
回答提问	4	尚能听懂句子意思，但有 5 句以上辨错	听懂句子意思，但有 3 句以上辨错	听懂句子意思，但有 2 句以内辨错	听懂句意、正确辨句
		1	2	3	
音量速度	3	音量过小，听不清楚，语速过慢	声音基本响亮，口齿较清楚，偶有语速过慢现象	声音响亮，语速适中，口齿清楚	
		1	2	3	
体势神情	3	多抓耳挠腮、摇晃身体等动作，神情紧张、发音颤抖	比较拘谨，有不良习惯动作	眼视对方、站势或坐势正确，神态自然	

四、请你来做

案例分析：下面是两个有关“小熊真可爱”的口语交际教学设计，对比阅读，你认为哪个更符合低年级口语交际课堂教学的设计要求，为什么？

案例一：小熊真可爱

【教学目的】

(1) 通过看图，了解图意，设想小熊怎么可爱。

(2) 在讨论中大胆发表自己的看法，通过编故事锻炼自己的逻辑思维与口语交际能力。

(3) 培养学生根据不同情况使用不同语气的能力。

【教学重点、难点】如何通过自己的想象说明小熊的可爱，正确评价自己与别人的能力。

【教具准备】插图背景与单个小动物的图画。

【教学课时】1课时。

【教学过程】

一、创设情境导入

同学们，狗熊胖胖(出示图片)要搬新家了，这两天全家人都很忙，妈妈爸爸每天都去装饰城买材料，在家里刮墙、铺地，没多长时间，家便收拾好了。站在装饰一新的家里，全家人心里那个美，怎么也欣赏不够，尤其胖胖最高兴，因为它终于有自己的小家了，再不用和爸爸、妈妈在一块挤了。可是，胖胖看着看着便嘟起了小嘴，皱起了眉头，赶忙跑到爸爸、妈妈跟前说："爸爸，我都长大了，不跟你们挤了。"爸爸说："对呀！""可，可是我的小床呢？""噢！"爸爸一拍脑门，"唉，瞧我都忙晕了头，别急，爸爸是木匠，这就去想办法。"说着，便拿起锯子走出了门……

二、指导观察

(出示整幅图。)

1. 整体观察，说说图上都画了些什么

提出要求：

(1) 按一定顺序说，由景到动物或由动物到景来说。

(2) 只要大致说出图上内容即可。

2. 分部分观察，说具体

(分四人小组讨论。)(出示思考题。)

(1) 熊爸爸拿着锯子准备干什么？

(2) 小熊胖胖拉着爸爸的手在说些什么？

(3) 树枝上的小松鼠和啄木鸟、树底下的小白兔看到这种情况会怎么想、怎么说？

(说明：让学生可以根据课前创设的情境来想象说，鼓励学生开动脑筋，激活创造性想象。)

要求：

(1) 说话要通顺、清楚。

(2) 小熊与爸爸说话时要讲礼貌。

(3) 其他小动物说话时要注意不同的语气。

三、编故事

(1) 再次看图，先自言自语地讲，注意条理性。

(2) 在小组内交流。

(3) 选代表来讲。

四、评比

说说谁编得好，说得好？好在哪里？

五、表演

学生自由分配角色表演，训练得到了升华。

六、总结

(1) 同学们,你们认为这是一个什么样的小熊?为什么?

(2) 出示课题,点名题意。

(3) 发散思维,鼓励想象:同学们,故事的开头老师想象出狗熊爸爸是为了给小熊胖胖做床才砍树,那你能想象出狗熊爸爸还有其他原因吗?

七、试着把故事写下来

案例二:小熊真可爱

【教学目的】

(1) 仔细观察图画,在了解图意的基础上展开想象编故事,并能态度自然大方、有礼貌地与人交流。

(2) 能认真听别人讲话,敢大胆发表自己的意见,有表达的自信心。

(3) 知道多种树的好处,懂得爱护周围的环境,启蒙环保意识。

【教学重点、难点】

(1) 借助图画展开想象,创编故事《小熊真可爱》。

(2) 有表达的自信心,能态度自然大方、有礼貌地与人交流。

【教学准备】

(1) 收集有关树木美化环境等方面的信息。

(2) 多媒体课件、松鼠、白兔、熊爸爸及小熊头饰等。

【教学课时】 1课时

【教学过程】

一、谈话导入,揭示目标

(1) 同学们,你们喜欢听故事吗?好的故事都是人们精心编出来的。大人能编,小朋友也能编。小朋友们你们说对吗?

(2) 今天,我们就来编一个《小熊真可爱》的故事。听了这个题目,你有什么问题要问吗?

二、创设情境,启发想象

(1) 多媒体演示:清晨,太阳刚刚升起,一大片茂密的树木沐浴在金色的阳光下。森林里,树木郁郁葱葱。在开满野花的草地旁边,是一条清亮亮的小溪。小熊的家就在小溪的旁边。

(2) 看了这一段动画,小朋友想说什么?你能用自己的语言把这里的美景讲给大家听吗?请先仔细想一想,再讲给同桌的小朋友听,讲好后再给大家讲。

(3) 多媒体演示:熊爸爸扛着一把大锯子,从门里走出来,准备去伐木。小熊追出来,拉住熊爸爸的手不让他走。

(4) 谁来说说熊爸爸和小熊之间发生了什么事?小熊为什么拉住爸爸不让他走?

(5) 小熊不让爸爸去伐树,可是爸爸不听,非要去伐怎么办?请你联系以前学过的知识及你所收集到的有关信息,想想小熊该如何劝阻,爸爸才会听他的劝说,不再去伐树?

① 讨论交流,各抒己见。

● 砍掉大树,小溪里的水就会变得混浊。

● 砍掉大树，小松鼠和小鸟就没有家了。

● 砍掉大树，会引起沙尘暴。

● 砍掉大树，这里的风景就不会这么美丽了。

● 砍掉大树，……

② 小组合作，情境交流。

● 假如你们就是小熊的话，谁能用自己的充足理由说服熊爸爸不再去砍树。

● 看了小熊劝说爸爸不要再去砍树的情境表演，你有什么看法和建议要对它们说。

(6) 多媒体演示：看到熊爸爸难为情地低下了头，兔哥哥、松鼠妹妹激动地鼓起了掌，它们走上前去对小熊和熊爸爸说……

(7) 请同学们想想，此时此刻，它们会跟小熊以及小熊的爸爸说些什么呢？想好后请跟周围的小朋友说说，看看谁说得更有个性。

三、小组合作，编演故事

(1) 小组合作，按照多媒体演示的过程编讲《小熊真可爱》的故事。

(2) 小组推荐代表发言，评一评、比一比，谁讲得最好，为什么？

(3) 加上道具、头饰，把故事演一演。

四、实践作业

(1) 采用观察、询问、搜集资料等方式，调查生活周围的环境保护的情况。

(2) 把《小熊真可爱》的故事讲给自己喜欢的人听。

中篇
中年级语文课程与教学

中篇
中年级语文课程与教学

第四章　中年级语文学习目标

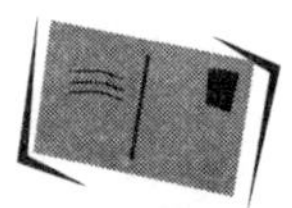

第一节　中年级识字与写字目标

【动手查一查】请结合自己的教学经验，对中年级识字与写字能力指标进行解读，再查一查有关资料，把体会较深处概述出来。

【动笔写一写】对比1993年大纲和2001年课标，看看中年级识字与写字部分在哪些方面发生了变化，请简单概述。

【动脑想一想】中年级识字与写字教学与低年级有何不同？这种不同在目标规定中是如何体现的？可根据思考写下几个关键词，并依据关键词，自己试着说说。

一、第二学段(3～4年级)识字与写字目标构成

(1) 对学习汉字有浓厚的兴趣，养成主动识字的习惯。

(2) 累计认识常用汉字2 500个，其中2 000个左右会写。

(3) 会使用字典、词典，有初步的独立识字能力。

(4) 能使用硬笔熟练地书写正楷字，做到规范、端正、整洁。用毛笔临摹正楷字帖。

(5) 有条件的地方，可学习使用键盘输入汉字。

二、中年级识字与写字目标分析

(一) 从横向学习目标来看，渗透“知识与能力”“过程与方法”“情感态度与价值观”三个维度的要求

(1) 从知识和能力维度看：包括“累计认识常用汉字2 500个，其中2 000个左右会写”“会使用字典、词典，有初步的独立识字能力”“能使用硬笔熟练地书写正楷字，做到规范、端正、整洁”“用毛笔临摹正楷字帖”。

(2) 从过程和方法维度看：包括“有条件的地方，可学习使用键盘输入汉字”。

(3) 从情感态度和价值观的维度看：包括“对学习汉字有浓厚的兴趣，养成主动识字的习惯”。

(二) 目标定位体现出阶段性和连续性、规定性与弹性相统一的特点

阶段性和连续性，指识字量和识字能力的要求上，既有阶段的特点，又分别和第一、三学段相衔接。第一学段要求认识常用汉字1 600～1 800个，其中800～1 000个会写；第二学段要求认识的常用汉字在第一学段基础上增加了700～900个，增至2 500个，会写的字增加了

1 000～1 200，增至2 000个左右；识字能力由“学习独立识字”，提升至“有初步的独立识字能力”。规定性与弹性相统一，则体现在对识字量的要求上，下要保底，上不封顶。

（三）文化品位和审美情趣的提高方面有了更高要求

由低年级的“喜欢”到中年级“对学习汉字有浓厚的兴趣”，由“有主动识字的愿望”到“养成主动识字的习惯”。这其实是对教师文学方面的知识、识字教学中的文化渗透问题、识字中的审美问题等提出了高要求，教师要加强这方面的素养。

（四）写字技能方面，有了更高要求

能使用硬笔熟练地书写正楷字，做到规范、端正、整洁；开始学习用毛笔临摹正楷字帖。另外，有条件的地方，可学习使用键盘输入汉字，这是信息时代重要的语文技能。课标的规定还提示我们处理好打字和写字的关系。汉字是一种工具，它也是一种文化符号，写好汉字是小学生的学习任务，也是每一个中国人的责任，甚至还是民族素质的表现。我们不否认电脑打字的优势，但也不能因此降低了书写汉字的好处，更不能忽视小学写字教学。“其实电脑越是普及，就越要把字练好。因为工具越是先进，对掌握这种工具能力的要求、对人的整体素质要求也就越高。而写字训练不仅仅是技能训练，还是一个形成良好习惯、培养高尚品质的过程，是一个磨炼意志、陶冶情操、学习做人的过程，因而是提高人的整体素质的最基本手段之一”。

第二节 中年级阅读目标

【动手查一查】查阅有关对中年级阅读能力指标解读的资料，思考这样设计是本着什么样的思路，并把体会较深的地方写下来。

【动笔写一写】对比1993年大纲和2001年课标，看看中年级阅读部分在哪些方面发生了变化？

【动脑想一想】中、高年级的阅读课堂教学和低年级的阅读课堂教学有很大的区别，这种变化是如何在“课标”中体现出来的？

一、第二学段（3～4年级）阅读目标构成

（1）用普通话正确、流利、有感情地朗读课文。

（2）初步学会默读。能对课文中不理解的地方提出疑问。

（3）能联系上下文，理解词句的意思，体会课文中关键词句在表情达意方面的作用。能借助字典、词典和生活积累，理解生词的意义。

（4）能初步把握文章的主要内容，体会文章表达的思想感情。

（5）能复述叙事性作品的大意，初步感受作品中生动的形象和优美的语言，与他人交流自己的阅读感受。

（6）在理解语句的过程中，体会句号与逗号的不同用法，了解冒号、引号的一般用法。

（7）学习略读，粗知文章大意。

(8) 积累课文中的优美词语、精彩句段,以及在课外阅读和生活中获得的语言材料。

(9) 诵读优秀诗文,注意在诵读过程中体验情感,背诵优秀诗文 50 篇(段)。

(10) 养成读书看报的习惯,收藏并与同学交流图书资料。课外阅读总量不少于 40 万字。

由上,我们可以总结出中年级段的三个螺旋上升点为:

(1) 感受识记:继续抓好正确、流利、有感情朗读课文,加强默读、略读能力的培养;注意边读边想能力与习惯的培养。

(2) 理解应用:一是理解词句意,能体会关键词句表情达意作用;二是把握课文主要内容,体会文章的思想感情,能对不理解的地方提出疑问;三是复述叙事性作品大意,初步感受作品中生动的形象和优美的语言,能与他人交流自己的阅读感受。

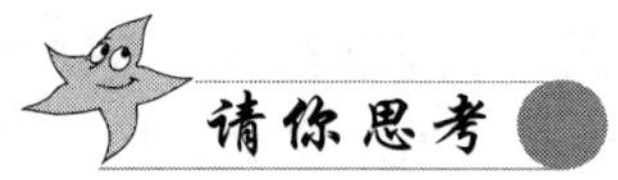

看上面加点的词,请思考中年级理解的重点是什么?达到什么要求才叫把握住了课文的主要内容?怎样的复述才算是符合要求的复述?

【苏教版观点】苏教版编辑部高林生先生的观点参照:

一、中年级的理解重点

1. 要明确课文的要点及其联系,把握课文的主要内容,从总体上感知课文所蕴含的思想情感

比如,《九寨沟》的要点梳理及通过要点总结出主要内容:

(1) 名字的由来。

(2) 九寨沟像一个童话世界:① 风景。雪峰、湖泊、瀑布。② 动物。金丝猴、羚羊、大熊猫、小熊猫。

(3) 九寨沟真是人间仙境。

(4)《九寨沟》的主要内容:本课通过对九寨沟的名字由来、美丽自然风光和珍稀动物的介绍,告诉人们九寨沟是一个童话世界,是人间仙境。

2. 要明确课文中关键词句表达了什么样的情感和意思,并关注它们是如何表情达意的

(1) 关键词句的界定:所谓关键词句,就是指课文中能反映主题、概括主要内容、暗示课文的思路、标示句段之间的关系,对课文表情达意至关重要的词句。

(2) 关键词句的作用:① 反映课文主题;② 凸现人物性格;③ 标示内部联系;④ 浓缩哲理深情;⑤ 彰显课文内容等。

二、把握课文主要内容的要求

一是能涵盖课文的所有要点;二是能基于要点,用较为简洁的语言表述。

三、复述的基本要求

一是能恰当地引用原文;二是能突出主要的故事情节;三是在可能情况下可适度增加自己的评论。

(3) 积累拓展：背诵优秀诗文50篇以上，课外阅读总量在40万字以上。

二、中年级阅读目标分析

(一) 从中年级阅读目标内部的联系看，同样体现了“知识和能力、过程和方法、情感态度和价值观”三个维度目标整体设计的特点

1. 侧重知识和能力的维度

包括用普通话正确、流利地朗读课文；初步学会默读；能对课文中不理解的地方提出疑问；能联系上下文，理解词句的意思；能初步把握文章的主要内容；能复述叙事性作品的大意；学习略读，粗知文章大意；积累课文中的优美词语、精彩句段，以及在课外阅读和生活中获得的语言材料。养成读书看报的习惯，收藏并与同学交流图书资料。

2. 侧重过程和方法的维度

包括能借助字典、词典和生活积累，理解生词的意义；在理解语句的过程中，体会句号与逗号的不同用法，了解冒号、引号的一般用法。

3. 侧重情感态度和价值观的维度

包括有感情地朗读课文；体会课文中关键词句在表达情意方面的作用；体会文章表达的思想感情；初步感受作品中生动的形象和优美的语言，关心作品中人物的命运和喜怒哀乐；注意在诵读过程中体验情感，领悟内容。

(二) 与以往语文教学大纲中阅读能力指标相比较，中年级阅读教学在以下几个方面有了显著变化

1. 强调情感、体验的作用

“注重情感体验”，是阅读教学的总目标之一。课标规定“阅读是学生的个性化行为，不应以教师的分析来代替学生的阅读实践。应让学生在主动积极的思维和情感活动中，加深理解和体验，有所感悟和思考，受到情感熏陶，获得思想启迪，享受审美乐趣。要珍视学生独特的感受、体验和理解”。

在低年级培养兴趣的基础上，中年级更加注重情感、体验在阅读教学中的作用和获得。“体会课文中关键词句在表情达意方面的作用”“初步感受作品中生动的形象和优美的语言，与他人交流自己的阅读感受”“体会句号与逗号的不同用法”“诵读优秀诗文，注意在诵读过程中体验情感”。体会、感受、诵读成了这种要求的关键词。

2. 加强阅读积累、运用

根据中年级的阅读特点，在阅读教学基础上要求“积累课文中的优美词语、精彩句段”“以及在课外阅读和生活中获得的语言材料”“背诵优秀诗文50篇(段)”“课外阅读总量不少于40万字”。能借助字典、词典和生活积累，理解生词的意义。同样提出了适合中年级学生积累的内容和数量，并要求在阅读教学中运用。

3. 尊重个体的差异，又鼓励合作交流

合作以个体差异为前提，合作中强调求同存异，这符合学生的发展要求。

4. 对阅读知识提出了新要求

以往的语文教学大纲，注重知识传授，目的是为了应付考试。课标对语文知识提出了新的要求，其指导思想是学习语文知识是为了应用。在表述上，尽可能将知识要求转换成能力要求。以“标点符号”的知识为例，以往大纲只是笼统地提“认识常用的标点符号”，学生对这一知识的掌握主要靠机械重复的训练。课程不仅把标点符号作为一种知识，还把它当做理解内容、体会感情的一种手段。强调“在阅读中”“在理解语句的过程中”“在理解课文的过程中”体会标点符号的不同用法。这样可以把知识的获得与能力的培养、情感的陶冶有机结合起来。

【请你再做】试着分析自己的一篇较为满意的中年级阅读教学设计，看看以上的理念有没有在这篇设计中有所体现，这样做就是一次不错的案例分析训练。

第三节　中年级习作目标

【动手查一查】很多研究者对中年级习作能力指标的规定进行了自己的解读。查阅有关资料，思考这样设计是本着什么样的思路，并把你体会较深的地方试着写下来。

【动脑想一想】写话是作文教学的启蒙阶段，到了第二学段的习作，真正意义上的写作才算开始，那么该如何完成这个衔接和过渡，这一点能否通过自己对指标规定的解读得到一点启示？

【动笔写一写】对比1993年大纲和2001年课标，看看中年级习作部分在哪些方面发生了变化，请写下来。

一、第二学段(3～4年级)习作目标构成

(1) 留心周围事物，乐于书面表达，增强习作的自信心。

(2) 能不拘形式地写下见闻、感受和想象，注意表现自己觉得新奇有趣的，或印象最深、最受感动的内容。

(3) 愿意将自己的习作读给他人听，与他人分享习作的快乐。

(4) 能用简短的书信便条进行书面交际。

(5) 尝试在习作中运用自己平时积累的语言材料，特别是有新鲜感的词句。

(6) 根据表达的需要，使用冒号、引号。

(7) 学习修改习作中有明显错误的词句。

(8) 课内习作每学年16次左右。

二、中年级习作目标分析

(1) 最显著的特点是倡导自由表达，要求“能不拘形式地写下见闻、感受和想象”。这是写作初始阶段的一种心理疏导，这样要求也有助于和低年级的衔接。

(2) 注重自己的体验和对经验世界的个性化表达。“注意表现自己觉得新奇有趣的，或印象最深、最受感动的内容”“运用自己平时积累的语言材料，特别是有新鲜感的词句”“学习修改习作中有明显错误的词句”等要求，体现了这种设计的思路。

(3) 注重学生写作的目的意识和成就意识的发掘。课标要求“愿意将自己的习作读给人听,与他人分享习作的快乐”,这就有可能激发和维持学生写作的内部动机。

(4) 写作初始阶段就要求学生进行修改练习。要求不高,只是在低水平加工上要求学生进行修改,但意义明确,且重要。通过修改可以引导学生尊重自己和别人的劳动成果,养成认真负责的态度,并且通过修改提高自改能力和自写作文的能力。实践中教师要注意通过修改实践,引导学生学习修改方法,养成修改的习惯。

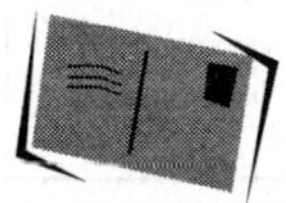

第四节　中年级口语交际目标

【动手查一查】查阅有关中年级口语交际能力指标规定解读的资料,思考这样设计的理念,并把你体会较深的地方概述出来。

【动脑想一想】中年级的口语交际指标比低年级有了明显提高,结合不同年段的学习特点,思考为何会有这种变化?

【动笔写一写】能否从中年级口语交际指标规定中概括出几个关键词,并说说这几个关键词中体现了什么样的课改理念 。

一、第二学段(3～4年级)口语交际目标构成

(1) 能用普通话与人交谈。在交谈中能认真倾听,领会要点,并能就不理解的地方向对方请教,就不同的意见与人商讨。

(2) 听人说话能把握主要内容,并能简要转述。

(3) 能清楚明白地讲述见闻,并说出自己的感受和想法。

(4) 能具体主动地讲述故事,努力用语言打动他人。

二、中年级口语交际目标分析

(一) 口语交际能力培养侧重在三方面,要求有所提高

(1) 倾听能力:包括在交谈中能认真倾听,听人说话能把握主要内容,并能简要转述。

(2) 表达能力:包括能清楚明白地讲述见闻,并说出自己的感受和想法;能具体生动地讲故事,努力用语言打动他人。

(3) 交流能力:包括能用普通话交谈。在交谈中能认真倾听,并能就不理解的地方向人请教,就不同的意见与人商讨。

(二) 与第一学段相比,第二学段的口语交际目标有了明显的提高

表4-1　第一、二学段口语交际目标比较

第一学段	第二学段	比较简析
学讲普通话,与别人交谈,态度自然大方,有礼貌	能用普通话与人交谈。在交谈中能认真倾听,领会要点,并能就不理解的地方向对方请教,就不同的意见与人商讨	自然大方→认真倾听,请教与商讨

续 表

第一学段	第二学段	比较简析
能认真听别人讲话，努力了解讲话的主要内容	听人说话能把握主要内容，并能简要转述	了解→把握、简要转述
能较完整地讲述小故事	能具体主动地讲述故事，努力用语言打动他人	完整→生动、打动他人
能简要讲述自己感兴趣的见闻	能清楚明白地讲述见闻，并说出自己的感受和想法	简要→清楚明白

比较表 4－1 中的内容，可以把握以下几点：

（1）提出了“认真倾听”“请教”“商讨”的新要求：对于“交谈”，第一学段的目标主要是从“态度”维度提出要求，而第二学段的目标则体现了三个维度的融合。“倾听”“请教”“商讨”之间密切联系，既是重要的交际态度，同时也是重要的交际策略。与人交谈的目的在于联系沟通、表达情愿，从而实现交际意图。

（2）提出了“把握”别人讲话的主要内容，并“能简要转述”的新要求：第一学段的“努力了解”侧重培养积极的态度，而“把握”则在积极态度的基础上，还强调了过程和能力的要求。把握主要内容，进而“能简要转述”，要求更高，需要循序渐进地培养。

（3）提出了“能具体主动地讲述故事，努力用语言打动他人”的新要求：第一学段要求讲故事要“完整”，第二学段则要求达到“具体生动”，并能“努力用语言打动他人”。显然，对学生的口语能力要求高了。

（4）提出了“能清楚明白地讲述见闻，并说出自己的感受和想法”的新要求：所谓“清楚明白”，首先是要真实，所讲必须与“见闻”相符；其次，要注意条理性、完整性。这些都强调了“见闻”语文的实践性特点。

第五章　中年级语文教材

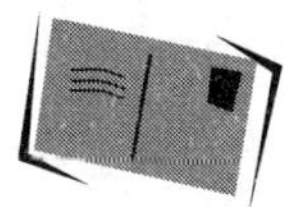

第一节　中高年级识字与写字教材

【动手查一查】分析当地使用的中高年级识字与写字教科书，看看此部分教材选择了哪些内容？为什么要选择这些内容？请把你的分析用一些词或短句概述。

【动脑想一想】请思考所选教材内容是如何呈现的？

【动笔写一写】这种呈现方式对中高年级识字与写字教学的实施有何指导意义？凝结成几个关键词，写下来。

随着年级的升高，小学生的识字能力增强了，阅读水平提高了，三年级上册开始取消了集中识字，主要采用随文识字的形式。因中高年段识字与写字教材内容的选择和呈现的思路基本一致，此处不再分开阐述。

一、中高年级识字与写字教材内容的选择

尽管识字与写字在整个小学阶段是一以贯之的内容，但到了中高年段，教学重点开始由识字与写字转移到了阅读和写作上，识字与写字的教材内容相对低年级就简单了许多。概括起来主要有：

（1）要求认识和会写的生字。

（2）钢笔字和毛笔字的书写范字及描红、仿影、临写的要求：中高年级继续强调按规范严格练习，由低年级的写好铅笔字，改为写好钢笔字，同时进行毛笔字的练习。钢笔字的写字内容仍按汉字偏旁和常见结构形式归类集中，加以生动活泼的提示、发问，帮助学生在练习中体会、揣摩汉字的结构规律。毛笔字安排了横撇、撇点、撇折、斜钩、卧钩、竖弯、竖弯钩、横折钩、横折提、横折斜钩、横折弯钩、横折折撇、横折折折钩、竖折撇、竖折折钩等笔画及相关字的练习内容。

（3）与识字写字有关的学习习惯内容：要提醒的是分析和把握中高年级的识字与写字教材，必须依据识字与写字教学总的指导思想，即以读为本，寓识写于读，先学后教，尽可能加强识读联系，使识读相互促进，相得益彰。鼓励学生积极自学，主动借助拼音、工具书，联系上下文和生活经验了解字（词）义，随着课文阅读活动的进程对生字音、义、形的掌握逐步到位，一般不搞孤立的识字与写字的教学环节。

二、中高年级识字与写字教材内容的呈现

（一）人教版识字与写字教材的呈现

（1）要求认识的字编排在横条里，要求会写的字编排在方格里，这些字一般安排在精读课文后。

（2）教材在一些“语文园地”中归类安排了一些要求认识的字（图 5－1、图 5－2）。语文园地二、五、六、七中安排了四次集中识字的内容。园地五是关于植物的儿歌，园地六是关于调料的俗语，园地七是形近字组词。这几组识字的安排，充分考虑汉字本身的构字规律，采用熟字去偏旁识字、归类识字、熟字加偏旁识字、形声字的构字规律等方式引导学生集中识一些字。到中年级，学生已经具备了一定的识字能力，这部分内容以学生的自主学习为主。

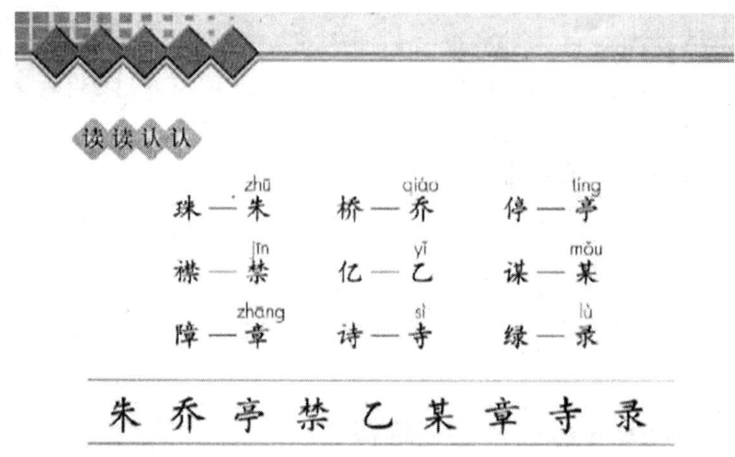

图 5－1　人教版三年级上册语文园地一“读读认认”

图 5－2　人教版三年级上册语文园地二“连连认认”

（3）教材的注音有以下几种情况：

① 导语、课后练习、资料袋、阅读链接和语文园地里不认识的字，只在全册书第一次出现时注音，后面出现均不注音。② 精读课文和略读课文里不认识的字，出现一次注一次音，

直到该字列入要求认识的字为止。③ 课文中的多音字随文注音，用方括号标出。学习伙伴的话和文章作者的姓名一律不注音。④ 课文中的生字，都是注的本音，生字注音用圆括号，有些字在具体的语境中读音要发生变化，课文标注的是变调音或轻声。例如，“黄澄澄”的“澄”，在课文里标注的是 dēng。

(4) 为了便于复习检测，每组课文后安排有“词语盘点”栏目，包括“读读写写”“读读记记”两栏。“读读写写”是由精读课文中会读会写的词语组成；“读读记记”是由精读和略读课文中要求认识的词语组成。

(5) 教材后面附有两个生字表，“生字表一”是要求认识的字，“生字表二”是要求会写的字。

中高年级的识字都是随课文安排。无论是精读课文还是略读课文，都安排了要求认识的字。中年级学生通过前两年的学习，已经具有一定的独立识字能力，而且课文中的生字都有注音，所以完成认字的任务主要靠学生自学自查。课堂上可做适当检查，并对少数不容易读准或容易混淆的字适当指导。所附选读课文中的生字均未注音，为的是引导学生运用已有的独立识字能力，在阅读中遇到不认识的字，自己查字典解决。要求写的字只在精读课文中安排。进行精读课文的教学，要把写字的任务妥善地安排在教学过程中，在课内学生要有比较从容的写字时间，不要把写字的作业都留到课外。教师要对不容易写好的笔画、结构以及容易写错的笔顺作具体指导，使学生把字写端正，写美观。对于精读课文中出现的由已经会写的字构成的新词，也可让学生找一找，抄一抄，不断丰富词语的积累，还可采用听写词语等方式，检查学生对字词掌握的情况。

高年级识字与写字教材呈现与施教思路和中年级基本一致，只是要求更高了。高年级的识字与写字教学要更放手。为了培养学生具有较强的独立识字能力，教材在正式课文以外的其他部分，一律不再注音，学生在阅读中遇到的不认识字，可以自己查字典解决。教师还要鼓励学生在课外阅读中大胆猜读和跳读，运用一些识字方法推知生字的大意，以便在手边没有字典、词典的情况下，不妨碍阅读。要求会写的字安排在精读课文中，随课堂教学完成。教学中，老师可以就难写的字、易混淆的字形作重点指导，引导学生用识字规律认记生字。课内要留有一定的写字时间，指导学生写好笔画、笔顺，安排好字的各个部件及间架结构，把字写端正、写美观。在强调写字质量的同时，还可适当要求提高写字的速度，并养成良好的写字习惯。对于要写的生字、精读课文中出现的新词，老师引导学生随时抄写，及时听写检测。也可以就“词语盘点”中的词语，进行复习巩固。

对于书写练习，除课堂生字学习指导外，主要凭借本册配套的钢笔字和毛笔字写字教材，进行指导和书写训练，及时纠正学生在书写过程中出现的问题，同时培养学生的书写兴趣和爱好。

（二）苏教版识字与写字教材的呈现

(1) 苏教版教材的生字均安排在课文里，生字编排继续采用“识写分流”的办法。要求会写的字都在课文后面的田字格中一一列出；只要求认识的字则列在田字格的上面。课本最后按课次安排了生字表，以便复习、巩固。

(2) 教材所列出的常用的多音字，均在其右上角加“＊”以示区别。多音字仍然只在要求会写的生字出现其他读法时列出，不计入生字总量。

(3) 课文中的生字，注的是本音，生字注音用圆括号。

(4) 每课后面都安排用钢笔描红，并在单元练习中编排“写好钢笔字”(图 5 - 3)和“学写毛笔字”(图 5-4)。前者用“学习小伙伴”的形式呈现所要求写的字,并以“小小建议”“小小提示”“我的发现”“我的提醒”等来穿插编排一些注意问题。钢笔字编排,各年级之间形式有所变化,即要求描的逐渐减少,要求写的逐渐增多。毛笔字利用插图(如正在书写的小学生、毛笔艺术品、书法大家的图像及作品、笔墨纸砚等)、范字、笔画等综合呈现。

图 5-3 苏教版单元练习中的“写好钢笔字”

图 5-4 苏教版单元练习中的“学写毛笔字”

中高年级不能忽略写字的指导。教师仍然要板书示范不容易写好的笔画、结构以及容易写错的笔顺,要求学生把字写端正,写美观。为避免学生的疲劳,每次写的字不要太多,适当分散写,要讲求写字的质量。

(5) 识字与写字习惯内容的呈现,如苏教版五年级上册“随时使用工具书”的习惯内容。

请你比较

中高年级和低年级都有随课文识字的内容,那么在分析和处理这些课文中的识字与写字内容时,中高年级和低年级的思路有何不同?请结合自己的教学经验说说或写写你的看法。

第二节 中年级阅读教材

【动手查一查】 按照低年级介绍的教材分析思路,分析当地使用的现行教科书,比较中年级的阅读教材在内容选择和呈现方式上,相对于低年级有了哪些变化?

【动脑想一想】 基于自己写下的变化,想一想,这样编排的依据是什么?

【动笔写一写】 以中年级的阅读教材为例,从单元教材的角度反思自己是如何解读和处理阅读教材的,请将自己的经验概述出来。

一、中年级阅读教材内容的选择

3～4 年级的阅读教学，除朗读、默读、背诵和复述课文等常规学习目标外，主要安排了四项学习重点：能联系上下文理解词句的意思；把握文章的主要内容，体会文章的思想感情；学习略读，粗知文章大意；积累课文中的优美词语和精彩句段。上述四个重点不是按单元来安排，而是合理地分散到两个学年的全部课文之中。综观现行中年级阅读教材，课文是学生积累和吸取优秀文化营养的主要凭借，是教材的重要组成部分。现行教材在选文方面，密切联系儿童的经验世界和想象世界，所选课文题材广泛，内容丰富，短小精悍，既注意继承传统优秀文化，又注意展示时代风貌。内容主要包括三部分，一是课文，二是言语实践，三是阅读习惯。

（一）课文

(1) 从选文文体的角度看：主要是叙事类作品，还有诗歌、童话、民间传说、寓言故事、科学小品等，其体裁的内涵和外延都有所扩大。比如，在低年级文学童话基础上增加了科学童话，增加了科学小品。

(2) 从选文题材的角度看：仍围绕儿童发展的四个外延来确定，倾向于分解成一个个主题或话题语境，不同体裁、风格的课文，围绕共同的主题组织单元，为学生的言语活动创设了一个共同的话语情境。题材的内涵和外延较之低年级有所扩大。比如，有反映历史人物的课文，有展示当代人物精神面貌的课文，有赞颂革命英雄人物的课文，有表现少年儿童日常生活的课文；有的课文主要介绍风景名胜，有些课文则主要介绍自然科学常识或反映爱护动物、保护环境，还有些课文介绍对未知领域的探索和科技进步带来的新变化，等等。

(3) 从选文类型的角度看：现行中年级阅读教材主要类型包括精读课文、略读课文和选读课文，与低年级相比，增加了后两种类型的分量。按三种类型编排，体现由扶到放的设计思路。以人教版为例，三年级上、下册，每册有课文 32 篇，其中精读课文 24 篇，略读课文 8 篇；此外，每册教材后面还附有 8 篇选读课文。四年级上册课文共 32 篇，其中精读课文 18 篇，略读课文 14 篇。四年级下册课文共 32 篇，其中精读课文 17 篇，略读课文 15 篇，选读课文没有变化仍为 8 篇。

从略读课文数量的不断增加看，一则体现了学生阅读水平的提高，二则提高了自读能力的要求。教材后附有 8 篇选读课文，教师可根据教学实际决定是否选用。如果选用，可根据课文内容分别插入相关单元，也可在期末集中安排，作为综合复习材料；教法上应以学生自主阅读为主，教师通过提出要求和酌情检查进行激励和引导。

（二）言语实践活动

中年级阅读教材的言语实践活动主要包括朗读与默读、背诵、积累、词句练习这四个重点内容。

1. 朗读与默读

朗读与默读仍然是中年级阅读教学的主要内容之一，与低年级相比课后练习增加了默读要求。朗读是阅读教学中最重要、最经常的练习。用普通话正确、流利、有感情地朗读课文，既是一种重要的能力，也是理解内容、体会思想感情最常用的方法。教材中许多课文提出了朗读的具体要求，进行阅读教学，一定要多读少讲，把比较多的时间留给学生读书，让学生主要通过自主的入境入情地朗读，读懂课文，有所感悟；并通过朗读的实践，逐步提高朗读的水平。

默读逐渐成为中年级阅读教学的重点。要通过反复实践，使学生逐步学会默读。教材中有多篇略读课文明确要求通过默读了解课文内容。精读课文的思考练习，虽然没有明确提出默读的要求，但是许多练习必须在认真默读的基础上完成。默读能力的提高有个训练的过程，要求学生默读应留有比较充裕的时间，使学生能切实地默读课文，并按要求认真思考，默读以后要注意检查效果，决不能匆匆忙忙，使默读的环节流于形式。

2. 背诵

背诵仍然是中年级阅读教学的重要内容。主要由两部分组成：一是背诵整篇课文或课文片断，二是读背词语（尤其是成语）或短小精悍的阅读材料，以帮助学生积累语言。这些阅读材料包括儿童诗、古诗、名言、谚语、对联等，形式多样，内容丰富，语言浅近，但意境深远，又多为韵文。读背的词句旁都配有相应的图画，有助于词句的理解与记诵。与低年段相比增加了自由度，课后练习大都是由学生自己选择背诵的部分。

3. 积累

积累采用了两种形式：一是每单元安排八个成语或有积累价值的词语，在内容上有一定联系，又押韵上口，利于学生积累，增加文化底蕴；二是安排了一些篇幅短小、内容丰富、形式多样的阅读材料，帮助学生积累语言。这些阅读材料包括古诗词、儿童诗、古今贤文（劝学篇）、名言等。

4. 词句练习

现行教材编排主要有两部分，一是结合课文理解的词句练习；一是单独的词句练习。前者主要放在课后练习中编排，形式多样，有“读读”“读一读，再抄写”等多种形式和要求，后者主要在单元练习中编排。

（三）阅读习惯

苏教版中年级教材内容与阅读习惯相关的有“读书有选择”“读书作记号”“爱护图书”等。要说明的是，“习惯篇”教学必须强化“读、学、养”三个环节，追求“透、实、恒”三个境界。

二、中年级阅读教材内容的呈现

教材的呈现方式注重中年级学生的阅读心理、学习特点和课文特点，综合运用较大字体的文字、多样化的符号、活泼富有生活内涵和文化内涵的插图，有名字的学习小伙伴，灵活编排。

根据课标提出的“教材内容要简化头绪，加强整合”的思想，在按专题编写教材时，注意加强整合，每组课文都围绕专题编选，从导语到语文园地的各项内容也都围绕专题来安排。而且，围绕专题安排的各项学习内容与学习活动，前后有联系，有照应，做到环环相扣。这样，就使整组教材以至整册教材成为一个有机的整体。

（一）课文的呈现

（1）中年段课文不再是双行阅读全文注音，而是单行阅读个别字注音。

（2）以单元方式组合课文，不再设识字单元或识字课文：比如人教版中年级阅读教材，每个单元包括导语、课例和语文园地三大部分。课例由4～5篇课文组成，包括3篇精读课文和1篇略读课文。从三年级上册开始，每组单元前设计了专门的版面安排导语内容。导语的主要作用是揭示单元学习的内容，点明专题，激发学生的学习兴趣，有些导语还布置学习过程中的一些任务，为课文和语文园地的学习做好准备。每组导语都配有表现专题内容的背景图，用直观的方式更形象地揭示专题。如第一单元，导语一开始就用诗一样的语言为学生描绘了五彩斑斓的儿童生活情景，点明主题，并用召唤性的语句激发学生学习的欲望，配以精美的反映儿童生活的画面，使学生很快进入本单元的学习情境中。

教材加强了单元内精读课文与略读课文的联系与整合，精读课文与略读课文之间，用一段流畅的文字，很自然地由精读课文过渡到略读课文，并提示略读课文的学习要求和方法，使精读课文和略读课文形成一个整体，更好地发挥训练阅读、迁移能力和陶情冶趣的功能。其中，精读课文后有要求认识和学会的字，还有课后练习题，略读课文前有一段连接语，既将前后的课文连接起来，又提示略读课文的学习要求和方法。在部分课文的练习题后，还安排有“资料袋”，有的单元后面安排了综合性学习，如人教版三年级上册第五单元专题是“灿烂的中华文化”。简短的“导语”点明专题之后，编排《孔子拜师》这篇精读课文，让学生认识古代大思想家孔子和老子，并在课文之后提出结合本单元的学习，开展“综合性学习”——“了解生活中的传统文化”的要求。教材提出了活动要求、活动内容和开展活动的途径等建议：“大家自由组成小组，先商量一下，打算了解哪些方面的内容，准备怎样开展活动，然后分头行动，用多种方式了解传统文化。”然后学习精读课文《盘古开天地》，了解我国古代劳动人民对创造天地的一些神奇想象。接下来学习精读课文《赵州桥》，从建筑的层面了解古代文化的灿烂和古代劳动人民的聪明才智；课后安排“综合性学习提示”，引导学生进一步搜集资料，做好展示的准备。再用一段简短的过渡语，由古代建筑引到古代绘画，引导学生略读介绍清明上河图的课文《一幅名扬中外的画》。最后，在“语文园地”的“口语交际”中，让学生交流在“综合性学习”中了解到的传统文化，在“习作”中写自己活动中最想写的内容。“日积月累”让学生借助生肖邮票，读背体现传统文化的十二生肖。在“展示台”中，引导学生用写春联、做风筝、办手抄报等形式，展示在“综合性学习”中了解到的中华传统文化。在这一单元的语文学习中，围绕“灿烂的中华文化”这一专题，开展听说读写各项活动，既培养了语文能力，又增进了对中华传统文化的了解，增强了民族自豪感。

(3) 选文类型的呈现体现出差异性：中年级的阅读教材编排了精读课文、略读课文、选读课文三种类型，三种类型之间及其在不同册中的呈现都有所变化。以人教版为例，三年级上、下册一般每单元安排精读课文 3 篇，略读课文 1 篇，每册安排选读课文 8 篇；四年级上、下册，精读课文减 1 篇，略读课文增至 2 篇，选读课文仍为 8 篇。

(4) 中年级的阅读教材仍然注重图像系统的设置：图像系统是配合文字系统的一个独立的符号系统，也是影响学习效果优劣的重要因素。中年级教材继续加大创新力度，对每一篇、每一单元的图像进行了精心的构思和编排。课文全部配有图画，一幅或多幅，逐渐以一幅为主，尽可能形象地再现课文内容，并使课文的重点表象得到凸显。每课插图数量相对于低年级减少，也体现“借助多幅图—借助几幅图—借助一幅图—尽量不借助图”这样一个符合学生思维特点和发展特点的思路。这样做的目的是增强教材的直观性、形象性、趣味性，给师生的审美感受创造良好条件。教学时，如果能在注意文字内容学习的同时，不忽视课文插图的价值和作用，就一定会有很好的教学效益。

（二）言语实践活动的呈现

言语实践的内容主要在课后练习和单元练习中集中呈现。其编排体现出以下几个特点：一是改进课文的导学系统。继续灵活地在课文之前、课文之中、课文之后，以学习伙伴的口吻，提出思考问题，引导学生读书、思考，逐渐悟到读书时应在什么地方想，想什么，怎样想；二是在精读课文的思考练习中，安排了引导自主、合作、探究的题目；三是在每组课文后面安排了学生对本组所学字词进行自查自测的“词语盘点”；四是“语文园地”中设置了“我的发现”“展示台”“宽带网”等体现自主、合作、探究学习的栏目。

1. 课后练习的呈现

与低年级教材“我会读”“我会写”的设计思想一脉相承，结合中年级学生心理发展特点，教材在课后练习的设计上，改变了过去以布置、要求的语气提出思考练习内容的叙述方式，采用了以激励的口吻引导学生自主学习的第一人称叙述方式。这不仅仅是形式的改变，而是体现了编写指导思想的变化。其中，有的是以“我能……”“我要……”的方式引领学生展示学习的成果。如在《盘古开天地》一课之后，以学习伙伴的口吻提出“我能用自己的话讲这个故事”，取代过去复述课文的要求。有的是以“我们来讨论讨论……”“我们来交流交流……”这样一些富有激情的话语引导大家合作学习。如在《我们的民族小学》一课之后，用“我很喜欢这所民族小学，让我们交流一下读后的感受”。有的用富有活力和个性的儿童化语言，激励学生认真朗读课文。如“课文写得真美，我要好好读一读，再把喜欢的部分背下来”“多么优美的古诗，我要把它背下来”“课文使我很受启发，我要认真读一读”“我们来分角色朗读课文”。有的课后练习鼓励学生独立阅读思考，探究发现，尽量自己解决问题。一种是提出不懂的或感兴趣的问题和大家讨论。如《爬天都峰》一课，“老爷爷和‘我’爬上天都峰后，为什么要互相道谢呢？我们来讨论一下”。《掌声》一课，“从英子的变化中，我想到了很多，让我们交流交流各自的想法”。一种是以学习伙伴的探究为引导，激励大家有新的发现，如《灰雀》一课，“我发现列宁非常喜欢灰雀，你发现了什么？我们都来说一说”。《美丽的小兴安岭》一课，“‘树木抽出新的枝条’中的‘抽出’用得真好。我们一起来找找这样的词语，体会体会”。这些都反映了教材在转变教学观念，倡导自主、合作、探究的学习方式上的努力。

2. 单元练习的呈现

人教版单元练习的设计和呈现在与低年级教材基本一致的基础上有些变化。

人教版三年级下册，拓展了“我的发现”的内容，由以前单纯地发现识字方法，拓展到发现词和句的一些规律。在语文园地中，共安排八次，分别是反义词的特点、比喻句的不同形式、反问句的作用、区别同音形近字、区别音形相同的异义词、分辨形同异音异义词、发现成语中叠词的运用、区分形近字。发现的内容是从本册或以前所接触过的一些语言现象中归纳出来的。从“我的发现”这一名称已经显示出鼓励学生自己思考、自己发现的意图，在教学时不要包办代替，要让学生自主学习，主动发现，并乐于跟同学交流自己的发现。

四年级上册开始，“我的发现”栏目的呈现方式也发生了变化，由原来的吐泡泡形式改为小林、小东两个孩子的对话，这两个孩子，可以理解为学生的学习伙伴。他们的对话一般只是提起某个话题，开了个头，为同学们交流某一方面的发现留有较大的余地(图 5 - 5)。

教师还要鼓励学生把这里发现的方法迁移运用于今后的学习中。为了加强对学生语文基础知识的训练，教材在语文园地一、三、四、八分别安排了词句训练方面的题目。园地一是量词填空，园地三是比喻句练习，园地四是定状补词语填空，园地八是不同形式的成语。这部分内容是对学生语文基本功的一个检测，也是对词句现象的一些规律性总结。主要是让

我的发现

小林：小东，你每次习作都写得不错，有什么好方法吗？

小东：根据我的经验，平时多动笔对提高习作水平很有好处。

小林：还有呢？

小东：留心观察也很重要。平时，我比较注意留心观察周围的事物，还随时把观察到的写下来。

小林：看来，你已经养成留心观察、勤动笔的习惯了。

小东：我还体会到，平时多看课外书对习作也很有帮助……

图 5-5　人教版四年级下册语文园地二中“我的发现”

学生多接触一些语言现象，读一读，记一记，有的可以做一做，不要求归纳出语法点。

再如，从四年级上册开始每组课文后增加“词语盘点”，分“读读写写”与“读读记记”两栏。“读读写写”中列的是本组精读课文中出现的由会读会写的字组成的词语；“读读记记”中列的是由要求认识的字组成的词语，略读课文中出现的由会读会写的字组成的词语，也列在“读读记记”中。

（三）阅读习惯内容的呈现

现行教材主要有两种呈现方式，一种是放在练习中呈现。比如，人教版四年级上册的“我的发现”，在“发现”的范围上有所扩展，安排了四个关于读写方法和习惯方面的发现，分别是读文章时要想象画面、边读边想提出问题、查字典并联系上下文理解词语、认真细致地观察才能表达清楚。一种是苏教版利用彩色图片形象直观地呈现训练内容和要求，为学生创设了学习情境，提供了学习范例，放在每册开头部分。如苏教版三年级下册是学生按老师提出的要求认真预习(读书)。

中年级教材采用单元方式编排，这也是现行教材的主流编排方式，符合语文实践性强的特点，人教版教材是典型的代表。但是我们又不能忽略母语学习具有非线性、综合性和模糊性的特征。母语学习的过程是一个语言模型、思维习惯、生活经验、审美取向、情感体验等多维融合、逐渐建构的过程。这样的过程，不是靠编排线性的单元专题就能奏效的。所以，苏教版教材在编写时，首先考虑为儿童提供符合他们语言多维建构需要的、丰富多元的、文质兼美的精品课文。他们认为，在很大程度上，儿童的语言学习是一种自然之道。从出生起就开始学习语言，凭借着对母语的敏感，儿童在一个多维并进、反复实践、逐步积累的语言环境中接受母语教育。而作为儿童母语学习的范本，文质兼美的课文是其编选教材的第一追求。诚然，课文之间可能会有一定的联系，也正因为这种联系而将它们组合在一个单元之中，但这种联系有时也是宽泛的、宽松的。因为儿童直接学习的不是从课文中抽象出来的所谓主题，而恰恰是一篇篇优秀的课文语言本身。如果严格规定每个单元的主题，就可能造成一些优秀选文因与主题不符而被舍弃，也可能会因为主题的需要而使一些不尽如人意的文章入选，这显然是舍本逐末之举。我们一方面要打破过去以知识点、能力点为体系的单元组合方式；另一方面，我们要努力构建符合语文学习规律的、便教利学的语文教材体系，几年来这种探索取得了有益的经验。在教材编写中，我们提倡独立思考，不搞简单的拿来主义，本着“人无我有，人有我新”的原则，在继承母语教育传统的基础上，不断创新，打造精品。

吕叔湘先生说的一句话很有道理，他说语文的使用是一种技能，是一种习惯。听、说、读、写，必须要达到习惯、技能，达到这个程度才管用。当然这里面也有知识，但主要不是知识系统的构建，它是技能形成，习惯形成，达不到这个水平是没用的。所以课标在对语文学习规律性的表述上，特别强调了要培养学生语文实践能力。提高语文素养靠什么？靠平时日积月累，经常地读书，经常地思考，总之一句话，经常地从事语文实践活动，在这一过程当中，慢慢地，不知不觉地，自然而然地语文水平提高了。这也说明了苏教版教材摈弃一个单元安排一个知识点的传统做法，而代之以字、词、句、篇因课设练，循环往复，综合学习的方法是正确的，是符合语文教育规律的。也就是说对中低年级的教材，苏教版教材特别注重每一篇选文本身蕴含的教育价值，这也是一种思路，因此在教学或编写教材时，适当吸收两种编排思路，可以更好地为教学服务。

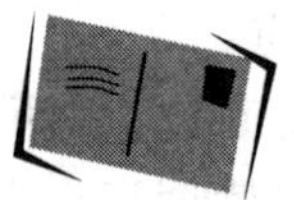

第三节　中年级习作教材

【动手做一做】把中年级习作内容找出来，看看教材选择了什么内容？这些内容之间有何逻辑关系？

【动脑想一想】分析所使用的中年级习作教材，看看所选内容是如何呈现的？

【动笔写一写】联系自己的教学实际，思考这种呈现方式对习作教学的实施有何指导意义？

一、中年级习作教材内容的选择

对于刚刚从写话阶段过渡到习作阶段的中年级学生来说，他们最需要培养的就是对习作的兴趣，相反，如果拔高要求、加大难度就易使学生对习作产生畏难心理，愁作文、怕作文的情绪就会在习作起始阶段产生。因此，本着放缓坡度、激发兴趣的课标精神，中年级习作教学内容尽量贴近学生生活经验，要求适度、明确，只要把话说明白，句子写通顺，字写工整即可。少写命题作文，不给条条框框，让学生易于动笔，乐于表达，以养育写作兴趣和自信心。

（一）从习作规模和要求角度分为大作文和小作文

大作文的要求是“课内习作每学年 16 次左右”，小作文和语文学习的其他环节有机结合，灵活安排，并且“大小结合”。

（二）从习作类型角度分主要有写实类、想象类、应用类和议论类，以写一段完整意思的话为主

（1）写实类：主要包括写人记事、写景状物、介绍说明自己熟悉的事物，以及对话描写、场景描写。如苏教版四年级下册中安排的写一处自然景观、写观察中的发现、写自己喜欢的动物、写导游词、写成长故事，都是练习写实。对于写实的习作，要强调如实表达，就是要写真实的人、真实的事，反映真实的生活，不能造假，不能瞎编。这样，既能切实提高学生把握事物特点的能力和纪实的表达能力，又能培养学生诚实的品质和良好的文风。

(2) 想象类：常见的形式有看图作文、编故事、写童话、写奇思妙想等，都是练习写想象。对于写想象的习作，则要鼓励学生大胆想象。中年级的学生仍然受生活经验和知识水平的限制，想象不一定合理，所以在这方面的要求不能过高。学生只要敢于想象，并能把自己想象的事物写下来就行。

(3) 应用类：日记、书信、留言条、请假条以及常见应用文，此部分可按照学生交际的需要进行设置。

(4) 议论类：包括感想、建议、研究报告等。对发生在自己周围的人和事物，感受深刻的事情，发表自己的看法。这里的议论类不是文体形式，而是一种表达方式。

习作体裁形式多样，有记叙文、日记、童话，还有随笔和说明式介绍，形式上不拘一格，让学生自由表达，发展个性。

(三) 从题材角度，涵盖了学生课外生活和课内学习的全部内容

苏教版中年级习作教材内容以儿童为中心，涵盖了儿童与社会、儿童与生活、儿童与自然、儿童与历史、儿童与他人(包括自己)。主题内容以“我”为中心设计，为自己画自画像：写现在的“我”；写“我”做过的事；写“我”的兴趣爱好；写“我”身边的一些事物及“我”的想法；写“我”玩中的发现；写“我”的学习研究等。

二、中年级习作教材内容的呈现

(一) 人教版习作教材内容的呈现

人教版习作安排两条线索：

第一，在每组的“语文园地”中安排一次习作，为了更好地体现整合，加强“口语交际”和“习作”的教学，中年级教材开始把“口语交际”和“习作”两个板块提前。这两个板块的内容根据训练需要或合或分，比如四年级上册，全册安排八次习作，其中有四次与口语交际合并安排。还有的单元，安排了一次不提任何范围的习作，如三年级上册语文园地八的习作编排就是完全放开，学生想写什么就写什么，想怎么写就怎么写(图 5－6)。

这次习作不规定内容、范围，请你自由写。可以写各种各样的人或事，可以写自己喜欢的景或物，可以写自己的快乐或烦恼……动笔前，先想一想自己最想告诉别人什么。写的时候，要把想表达的意思写清楚。写完后，把不满意的地方改一改。另外，建议你把这学期的习作整理一下，保存(cún)好。

图 5－6　人教版三年级上册语文园地八的习作

第二，结合课文的学习，安排了相应的小练笔。随着学生会认、会写的字增多，学生写话的愿望日益增强。顺应学生心理发展的这一特点，三年级上册在二、四、六、八单元分别安排了四次小练笔，以加强读写之间的联系，增加学生练笔的机会。如《小摄影师》课后安排了续写故事；《玩出了名堂》课后安排写写玩中的乐趣或收获；《美丽的小兴安岭》课后安排写一处景物；《给予树》课后安排替小女孩写几句感谢的话。这些内容的安排都紧密联系学生阅读和生活实际，使学生有话可说。“小练笔”以学生自主练习为主，教师可以鼓励他们注意运用课文中的一些表达方法和写作方法，但不要拔高要求，不要把它当成语文园地中的“习作”来对待。

（二）苏教版习作教材内容的呈现

苏教版的习作教材独立成章，自成体系，成为与阅读并峙的“两根柱子”。在编排思路上，采取了“长短结合”“大小结合”的策略。所谓“长短结合”是说一方面致力于长期积累、潜移默化，不急于求成，以“厚积薄发”；另一方面也因“课”制宜，搞一些模仿性的迁移训练。“长线”贯穿始终，“短线”相机渗透。所谓“大小结合”是指课本既有专项的习作训练（大作文），也有随课文安排的“小练笔”（小作文）。大作文自成系列，小练笔机动灵活，两者相互补充，相得益彰，从而构成整套教材的作文体系。

呈现方式上，以往的作文是在单元练习里安排一个题目，按要求作文。基本上是“命题（或半命题）＋提示＋要求”，这是一种单一的线性呈现方式，且大多是空泛的说教文字。现行苏教版习作教材呈现方式是多元的、立体型的：有的是配图例文—导学语—迁移性图画导写；有的是激趣导入—配图例文—讨论合作—选图仿写；有的则是提供数条素材资料—配图想象—围绕话题写介绍文等，可以说形式活泼多样，图文简明生动，促动儿童自主习作、自能作文。习作教材分大作文和小作文的呈现。

1. 大作文的呈现

基本结构如下：一是揭示本次习作的话题情境，并配有相关插图，激活习作的兴趣和动因；二是提供相关的例文，供学习领悟写法；三是在鼓励自主拟题、自由表达的前提下，适当提出习作要求，有的还配有插图，供写作时参考。

习作教材安排了一定的例文，主要是片段，且基本上根据同年级小学生的习作改写而成，篇幅短小，格调清新，十分贴近中年级学生的写作实际。例文均由小学生按规范格式誊写在作文纸上，意在从内容到书写格式（包括题目、标点符号所应占据的位置等）都为学生提供样例。对例文，教材还有简明的点评或提示，每次习作要求均与例文有关联，便于学生从例文中获得启示，并通过模仿，学习作文。这种编排，有助于学生在理解与表达、学习与运用之间架设起一座桥梁，从而降低起步作文的难度。

使用例文时，不要将其作为阅读材料进行过细的解读和分析，切忌将例文当做习作的样板让学生进行生硬的模仿。教学中，可以通过多种方法来发挥例文的作用：一是通过读例文议例文，让学生具体感知、领会这类作文的篇章结构和语言表达的方式方法；二是通过读例文，领会编者有针对性的要点引示；三是通过习作教材本身的动态结构，进行方法步骤的程序性引导。如习作5，就可设计这样的导学流程：课外观察植物，去研究去发现→向人请教，查找资料，配插图或照片→读议例文得启示→自拟题目作文。凡此种种，都能让学生在写作实践活动中一步步掌握写作的一般性规律。

以前作文教材中也有例文，但多是供学生模仿的范文，与现行教材中的例文的编选理念大不相同，你认为哪种编排理念更符合学生学习写作的实际，为什么？

2. 小作文的呈现

主要有两种方式，一种是放在单元练习中呈现（图 5－7）；另一种是结合课文，放在课后练习中，称为“小练笔”（图 5－8）。比如，三年级上册，有的是利用课文内容练习改写，如《航天飞机》要求学生“根据课文内容，为航天飞机写一段自我介绍”；有的是要求仿写，如《东方之珠》要求学生“仿照课文第五自然段的写法，围绕‘一到休假日，街上就热闹起来’写一段话”。

图 5－7　苏教版放在单元练习中呈现的小作文

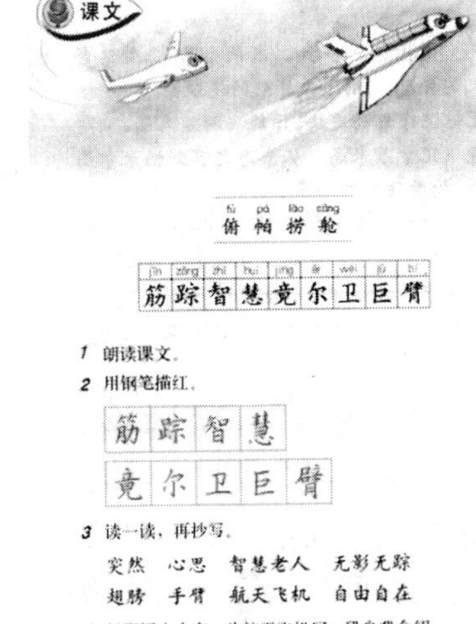

图 5－8　苏教版放在课后练习中呈现的小练笔

另外，教材还编排有与习作有关的学习习惯。比如，四年级下册安排了“坚持写日记”和“爱护图书”两个专题，既有阅读方面的习惯，也有勤于动笔的要求。

三、中年级习作教材呈现的理论依据

1. 符合“读写结合”的语言教学规律

阅读与习作是语文学习的重头戏，而读写结合又是提高语文学习效率的最佳途径之一。苏教版（国标本）小学语文实验教材的读写结合，是分长、短两条线来安排的。长线结合是指突破了按单元对应地安排读写训练的局限，以使学生的阅读有一个较长时间的内化过程，力图最大限度地避免学生习作的机械模仿，生搬硬套。短线结合是指阅读课中的小练笔，这种与阅读对应的片断训练，用时少，见效快，既是作文教学的补充训练，又是学生习作的基础训练。中年级教材比较频繁地安排了这项训练，诸如想象扩写古诗的意境（《春日偶成》）；模仿课文的句式“写一处景色”（《三顾茅庐》）；观察生活，写出自己喜欢的鸟的“样子和叫声”（《鸟语》）；仿照课文写一个“齐心合力完成一项任务的场面”（《天鹅的故事》）；看课文插图，写一段话，并“选用”“课文中的词语”(《沙漠中的绿洲》)等。

【苏教版观点】为什么不采取一一对应的办法来编排课文与习作呢？是因为读写结合，从总体来看，它不是即时的、机械的、单调的。儿童读了课文以后，并不能说立即就已经掌握了课文的要素，它有一个漫长的消化、吸收的过程，古人说厚积而薄发，是说文章要多读多背。只有这样，才能学到驾驭语言的本领。这是一个动态的、潜移默化的、循序渐进的过程。教材主编张庆先生有一个形象的比喻：读书就是布云彩，读得越多，布的云彩就越多，写是下雨。显然，这不是一蹴而就的事，表达的顺畅依赖于积累的厚实，也就是说，读对写的作用是长效的，“不知哪块云会下雨”。我们不能指望一个单元的课文学下来，学生就能在习作中收到立竿见影的效果。那是急功近利的，是违背规律的。有些单元的习作与单元的课文没有必然的联系，不能说完全没有道理，但是教材中的阅读和习作所客观存在的紧密联系又是无论如何也否定不了的，应该说这是尊重规律的读写结合。

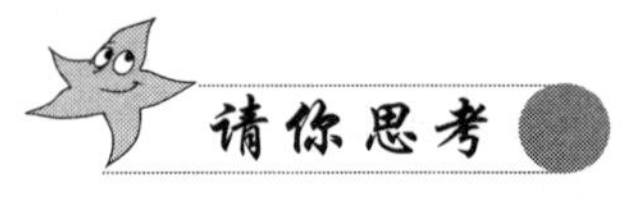

了解了苏教版教材编写组的这样一种思路，对于教材的分析与教学方法的选择有直接的指导意义。你认为这种说法有没有道理？

2. 符合儿童学习写作的规律

儿童作文，需要经历一个由扶到放的过程，虽然学生口头语言已有了相当的积累，但要他们用准确的书面语言表达自己的意思，毕竟还有较大的困难。模仿起步能在理解和表达、学习与运用之间架设起一座桥梁，从而大大降低起步作文的难度。教材将“习作例文”单独编入习作学习内容，用的是孩子的语气，写的是孩子的生活，抒发的是孩子的感情，使学生读了倍感亲切。如《习作 3》的例文“几条小鱼在河里快活地游着。它们有时停下来，有时在水里转圈圈。游着游着，小鱼好像发现了敌人似的，迅速钻到深水里不见了”，短短的三句话，让学生知道怎么样写河里的小鱼。

【阅读延伸】以往的作文教学致力于知识点、能力点的构建，认为掌握了写作知识和写作技巧，作文就能写好。过去的课本就是按这样的思路编写的。所谓作文训练，就是将作文知识和能力，分解成一个个知识点、能力点，一个单元训练一个重点，似乎这些重点训练完了，学生就能写出好作文了。实践证明，小学生学习语文并不是那么一回事，语文能力的形成也不是如某些人想象的那么简单。诚如陆志平先生所分析的那样：“有些所谓‘科学’的体系，搞得很琐细，看起来操作性强，其实既把简单的问题搞复杂化了，又往往把复杂的问题简单化。而重视感悟、熏陶、语感，似乎不可捉摸，因为这的确是一个长期的复杂的心理活动的过程，需要深入研究和探讨。但是与这些联系在一起的积累、多读、多写，又实在是太明白了。这正如播种、收获与孕育、生长的关系一样，播种、收获是看得见的，很明白，而孕育、生长则是一个复杂的漫长的过程。”

四、中年级习作教材呈现的逻辑思路

(1) 中年级习作教材内容的编排与呈现的逻辑结构主要是“多次重复”“螺旋上升”:“多次重复”,是说一个学习重点不可能通过一两个单元的学习完成,必须通过多次反复训练才能逐步实现内化。这是因为一个重点学习项目,仅靠两个单元的突击学习是远远不够的,语文学习要靠日积月累,反复习染才能形成素养。所谓“螺旋上升”,就是采取循环往复的方式安排学习重点,绝不是在同一层面上的重复,而是逐步提高要求,螺旋式上升。比如,为了减缓坡度,降低难度,教材有很多篇目的呈现形式与上一册是对应的,看上去像是重复。这样安排固然有利于消除学生的畏难情绪,但也可能会因缺乏新鲜感而兴趣减弱。因此,我们要抓住学生习作中的哪怕是细微的变化、发展,给予肯定,给予表扬,把学生的习作兴趣激发起来。例如,苏教版三年级下册习作 8 也是学写童话故事,与三年级上册相比,只是少了玩具“摆一摆,玩一玩”的环节。这一环节的减少就是要求上的一个很大的提高,教材分析时要能把握住这一结构特点。

(2) 结构上还体现出学段衔接的特点:中年级的习作教材注意与高年段的衔接,教学时要注意把握这一点。

第四节　中年级口语交际教材

【动手做一做】把中年级教材中口语交际的话题罗列出来,看看四册之间的口语交际内容的编排有没有逻辑序列?如果有,你认为是什么?

【动笔写一写】与低年级的口语交际教材内容进行比较,看看有何不同,并写下来;如果差异不是很明显,就需要去思考,什么样的内容适合中年级学生的口语交际教学。

【动脑想一想】分析所使用的中年级口语交际教科书,看看所选交际内容是如何呈现的,这种呈现方式对口语交际教学的实施有何指导意义?

一、中年级口语交际教材内容的选择

从第二学段“口语交际”的四个教学目标来看,中年级口语交际的要求着重在三个方面:一是能用普通话与人交谈,交谈中能认真倾听,领会要点,能向对方请教或商讨;二是听人说话能把握主要内容,能简要转述;三是能讲述见闻或故事,做到清楚、具体、生动,努力用语言打动他人。

(1) 从口头言语的形式角度,可分为侧重对话言语类的交际话题和侧重独白言语类的交际话题。综观中年级口语交际指标,“听人说话能把握主要内容,并能简要转述”“能清楚明白地讲述见闻,并说出自己的感受和想法”“能具体主动地讲述故事,努力用语言打动他人”侧重独白类的要求;“能用普通话与人交谈。在交谈中能认真倾听,领会要点,并能就不理解的地方向对方请教,就不同的意见与人商讨”侧重对话类的要求。仅以苏教版四年级下册为例:“推荐或自我推荐,学做节目主持人,学会安慰”是侧重独白言语类的交际话题;“学会鼓励，讨论班级公约，小烦恼热线”则是侧重对话言语类的交际话题。

(2) 从言语功能的角度，按照社会语言学派对言语功能的划分，中年级口语交际内容的编排如表 5-1 所示。

表 5-1　中年级口语交际内容的编排

言语功能	年段	功能项目列举	交际活动形式列举（以苏教版为例）
想象功能	中	独创故事（诗歌）	说漫画“两只小狗”
交际功能	中	接待、表扬	当有人敲门的时候
表现功能	中*	解说、说明、申请、通知、预报	介绍我的小制作
启发功能	中*	查询、请教、解释	帮他出主意
表达功能	中	读书报告	小小读书交流会
调节功能	中	劝告	学会安慰

注：* 表示训练的重点。

二、中年级口语交际教材内容的呈现

从现行比较有影响的人教版、苏教版的编排来看，中年级口语交际教材仍然是放在单元练习当中单独呈现，也是综合运用图标、图案、线条、颜色等活泼并富含寓意和中年段交际特点的形式引出口语交际专题。如苏教版口语交际的话题由一个“正在打电话的两个男女小朋友”暗含中年段交际特点的图标，引出口语交际专题（图 5-9）。人教版图标配合内容有两种形式，一是单独的口语交际话题，是两个“靠在一起，朝向相反的麦克风”（图 5-10）；另一是与习作编排在一起的，是“两个交叉在一起的麦克风”（图 5-11）。

图 5-9　苏教版口语交际图标

图5-10　人教版口语交际图标

图 5-11　人教版口语交际·习作图标

具体来说，中年级的交际教材有两种呈现方式。

1. 话题单独呈现

教材内容由三个部分组成，即话题、情境图和教学要求提示。以苏教版口语交际教材为代表。话题所选内容都是中年级小学生关心的，与他们的学习、生活、发展密切相关的内容。“情境图”的设置与话题内容和要求相照应，与低年段不同的是“情境图”的数量减少了，并且以单幅的为主，多是展现、反映口语交际过程中一瞬间的情景，有的插图中还有语言提示。“教学提示”是对话题内容、话题要求和教学思路的提示。比如，苏教版四年级上册第 2 单元“介绍我的朋友”（图 5-12），话题下的教学提示是“第一次把朋友带到自己家中，应该主动向爸爸妈妈介绍朋友的情况。想一想，你准备向爸爸妈妈介绍朋友的哪些情况？怎样介绍？

可以分角色演一演”。下方是一幅小主人向爸爸介绍自己朋友的插图，插图中有一句语言提示：“第一次作客你该怎样做？”

图 5－12　苏教版四年级上册第 2 单元口语交际“介绍我的朋友”

图 5－13　人教版三年级下册语文园地五导语

2. 按照围绕专题整合教材内容的思路呈现

以人教版教材为例，又有两种编排方式。第一种是口语交际和习作组合编排。在专题整合的基础上，进行说写结合，体现口语交际与作文结合的思路。在“语文园地”中前两个栏目的呈现，体现了中年级口语交际和习作的地位。话题围绕单元主题提出要求，下面的习作则结合口语交际进行。这种编排以人教版三年级教材为代表(图 5－13、图 5－14、图 5－15)，四年级教材中部分口语交际话题也是此种呈现方式。

图 5－14　人教版三年级下册语文园地五口语交际内容

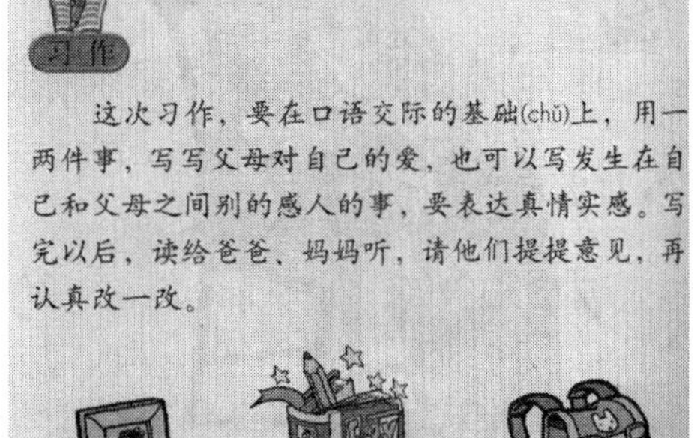

图 5－15　人教版三年级下册语文园地五习作内容

第二种是口语交际与习作整合编排。体现口语交际与习作一体化思路。人教版四年级教材主要采用整合编排的方式，与组合编排交叉呈现(图 5－16)。在“语文园地”的第一部分呈现，包括话题内容和简单的插图(有的没有)两部分。话题内容结合单元专题对口语交际和习作的内容提出具体的提示和要求。插图较为简单，是单幅的(有的没有)。

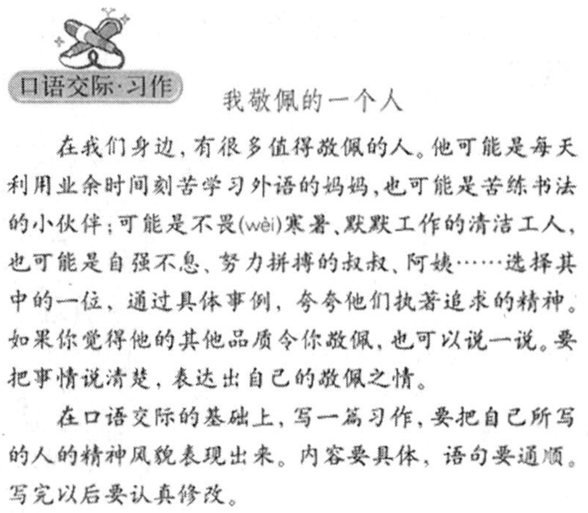

口语交际·习作　我敬佩的一个人

在我们身边，有很多值得敬佩的人。他可能是每天利用业余时间刻苦学习外语的妈妈，也可能是苦练书法的小伙伴；可能是不畏(wèi)寒暑、默默工作的清洁工人，也可能是自强不息、努力拼搏的叔叔、阿姨……选择其中的一位，通过具体事例，夸夸他们执著追求的精神。如果你觉得他的其他品质令你敬佩，也可以说一说。要把事情说清楚，表达出自己的敬佩之情。

在口语交际的基础上，写一篇习作，要把自己所写的人的精神风貌表现出来。内容要具体，语句要通顺。写完以后要认真修改。

图 5－16　人教版四年级教材“口语交际·习作”内容示例

三、中年级口语交际教材呈现的理论依据

1. 中年级课标要求

一是第二学段的目标要求；二是贴近中年级学生交际经验的要求。

2. 中年级学生言语发展特点

有关心理研究得出结论，中年段学生的书面言语的发展逐渐超过口头言语，“从二三年级起，书面言语就可以逐步赶上口头言语的水平”，即处于口头语言向书面语言过渡关键期，书面语言反过来增强口头语言的书面化发展。因此，人教版采用单元整合的编排思路，即口语交际与习作组合编排和整合编排两种思路，使口头语、书面语一体化，这促进学生内部语言的发展，反过来学生内部语言的发展又为口语交际和习作的发展提供了必要条件。

3. 适合中年级学生思维发展特点

与低年级相比，中年级教材的情境图中多幅图少了，以单幅为主，甚至没有任何插图，这是由于中年级学生需要尽量进行由符号到符号的抽象思维训练，从而逐渐减少图像的帮助。

四、中年级口语交际教材呈现的逻辑思路

1. 学段衔接的思路

以人教版为例，二年级下册开始口语交际和写话组合编排，三年级开始口语交际和习作组合编排，四年级口语交际和习作组合或整合各占一半，高年级将口语交际和习作整合到一个标题“口语交际·习作”中。

2. 直进式与螺旋式上升并行的编排思路

与低年级的编辑思路一致，现行教材构建的序列体现了口语交际教学一条主体直进、螺旋式上升的线路。例如，苏教版中年级口语交际话题如下所示：

① 三年级上册。小小读书交流会，当有人敲门的时候，学会求救，说笑话，介绍我的小制作，小小展销会(推销和购买)。② 三年级下册。聊聊春节，关于春游的建议，学会商量，约请，说说广告，我家的一张照片。③ 四年级上册。学会感谢，介绍我的朋友，学会赞美，说漫画“两只小狗”，帮他出主意，小小讨论会——用好压岁钱。④ 四年级下册。推荐或自我推荐，学会安慰，讨论班级公约，学做节目主持人，学会鼓励，小烦恼热线。

第六章　中年级语文教学

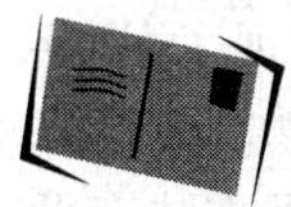

第一节　中年级识字与写字教学

【动手做一做】请就低、中年级阅读教学的教案各查找一篇，比较其中的识字与写字教学环节的设计有何异同，并把你的分析简单概述下来。

【动笔写一写】中、高年级的识字教学与低年级的识字教学有何不同？请结合自己的实际经验写下你自己的认识，注意比较的角度。

【动脑想一想】结合上面的两个准备，你认为中年级识字与写字教学的重点和难点在哪里？

一、中年级识字与写字教学设计的思路与方法

请你比较

再翻阅低年级的相关内容，联系自己的教学实际，比较中年级的识字与写字设计思路与低年级有何不同。

中、高年级教学的重点转向阅读和写作，除了继续学习生字以外，还要对以前学过的生字反复见面，在应用中进行巩固，通过训练向高年级较强的识字能力过渡。

一般来看，中年级的识字与写字教学设计思路主要有两种：一是随课文识字，二是与课堂教学相关联的课外识字。

1. 随课文识字与写字的设计思路

识字写字和阅读教学结合起来，在阅读教学的过程中进行。中、高年级的随课文识字与低年级的随课文识字有所不同，这种不同是由识字写字教学在不同年段的地位所决定的。识字与写字是低年级教学的重点，低年级多数课文编排的出发点就是围绕着生字编写的，“随文识字”的目的在“识字”。中年级教学的重点发生了转移，识字与写字变成了目的之一和完成读写任务的重要凭借，随课文识字的目标和方法都发生了变化。

设计时，生字识记和巩固环节尽量利用课前预习和课后拓展环节，让中年级学生利用识字工具自行解决，这就压缩了第一课时初读课文时识字的时间，而把重点放在字词的检查、纠正、应用上。教学过程设计常见的主要有三种思路：第一，将生字音、形、义的掌握分散在不同阶段的阅读过程中。一般来说，初读课文时强调读准生字的音，感知生字的形；

精读课文时，结合理解生字词，掌握字义，巩固字音，进一步认识字形；讲读课文之后，突出字形的重点、难点、识记字形、练习书写。第二，边讲读课文，边学习生字词。第三，一部分生字（主要指离开课文内容不难理解的）放在讲读课文之前学习，另一部分生字结合讲读课文学习。

具体操作不能脱离学生学习的实际，要强调的是不管哪种思路都要尽量做到在语言环境中识字，联系句子或上下文理解字（词）义，这是随课文识字的优势所在。

2. 与课堂教学相关联的课外识字的设计思路

与低年级学生相比，中年级学生知识面拓展了，相应地生活的外延也大大拓展了，识字与写字的机会也多了。加上生活识字的意识和方法已初步具备，因此，教师应提供更好的条件和可能，努力把课外识字和课内教学结合起来，提高针对性和识字效果。常见方法有两种：第一，课内提供方法，课外进行实践，并将实践的成果放于课内检查和反馈。第二，结合课内学习任务，善于把识字与写字引向课外语文学习的过程当中。例如，可结合习作教学、语文综合性学习、口语交际、课外阅读等具体任务进行识字与写字教学的设计。

二、中年级识字与写字教学的实施

在往下读之前，先请联系实际，从不同的角度想一想，低年级的识字与写字教学跟中年级有哪些不同，为什么会有这些不同？

中年级仍然不能忽视识字与写字教学，但应该与低年级有所不同。要尽量创造学生自主识字的条件，尤其是在课前预习阶段和初读阶段，课堂上应加强学生自主识字的方法与体验的交流，在应用中认识汉字的功能、感受汉字的文化，由他主逐渐内化为自主，逐渐养成主动识字的习惯。

随着学生识字、写字量的增加，生字的运用与巩固成为中年级识字教学的一个重点。主要的方法是让学生和这些生字多见面，除引导阅读一些课外书外，还应根据中年级学生的学习特点，在具体语境的运用中来学习和巩固这些生字。另外，也可以采取一些归类复习的方法，在适当的时候让学生做一些归类整理，教材也有这方面的编排，教学设计时可以从中受到些方法启示。教学时老师对容易读错、写错的字必须予以指导；指导写字时，教师一定要板书示范，重点指导不容易写好的笔画、结构以及容易写错的笔顺，要求学生把字写端正，写美观。为避免学生的疲劳，每次安排写的字不要太多，适当分散写。同时提高写字的速度，重视引导学生将已经掌握的方法迁移到新的识字与写字内容的学习中，准许学生一定时间内在识字数量、识字能力上有差异。

（一）不同内容的识字与写字教学

中年级所学的字多了，出现很多形近字，容易混淆，并且同一个字在不同的语境中可有多种读音和意义，该年段识字教学的重点应侧重于字（词）义的教学。

1. 从字音教学的角度，重视多音字的教学

多音字和不同的字组合成词或在不同的语言环境中表达不同的意思时，读音也可能发生变化。如“说”，在“说话”中读 shuō，在“说服”中读 shuì。应在具体的语言环境中，根据字义考察读音。另外，根据中年级学生的认知特点，一个多音字的几种读音、几个意思应分散呈现，以免引起混淆，并要注意随时复习巩固。

2. 从字形教学的角度，重视应用形近字比较法

形近字比较法就是引导学生通过对形近字字形差异的比较来识记字形的教学方法。比如，可以通过用熟字带生字的方法将形近易混淆的字进行辨析比较，区别异同。如教学《难忘的泼水节》一课中“辛”“幸”两字时，可以抓住两字上半部分的不同，用“一点”和“十分”辨析字形；用“辛苦”和“幸福”两词体现字义，并编成儿歌“辛苦一点，幸福十分”，沟通形、义联系。对于那些字形差别细微的形近字，如“人”和“入”，“己”和“已”等，要把每个字的不同点和这个字的整体结合起来，着重比较差别细微的部分，以提高学生精细辨认和识记字形的能力。为提高教学效果，在运用该教学方法时，要尽量引起学生注意，此时可以考虑用彩笔把难以辨认或需要和别的字作区别的笔画标示出来。但是，彩笔运用不宜过多，以免分散学生的注意力。

3. 从字（词）义教学的角度，重视联系法教学

联系法就是引导学生联系生活实际或上下文理解词义。比如前文“祖国”一词的教学案例，这个词较抽象，小学生不容易理解，但是联系学生的生活经验后，教学效果就事半功倍了。

有些字（词）义需借助上下文才能更好地理解。如学习《鸟的天堂》中的“应接不暇”，教师就可以引导学生联系“看清楚了这只，又错过了那只，看见了那只，另一只又飞起来了”这句话来理解。有时，同一个字（词）在不同的语境中意思就不同，只有联系具体的语境才能准确理解。如下面“才”字的教学：

师：读下面两个句子，联系带点的词语，想想“才”的意思。

(1) 烈火在他身上烧了半个多钟头才熄灭。

(2) 看看时间，从发起冲锋到战斗结束，才 20 分钟。

师：两个“才”都是针对什么说的？

生：时间。

师：第一个句子中的“才”是说“烈火在他身上烧”的时间——

生：长。

师：第二个句子中的“才”是说“从发起冲锋到战斗结束”的时间——

生：短。

师：同一个“才”，一个表示时间长，一个表示时间短，这说明——

生：词的意思必须联系上下文来理解。

4. 钢笔字的教学

使用写字教材要注意指导学生学习正确的执笔和运笔方法。因学生初学钢笔字、毛笔字，运笔技能常常掌握不好，教师应及时纠正学生在书写过程中出现的问题。

钢笔和铅笔都属于硬笔，在书写方法上有许多相同的地方，当然也有不同的地方，根据钢笔的特点，教学时应做到：① 教给学生执笔的方法。初学钢笔字时，教师应简单介绍钢笔的构造和笔尖的性能，帮助学生了解钢笔的特点，然后教给学生正确的握笔方法：笔杆向右后方倾斜，紧贴在虎口上；右手的拇指在笔杆的左侧，比食指稍靠后些，食指在前偏右，中指在食指下面，用第一个关节托住笔杆。② 教给学生用笔的方法。比如，钢笔笔尖有一定弹性，因此，用钢笔写字轻重快慢要适当；钢笔字不易擦掉，写前一定要想好字形、笔画和结构，避免写错；钢笔字的运笔主要靠手指和手腕的力量，运笔的方法有顿、按、起、收，等等。教师应通过示范、讲解，教会学生协调运用指力和腕力，使之写起来得心应手。③ 按照学段要求严格训练，不断提高书写技能。根据不同学段的要求，要让学生学会在方格、横线格内书写，学会横写和竖写，格式符合要求；在写得正确、端正、整洁的基础上，逐步达到字的大小匀称，行款整齐，布局合理。

5. 毛笔字的教学

你所在的学校上不上毛笔字课？如果不上，是不是因为平时用不着，考试考不到？我认为天天写毛笔字的好处会远远超过写字本身。如果你们班上的学生天天坚持练写毛笔字，管理和学习都会轻松很多，不知你怎么看？

毛笔是软笔，从握笔到书写都不同于硬笔，因此，学生初学写毛笔字困难较大，教师首先应鼓励学生写毛笔字的信心，然后在毛笔的使用、书写的姿势、运笔的技巧等方面给予适当的指导。

（1）训练正确的写字姿势：写毛笔字姿势分为坐写和站写两种，小学生主要练习坐写。坐写的姿势可以用八个字来概括“头正、身直、臂开、足安”。

① 所谓“头正”，指头要端正，稍微向前，做到视线正，两眼注视纸面，眼与着笔处的距离在 0.33 米(1 尺)左右。头不可歪斜，也不可低俯，否则极易损坏视力。② 所谓“身直”，指腰部挺起，胸张背直，两肩平稳，关键在于脊柱要挺直。这有利于肺部的呼吸和骨骼的正常发育。如果肩膀一高一低，背脊向一旁偏侧或成驼状，极易造成骨骼变形，影响生长发育。③ 所谓“臂开”，指两臂要自然撑开，左手按纸，右手执笔，成均衡之势。这样，写字时不受拘束，为自由顺畅地运笔创造有利条件。④ 所谓“足安”，指两脚自然地平放在地上，左右均匀地踏稳，不要交叉、蜷腿或分得太开。这样，下半部可以用力，以保持全身稳定，不致因摇晃而影响写字。

（2）指导正确地执笔和运笔：毛笔的执笔方法和铅笔、钢笔不同。毛笔正确的执笔方法，最流行通用的是所谓“五指执笔法”。①“按”。是指大拇指斜而仰地紧贴笔管的内侧，力向外。②“压”。是指食指尖紧贴笔管的外侧，力从外向内，与大拇指相对地捏住笔管。③“钩”。是指中指的第一节弯曲地钩住笔管的外侧，力从外向内，其作用略与食指同，但力量比食指强。两指合力钩挽着笔管的外侧，对着大拇指紧紧地握住笔管。执笔的力量以大拇指、食指、中指这三指为主。④“顶”。是指无名指的指甲根部顶住笔管的内侧，力由内向外推。⑤“抵”。是用小指抵住无名指，起辅助的作用，以增强无名指向外的推力，它紧贴无名指而不碰到笔管。由于四、五两指力量弱，因此必须两指合力，以助其势。这种方法执笔，五个指点就把笔管牢牢地控制在手里，五指的力量集中到笔上，笔自然就坚实稳固。运笔时各指的力量既分清主次，又互相配合，就可以向各个方向出力了。

为了充分发挥五指执笔法的功能，还必须掌握“指实、掌虚、掌竖、腕平、腕肘悬起”五条执笔要领。①“指实”指执笔时力到指尖，要实实在在地执住笔管。这样就能保证书写的笔画有力，否则，笔画就松软无力。②“掌虚”是说执笔时掌心要虚空，大拇指与食指之间（虎口部分）要稍微张开，不可紧闭；无名指和小指不碰到掌心，使掌心与五指之间圆而中空。掌虚的目的是使手掌的筋骨肌肉放松，书写时手指手腕能灵活地发挥力量。③“掌竖”指执笔时手掌要尽量竖起来。因为掌竖就能使笔直、锋正，有利于运笔；否则，就会笔管歪斜，笔锋不正，不利于运笔，笔画易成偏锋，影响书写质量。④“腕平”是说手腕要平，与桌面平行。一般只要做到掌竖，腕就自然平；反之，腕平亦可促使掌竖。腕平能保证运腕的自如，也保证了笔直、锋正。因为运笔的关键在于腕力。⑤“腕肘悬起”是指写字时使腕和肘都不碰到桌面。肘部悬起略高于腕，这样就更能发挥腕、肘的作用，使笔锋的旋转进退挥运自如，但对小学生来说，这一点不必强求。

需要引起注意的是，写毛笔字，握笔不能太低，写小字时，离笔头约 0.03 米（1 寸）；写中楷时要握得高一些，写大楷时约 0.06 米（2 寸），有时还要高一些。握笔高低要由所写字的大小来决定。运腕是以手执笔，运用腕关节的力量来写字。具体动作是腕部随着运笔的提按顿挫、轻重徐疾作相应的摆动。运腕幅度的大小和所写字的大小有关。

毛笔字的运笔分为起笔、运笔（行笔）、收笔。这三步不能割裂，运笔时要连贯，一气呵成。① 起笔。做到“逆锋起笔”“横画竖落”（或“竖画横落”）。也就是说，下笔时要“取逆势”，即人们常说的“欲左先右，欲右先左；欲上先下，欲下先上”，做到所谓“起笔藏锋”。② 运笔。做到“中锋运笔”，即笔画运行时，笔锋要沿着笔画的中线移动，使笔毛向笔画的两边均匀铺开，从而使墨汁能均匀地渗透到纸上，笔画才会显得丰满、结实。③ 收笔。做到“回锋收笔”，“回锋”指中锋行笔至笔画的尾端收笔，稍加按顿后，将笔锋由原路回返，使收尾处显得圆润、有力。

综上所述，毛笔字的运笔方法，可以编为四句口诀：逆锋起笔，横画竖落（或竖画横落），中锋运笔，回锋收笔。

（3）循序渐进，科学训练，提高学生写毛笔字的能力：指导小学生写毛笔字，不但要使学生掌握正确的写字姿势、执笔和运笔的方法，而且要通过指导学生“摹”和“临”，循序渐进地提高学生的写字能力。

毛笔字的教学要按照描红、仿影、临帖的顺序，加强书写指导，不断提高毛笔字的书写技能。

描红，是直接在印好的红色范字上，按字的笔画和结构描写。描红之前，教师要通过讲解、示范，使学生懂得运笔的方法。同时，提醒学生注意，任何笔画的书写都要按一定的笔法，做到一笔将红的笔画盖住，不要一笔未写完，中途断笔或涂涂描描，反复添笔。描红时，先从基本笔画练起，学会各种笔画的运笔方法，掌握它们的书写过程，然后将笔画渗透到字体结构中去分析，使学生领会笔画的形态特点，以及它们在字体中所起的作用，有意识地根据不同特点、不同笔画的布局，正确掌握字体及笔画的精神，写出笔意来。

仿影，是用半透明的纸蒙在范字上，按照在纸上显现出的字影来写。仿影时也不能写写描描或信笔涂改，而要先指导学生“读帖”。比如，学习横的写法，要重点让学生观察横的起笔、运笔和收笔，以及横画在字里的安排，或长或短，或粗或细，从整体到局部，再从局部到整体，做到心中有形，下笔有数。仿影用的纸一般都是毛边纸或宣纸，这类纸吸水性强，写字容易洇。如果墨蘸得多了，写的字就会洇成一片，而蘸墨太少则会成“枯笔”。因此，要不断提醒学生勤掭笔，使笔头含墨浓度适当，以保证笔锋的圆、尖、润。书写过程中字样不能移动，以免影响书写。

临帖，是以范字或书法名家的碑帖作为范本，照着写。写字教材常常编有颜、柳、欧等各体字帖供学生选用。至于选临哪一家，教师应根据学生的笔意，征求学生和家长的意见来确定。字帖选定后，就应该坚持临写下去，不要随意更换字帖。临帖，要指导学生认真看帖（也称读帖），仔细观察字帖上的字的笔画特点，结构形态和字体风格，做到心中有数，再下笔临写。临写时，要努力做到一气呵成，不要看一笔写一笔，也不要因为写得不像，就描来描去。刚开始时临帖，可以采用“摹临结合”或“半摹半临”的方式，然后再临写。临帖一段时间后，还可以进行“背帖”练习，即把所临的字的笔画、结构记在心中，盖上帖根据笔意进行默写。写完后再比较，如有败笔重写改正，这样效果会更好。

（二）不同形式的识字与写字教学

主要介绍随课文识字与写字教学的实施。随课文识字要把理解字（词）义作为中心的一环，用理解字（词）义来带动读准字音和记忆字形，加强音、形、义之间的联系。语言环境为准确理解字词提供了条件，教师要充分利用这个条件，使学生弄懂字词的意思。结合语言环境理解字词，不仅容易理解，而且可以避免枯燥无味地死记硬背词语注释。另外，结合讲课文理解字词，可以随时受到课文规范语言的熏陶，便于将理解了的字词不断积累起来，并在口头和书面语言中灵活运用。以下主要结合江苏省著名特级教师于永正老师执教的《小稻秧脱险记》一课来谈谈基本的教学步骤。

1. 寓认识于读书

通过朗读，通读全篇的文字，然后结合课后的生字表，进一步确定字音，再通过朗读来巩固字音。

师：同学们，今天，我们来学习《小稻秧脱险记》。请小朋友跟于老师一起写课题，注意“稻”的笔顺。

师：学习这篇课文，我们有4项任务。（出示投影片。）

学习目标：

（1）读课文，读准生字字音，画出不理解的词语。

（2）正确、流利地朗读课文，边读边体会词语的意思。

（3）小稻秧遇到了什么危险？后来是怎样脱险的？

（4）写生字，要求写得正确、规范。

以上4条学习目标，（1）、（2）、（4）条都与识字有关。体现了识读的结合，音、义、形的融合，识字、阅读一体化。我们再来看目标是如何展开的。

师：现在，先来看第一个任务。（出示投影片）这一课的生字一共16个：

险 吵 杂 拥 拼 剂 欺 负 喘 纷 汹 嚷 蛮 警 雾 微

小朋友注意看，这些生字，哪些不要老师教，也不要看书上的拼音，你就认识？

生：我认识“拼”。

师：这个“拼”你是什么时候认识的？

生：我是一年级时认识的，那时书上有一个词是“拼音”。

生：我认识了“剂、吵、雾”。

师：对你来说，近一半的生字都认识了，你读书的时候，只把不认识的字画出来，并加上拼音就行了。还有哪些字你们认识吗？

生：我还认识“杂”。

师：（老师指“纷”）这个字，有认识的吗？

生：认识，这个字读“fēn”。

师：你是怎么认识的？

生：我是在《清明》这首诗里学的。里面有一句是“清明时节雨纷纷”。

生：我还认识“搬”。

师：你是在哪儿认识的？

生：在我们家门口墙壁上的“搬家公司”的广告上认识的。

师：那是一些“野广告”。看来，“野广告”也有好处，可以帮助你认字。作为你，还要感谢“野广告”。请大家拿好书，认真地读书，遇到不认识的字看一看课后的生字表，那上面有注音。

（学生读书，教师巡视、指导。）

师：我发现有同学已经读第二遍课文了。有的同学在读书时，把自己不认识的生字的拼音写在生字的上面，这是个好习惯。

（学生默读，边读边写拼音。）

师：读完、写完后，请同学们读一读生字的拼音并记住它。

师：书上生字能记住的请举手。请同学们看，哪些字记住了。

（指一同学读，其余同学跟着读。）

师：注意“欺负”的“负”，单读时，读四声，与“欺”连在一起时读轻声。请接着读。

此环节的学习是学生课前预习的延续，课堂上应根据学生的预习情况，就生字的重点、难点，集中解决。课标指出：“识字教学要将儿童熟识的语言因素作为主要材料，同时充分利用儿童的生活经验，注重教给识字方法，力求识用结合。”多途径识字是现代儿童的显著特点。中年级学生的生活面和阅读面更加广阔，大量的习得已经让他们提前认识了更多的字。于老师重视学前认知，教学中重点教学生不会的。既挖掘了学生的识字潜能，又提高了识字的效率。

2. 寓理解于语境

汉字的表义性，决定了字义教学的实质是词义教学。寓理解字义于语意之中，通过与词句的联系，理解生字（词）的意义。

师：请大家一边读课文，一边把不懂的词语画下来。

（学生读课文、画词语，教师巡视，发给部分学生小黑板，让他们把不懂的词语写在小黑板上。）

师：请写好的小朋友把小黑板送过来，请大家把这些词读一读。

（学生读词语：团团围住、气势汹汹、蛮不讲理、一拥而上、不由分说。）

师：这些词，有的需要老师帮助，有的自己通过读课文就可以理解。请大家读课文，边读边想这些词语的意思，我相信，多数词语同学们能通过读课文理解。

（学生读课文，教师巡视。）

师：读完两遍课文的请举手。好，读的时候不仅要考虑词语的意思，还要注意做到正确、流利，如果能做到有感情就更好了。请大家再读一遍课文。（学生继续读课文。）

师：有的同学已经读到第四遍了，下面我们来检查读书的效果。（教师随时纠正“蛮”等字音。）

师：读到这里，我想，“团团围住、气势汹汹、蛮不讲理、一拥而上”基本上读懂了。我们通过表演来做个检查。现在，我当“小稻秧”，你们几个当“杂草”。杂草要把小稻秧团团围住，你们应该怎么站？（学生从四面八方把老师围住。笑声。）

师：你们要干什么？

生：快把营养交出来。

师：“气势汹汹”这个词你们没读懂。你们应该怎么说？做什么动作？想一想。要凶，声音要大，把腰卡起来。

生：（卡腰、大声、凶恶地）快把营养交出来。

师：我们搬到大田来不久，正需要营养，怎么能交给你们呢？（学生不知所措。）

师：（问全体同学）你们应干什么？

生：应上前去抢营养。

师：对，要抢。营养在地里，快！（“杂草们”一拥而上，抢起了营养。“稻秧”没精打采地垂下了头。下面的学生哈哈大笑。）

师：杂草厉害不厉害？凶不凶？（生：厉害，凶！）这就是“气势汹汹”。杂草野蛮不野蛮？（生：野蛮！）讲理不讲理？（生：不讲理！）这就叫“蛮不讲理”！杂草让小稻秧发言了吗？（生：不让。）这就是“不由分说”。各位“杂草”请回去。（笑声。）

“要想快速有效地学习任何东西，必须看它、听它、感觉它。”于老师让学生提出不理解的词语，然后让学生读书感悟，在此基础上，寓识词于生动形象的活动之中。显而易见，此环节把发展语言同识字（词）互相贯通，视语言环境为发展语言和识字（词）的沃土，置自觉能动地识字于阅读之中，这不仅科学、便捷、有效，而且这种能力本身就是阅读能力的重要组成部分。识字教学真正进入了苏霍姆林斯基所倡导的境界：“识字成为孩子们生活中生动的形象，充满音乐和旋律，非常好的、非常有趣的事情。”

3. 描仿入体

在儿童获得对课文的整体认识，理解生字（词）在语言环境中的特定含义之后，对生字进行字形提醒、示范、反馈、指导。

师：书读好了，问题也就解决了。下面请大家把课堂习字簿拿出来，我们来完成写字任务。注意，一要正确，二要规范。每一个字描红、仿影、临写各一遍。

师：自己检查一下写字姿势，“三个一”做到了吗？好（放《古筝曲》），先描红一遍。（学生描红，教师巡视指导，并提示保持适当的速度。）

师：哪些字的笔顺你拿不准，需要老师帮助？

生：“杂”“欺”这两个字的笔顺我拿不准。（教师示范写“杂”“欺”。）

师：还有哪些字？

师：下面再把仿影和临写两项任务完成。

小学生写字姿势不正确是一个普遍存在的问题。于老师十分关注这一问题。“描红、仿影、临写”是进行写字训练的成功经验，具有训练的层次性，是符合写好汉字的规律的。三项任务的落实可以灵活地安排在教学的进程中。“寓识于读、寓解于境、描仿入体”既扫清了阅读道路上的“拦路虎”，又借助汉语拼音这个“拐棍”及读书掌握了生字，而且通过语境理解了字(词)义，还通过老师的提醒、示范、指导强化了写字训练，可以说是立体识字。

请你来做

请选一篇自己教过的中年级的课文，采用以上的分析方法，看看自己的识字与写字是如何随文教学的？如果你觉得满意，可向比较好的小学语文杂志，如《语文教学通讯(小学卷)》《小学语文教学》《小学语文教学参考》《小学语文教师》《小学语文》等投稿。

基于以上的认识，随课文识字与写字教学中还要关注三点：第一，尽量不要因为识字打断讲读教学的思路，要处理好识字和讲读课文的关系；第二，指导运用字词，一般要放在复习巩固阶段，不宜刚理解某个词，就要求学生运用；第三，理解字(词)是重点，但不要忽视字形教学和写字指导。

(三) 中年级识字与写字教学的注意事项

1. 在语言环境中识字，做到字不离词、词不离句、句不离文

这是一种分散识字的思路，教师要有意识地设置识字任务，提供丰富的语言材料，使学生在不同的语境中识字、应用、巩固。

可考虑两种做法。一是调动学生的识字积累，引导学生在生活中识字。生活中识字不仅是一种学习理念、学习方式，更应是一种学习态度和学习习惯，应贯穿于整个小学甚至是义务教育阶段。对中年级学生来讲，其经验是重要的学习资源和凭借，设置任务，激发学生在生活中识字，有利于识字兴趣的养成。教学中可依托教材中的有关内容，将识字引向课外，如认姓氏字，认各种标牌上的字，从电视、广播中认字，激励学生在生活中识字，使生活成为识字的大舞台，并提供机会让学生交流课外认的字。二是识字与阅读、写话结合。阅读对汉字识别的要求就不仅仅是能识别，而且要达到“自动化”的整体认知。也就是说，不必看清字的每一个细节，只要看到字的轮廓或特征，就能准确无误地加以识别。只有达到这样的程度，学生才有可能联系上下文体会语义，从而顺利地进行阅读。采取识读同步、寓识于读，能有效地提高识字教学的质量。明白了这个道理，才能恰当地处理好识字与阅读的关系。识字是低年级的教学重点，这是大前提。识字又要兼顾到与阅读的结合，这是应予以注意的。如一年级上册“识字 1”《一去二三里》，其用意是借这诗的语境来学 10 个数字。这是教学重点。学会了这 10 个生字，又要将它们放到这首古诗里去诵读，从而训练学生“自动化”地整体认读汉字的能力。

与习作结合主要是要求应用学会的字，完整意思的文字表达中用出了这些字才算学会，反过来在运用中可以促进这些字的巩固。

2. 鼓励学生用自己喜欢的方式识字

提倡学生运用记忆规律，发现新知与旧知的联系，恰当运用识字方法。学生的学习风格不尽相同，教师应鼓励学生用自己最喜欢、最习惯的方法尽快地认识汉字。例如，可以让学生交流这些字你认识哪些，是怎么认识的？不认识的字该怎么记？要相信学生能够用已经形成的初步的独立识字能力学习生字。

3. 鼓励学生独立识字，初步具有独立识字的能力

这是中年级识字课堂教学中的重点，也就是在中年级识字教学中教师应该尊重学生的不同学习方式和学习方法，相信学生能够应用已经形成的初步的识字能力来独立识字，鼓励他们用自己最喜欢、最习惯的方法认记汉字。识字的巩固是识字教学的难点，教师要创造多种途径和多样方式，加强已认识汉字的复现巩固，防止回生。例如，结合汉字的学习，认识最常见的偏旁。如果新学的汉字中某一部分是学生会认的独体字，加上认识的偏旁，可以指导学生运用熟字加一加或减一减的方法来学习。可以设计多种活动，如字词游戏、阅读竞赛活动等，使儿童通过与汉字反复见面，逐步从本课会认过渡到在其他语言环境也能认识。

中年级的学生已初步掌握了识字工具，在识字教学中，教师应把着眼点放在教会学生识字方法上，无论认识、理解、运用、检查，都靠学生自己来完成。要能做到勤问“三师”，即书师（读课文、查字典）、人师（问老师、问同学）、法师（求教于汉字规律）。

4. 重视学用结合，及时巩固

目前，识字教学出现一种弱化、简化、泛化的现象，这样容易造成学生识字基础不牢。儿童识字是为了运用，应重视学用结合，把识字向阅读、习作、说话引申。练习的方式要多样，既有口头的，又有书面的；既有思想内容方面的，又有字、词、句等语言文字方面的。

5. 重视及时、多元、科学评价

从评价的角度说，除了反馈及时、评价主体多元化以外，还要强调评价的科学性：一是对识字方法的评价；一是对识字效果的评价。在识字效果的评价上，应特别重视应用层次效能的评价，如会不会阅读、会不会习作等。

三、中年级识字与写字教学的评估

关于识字、写字教学评估的具体方法，我们在低年段的识字教学中已有论述，有些方法对中年级的识字、写字的评估同样有用。所以此部分论述的重点是依据中年级识字、写字目标和评价要求确定中年级的评估应注重什么。

（1）评价的重点应放在学生识字、写字的能力、方法和习惯上。

（2）注重学生识字的兴趣的评价，并通过评价进一步增进学生的识字兴趣。

（3）用键盘输入汉字的评价，可放在多媒体和语文学习整合的情境中进行。

（4）评价时注意尝试多种方式，如识字、写字评价卡，单元学习评价表等。评价中要注重两个结合，一是学生自我评价与教师、家长评价相结合，二是形成性评价与终结性评价相结合。

先看第一个结合。传统教学评价的主体是教师，学生是评价的客体，在评价中处于被动地位。新课程倡导教学评价主体的多元化，包括教师评价、学生自评、小组互评、家长评价以及学生和教师的互动评价等，使评价成为评价者与被评价者之间互动的过程。如何让家长参与评价，我们看下面一个案例。

浙江省临安市三口中心小学设计了《单元学习情况评价表》，在一个主题单元完成后，让学生带回，请家长进行评价填写（表 6 - 1）。

表 6－1　单元学习情况评价表(家长)

内　容	项　　目
识　字	本单元共 56 个生字 1. 会认 35～40 个★(　) 2. 会认 41～50 个★★(　) 3. 会认 50 个以上★★★(　)
写　字	本单元共写 19 个生字 1. 会听写 11～13 个生字★(　) 2. 会听写 14～16 个生字★★(　) 3. 会听写 17 个以上★★★(　)
朗读、背诵	1. 会背诵《画》《四季》★(　) 2. 会背诵《画》《四季》《小小竹排江中游》★★(　) 3. 都会背★★★(　)
口语交际	1. 会讲故事《爷爷和小树》★(　) 2. 讲得完整、通顺★★(　) 3. 讲得生动有趣★★★(　)
评　价	1. 一共得了(　)颗★ 2. 孩子自评:我真棒!(　)我挺满意!(　)加油呀!(　) 3. 家长评价:好样的!(　)学得不错!(　)再努力呀!(　)

让家长参与评价,一方面他们能更直观地了解自己孩子在学校里的学习情况,为自己孩子的进步感到自豪;另一方面,有利于教师和家长及时发现孩子在学习中的不足,形成学校和家庭的合力,共同提高孩子的学业水平。

评价主体的多元化,更重要的是让学生参与评价,培养学生自我评价的意识与能力。

为此,浙江临安三口中心小学设计了学习情况评价表(学生),组织学生进行自我评价和互相评价(表 6－2)。

表 6－2　学习情况评价表(学生)

第几课	自检(每项都会了,就涂一颗星)	互检(每项都会了,就涂一颗星)
第一课	1. 会认 11 个生字☆ 2. 会背《画》☆ 3. 会听写 4 个生字☆	1. 认 11 个生字☆ 2. 会背《画》☆ 3. 会听写 4 个生字☆

这一评价方法比较简便易行,教师只要在黑板的一角写上评价的内容即可,每次新课前换上数字。学生一眼便明白了本课要完成的学习内容和达标要求。新课学完后,利用 3～5 分钟时间组织学生自评、互评,省时省力,效果明显。

通过以上方式,浙江临安三口中心小学建立起了"四级评价"体系:一是自我评价,能让学生发现自己的优点和不足,自己找准今后的努力方向;二是同伴评价,使学生在评价中了解他人的长处和自己的短处，在今后的学习中自我完善；三是教师评价，教师用鼓励性的语言评价学生的表现，鼓励他们进一步发展；四是家长参与，了解自己孩子的学业水平，提出希望，并配合学校教学。同时，使教师能及时了解学生的课外学习表现，有利于学生学习习惯的养成。值得注意的是，在这“四级评价”体系中，教师必须从评价重围中跳出，站在评价的制高点上，并关注学生自我评价的意识和能力，这既是减轻教师负担的可行方式，更是现代社会对人才培养的需要。

再看第二个结合。“课标”在评价建议中指出：“形成性评价和终结性评价都是必要的，但应加强形成性评价。”形成性评价即过程评价，包含的内容广泛，如学生的学习行为的评价，学习兴趣、习惯的评价等。为了便于操作，我们把过程评价理解为在一个较长学习过程中，分阶段对每一阶段内的学业水平所进行的终结评价，由这些多个阶段性评价组成整个过程评价。

每篇课文学完后的学生自我评价。相对于这篇课文的学习来说就是终结性评价，而对于单元或学期来说就是过程评价。为使过程评价与终结评价相结合，在单元学习内容结束后，临安三口中心小学的做法是让学生再一次进行自我评价与互相评价(表 6－3)。

表 6－3　单元学习情况评价表

第几课	自检（每一项都会了就涂一颗星）	互检（每一项都会了就涂一颗星）
第一课	1. 会读 11 个生字☆ 2. 会背《画》☆ 3. 会听写 4 个生字☆	1. 会读 11 个生字☆ 2. 会背《画》☆ 3. 会听写 4 个生字☆
第二课	1. 会认 11 个生字☆ 2. 会背《四季》☆ 3. 会听写 4 个生字☆	1. 会认 11 个生字☆ 2. 会背《四季》☆ 3. 会听写 4 个生字☆
第三课	1. 会认 12 个生字☆ 2. 会背《小小竹排江中游》☆ 3. 会听写 3 个生字☆	1. 会认 12 个生字☆ 2. 会背《小小竹排江中游》☆ 3. 会听写 3 个生字☆
第四课	1. 会认 12 个生字☆ 2. 会背《哪座房子最漂亮》☆ 3. 会听写 4 个生字☆	1. 会认 12 个生字☆ 2. 会背《哪座房子最漂亮》☆ 3. 会听写 4 个生字☆
第五课	1. 会认 10 个生字☆ 2. 会背《爷爷和小树》☆ 3. 会听写 4 个生字☆	1. 会认 10 个生字☆ 2. 会背《爷爷和小树》☆ 3. 会听写 4 个生字☆

用这样的方式进行评价，有利于学生自我意识的培养和自我评价能力的形成，更重要的是我们认为这样的方法符合学生的记忆规律。根据艾宾浩斯的遗忘曲线：短时记忆的遗忘率一般为 60％～70％，也就是说第一天学 10 个汉字，过几天后忘记 6～7 个是正常的。要求学生在最容易遗忘的时候就能记住所学的生字，其困难程度是可想而知的。只有通过反复的复习巩固，才能尽可能地减少遗忘率。

四、请你来做

（1）案例分析：下面是苏教版三年级上册的一篇课文的教学设计，阅读后请结合案例具体分析并回答以下问题：

- 本文生字的教学遵循了什么样的教学理念？
- 对潘老师的识字、写字的设计意图你是怎么看的？
- 你有没有更好的关于本文的识字、写字的教学设计？

《拉萨的天空》教学设计

南京市南湖第一小学　潘文彬

一、设计理念

教学的本质是对话。课标指出："阅读教学是学生、教师、文本之间对话的过程。"为了体现这一全新的阅读理念，本教学设计立足于"阅读文本"，引领学生反复触摸文本语言，"披文入境""潜心会文"，实现教学的和谐互动，使阅读教学过程变成一种动态性的、生成性的对话过程，从而使学生的语文能力和审美情趣在这个对话的过程中得以培养与提升。

二、教学要求

（1）正确、流利、有感情地朗读课文，背诵课文。

（2）学会本课10个生字，两条绿线内的1个字只识不写；理解由生字组成的词语。

（3）朗读品味具体的语言材料，感受拉萨天空的美丽景象，激发学生热爱祖国的思想感情，陶冶审美情趣。

三、教学流程及设计意图

（一）初读课文，感知美

1. 揭示课题

拉萨是我国西部一座有名的日光城。今天，就让我们跟随作者一道走进西部，走进拉萨，欣赏那里的迷人风光。揭示课题后，可让学生思考：从课题看，课文会写些什么内容？让学生简单说说。

（意图："题目是文章的眼睛"。教学伊始，引导学生与课题进行对话，让学生透过"眼睛"窥见内容，激发学生的阅读期待。）

2. 自读课文

（1）自由读课文，要求学生读准字音，读通句子。遇到不认识的生字可以看看课后的生字表。（这里要给学生留有充足的朗读课文的时间。）

（2）认读生字新词：这些生字中有哪些是你在读文章之前就认识的？是怎么认识的？

把自己在读文章过程中遇到的那些不认识的，或者感觉比较难读准的生字读几遍，把它们牢牢地记在脑子里。

拼音去掉，用开火车领读的方式，读生字新词。

你们能为这些生字再找些新朋友吗？（学生说出与生字相关的词语、成语、诗句等均可，说后可让学生在黑板上写下来。）

（意图：让学生选择一些构词能力强的生字进行联想拓展，激活学生已有的语言积累，建构起新旧知识之间的联系，并通过课堂上的师生互动和生生互动，扩大学生的语言积累面。）

……

3. 写字指导

让学生仔细观察生字的字形，看看这些生字在书写的时候要注意些什么，怎样写才漂亮。

(1) 交流汇报：在学生交流汇报的过程中，教师可抓住一些比较难写的字进行范写，如“忍”“帘”等字。

(2) 练习临写：让学生选择几个自己感兴趣的或认为比较难写的字，描一描，临一临，在描、临的过程中体会它们的写法(此时可以播放舒缓的音乐，以营造写字的氛围，教师巡视进行指导)。

(意图：让学生在自主观察、临写的基础上，交流自己的发现、体会，这样就能使学生在动眼、动嘴、动手、动脑的过程中，激发学生练字的兴趣，提高练字的效果。)

……

(2) 教学设计：请选择所使用中年级阅读教材中的一篇课文，围绕第一课时设计一个识字或写字教学目标，并围绕这个目标，谈谈自己在教学中落实的思路。

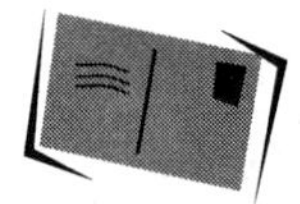

第二节　中年级阅读教学

【动手查一查】请继续动手查一查，读一读，联系自己的教学实际，想想中年级的阅读课堂应该是什么样子？它和低年级的课堂相比发生了哪些变化？

【动脑想一想】比较低年级的设计思路，思考中年级阅读课的第一课时如何设计更有利于提高整篇课文的教学质量？

【动手写一写】你认为中年级的阅读教学如何设计才是高效的？

一、中年级阅读教学设计的思路与方法

综合课标对中年级阅读教学的阶段要求，3～4年级的阅读教学，除朗读、默读、背诵和复述课文等常规学习目标外，主要安排了四项学习重点：能联系上下文理解词句的意思，抓住关键词句，体会表情达意作用；把握课文的主要内容，体会主题思想；学习略读，粗知文章大意；积累课文中的优美词语和精彩句段。设计时由低年级的教师教读、导读为主，逐步转向自读为主。

中年级要继续指导学生学习词句，同时在把握全篇的基础上，理解的重点逐步转移到段上。学习词句，要注重教给方法，培养理解词句的能力。段的训练，要指导学生读懂自然段，理解段中的句子，能给自然段分层，大致归纳自然段的主要意思。还要引导学生去发现，有时几个自然段合起来讲一个意思，可以并为一大段。在此基础上，练习分段，把握段落大意，由理解段向理解篇过渡。

分段、归纳段意是语文教学中锻炼学生分析、综合能力的重要途径，那么，课标为何不再提分段、总结段意的要求了呢？我们需保持清醒认识，不提不等于取消，只是反对简单、机械

的做法，意在改变传统段落教学的弊端。我们应遵循新课改的精神、语文自身发展规律和学生认知与发展规律，灵活实施“分段”“归纳段意”的教学。

中年级要继续重视朗读、默读的训练。要继续练习正确、流利、有感情地朗读；默读设计时，要围绕内容特点和任务要求，引导学生带着任务来读，边读边想，读后能自主完成任务。

中年级是习惯培养由不自觉向自觉转化的关键时期。设计时要注意引导学生逐渐养成认真读书、边读边思考的习惯；要逐渐养成不动笔墨不读书的习惯，不仅要勾勾划划，还要写写自己对重点词语的理解，写写自然段的主要意思等；要逐渐养成爱护图书、读书看报的习惯。要在低年级的基础上，利用字典、词典，学习预习方法，初步养成按要求预习课文的习惯。此外，还要继续培养学生课外阅读的习惯。

中年级第一课时的主要教学目标可包括：① 检查预习；② 掌握本课出现的生字词（相比低年级要大大缩短此环节的时间）；③ 确保人人都能正确、流利、有感情地朗读课文（进入中年级后，对②、③两项要求主要通过课前预习及课堂反馈予以落实）；④ 把握课文要点及主要内容。

第一课时的基本教学流程：① 创设情景、引发猜想；② 放手试读，整体感知；③ 强化初读，确保正确、连贯；④ 强化对生字（词）的认知；⑤ 课堂练写生字。

中年级第二课时的主要教学目标可包括：① 中年级重在把握课文结构及关键词句表情达意的作用；② 熟读背诵，形成积累；③ 当堂巩固，适度拓展，适当安排拓展性阅读及读写结合的练习。

第二课时的基本教学流程：① 复习；② 围绕话题，选择重点，读中感悟，以读见悟；③ 熟读背诵，形成积累；④ 课堂练习；⑤ 课外延伸。

二、中年级阅读教学的实施

（一）主要内容的教学思路与方法

1. 词语教学

中年级词语教学的重点内容是在低年级词语教学的基础上，一是能借助字典、词典和生活积累，理解生词的意义；二是理解词语的语境意义；三是体会关键词语在表情达意方面的作用。

到了中年级，学生识字量逐步增大，课文中的新词大多由熟字组成。这些词语，学生会读会写，教学的重点应是准确地理解词义。还有一些熟词在新的语言环境中有了新的意思和作用，也需要结合具体的语言环境指导学生准确理解。学生已经具有一定的理解词语的能力，教学时主要应放手让学生通过自学理解词语，教师做适当的检查，使学生理解词语的能力在反复实践中得到锻炼和提高。具体方法可介绍几种：

（1）换词法：利用学生已掌握的词义去理解新的词义，即以熟词为中介，建立新词与它代表的事物之间的联系。比如《养花》中“我只把养花作为生活中的一种乐趣，花开得大小好坏都不计较”。“计较”学生不理解，可用已掌握的“在乎”“嫌弃”来解释。

（2）“例—规”法、“规—例”法和“例—规—例”法：主要是针对抽象概念的学习。抽象概念又叫定义性概念，其关键特征往往通过言语式定义来揭示。罗伯特·加涅认为，在用言语揭示定义性概念的关键特征后，为充分理解这一概念，还需仔细选择一些肯定和否定例证来加以进一步说明，而且这些例证应尽可能包括概念本质属性和非本质属性。这里的概念例证是广义的，可以是实物、事例、情境、短语、句子、一段话语等。

例一规法。就是先引导学生列举概念例证，具体感受、理解词语，再尝试总结词语的定义性概念。举例如下：

于永正执教的《我的伯父鲁迅先生》片断。

生：（一女生读至"……乱说一气"。）

师：请停下来，你先坐下，读得好不好？（好。）

读得真不错。（在"囫囵吞枣"下面画上曲线）她刚才读这段话，实际上是对"囫囵吞枣"的解释。好，我下面读这句话，你们接着我的话往下读，你们读的话就是对"囫囵吞枣"的解释。看书。

（师读"老实说……一遍"，学生接读"只注意……乱说一气"。）

师：我《水浒传》读懂了吗？

生：没有。

师：没读懂。读书很粗心，是不是的？这就叫——

生：（齐答）囫囵吞枣。

师：谁知道"囫囵吞枣"的本义是什么？

生：（指名讲"囫囵吞枣"的故事。）

师：这个故事很有意思，吃枣对牙齿不利，但是对肚子有好处，于是，他就不嚼把枣整个吞下去，"囫囵"是整个的意思。谢谢你给我们讲这个故事，本义懂了吗？

生：懂了。

师：再回过头来把句子读一遍。

生：（齐读"老实说……"）

"囫囵吞枣"都是抽象概念，对它们的理解，是利用文章，读了故事内容来解释，读了"囫囵吞枣"故事后，学生已明白意思，然后让大家说说其意思。

规一例法。就是先尝试理解词语的定义性概念，再举例子进行深入理解。

于永正执教的《我的伯父鲁迅先生》片断。

师：真正要把这几句话读好，还要读下面的内容，读了下面的内容，回过头来再请你读这段话一定会更好，感情更充分。

大家看黑板（指着"吊唁"），"我望着来来往往吊唁的人"，我们可以看出，吊唁和追悼两个词有相同之处。也就是说，这两个词都是对死者表示怀念的意思。可是"吊唁"和"追悼"又有所不同。"吊唁"比"追悼"又多了一层意思。人们到殡仪馆吊唁，除了向死者表示怀念外，想想还有一层什么意思？

生：还有对死者的敬仰之情。

师："追悼"也有。

生：对死者的家属表示安慰。

师：对了，叫死者家属节哀，不要那么难过。懂了吗？

生：懂了。

师：懂了。我们再把这句话读一读，体会体会，各人读各人的。

生：（自由读"那时候……"）

师：（走上讲台，指着“吊唁”和“追悼”）“吊唁”和“追悼”都是我们通过读书读懂的，通过读书体会出来的。所以，只要你多读书，联系课文，都能把意思搞懂。

例—规—例法。即先举例子具体感受概念，再尝试说词语的意思，最后再举例子加深理解。

【案例一】　霍懋征《植物妈妈有办法》中“纷纷”的教学。

师：（拿出蒲公英使劲一吹）刚才大家看到了什么？

生：我看到蒲公英的种子一个一个地飞起来了。

生：有的往上飞，有的往下落，有的往左飞，有的往右飞，一点顺序都没有。

师：你们观察得真仔细，像这样一个接一个，没有顺序地飞，就叫做——

生：纷纷。

师：谁能用“纷纷”说一句话？

生：秋天到了，树上的黄叶纷纷落下来。

师：纷纷不仅可以用在物上，还可以说人，比如刚才大家举手就可以说——

生：同学们纷纷举手，回答老师的问题。

师：好，说别的事呢？

生：下课了，大家纷纷走出教室参加课外活动。

师：看来，真的理解“纷纷”这个词了。

【案例二】　于永正“络腮胡子”的教学实录。

师：什么样的胡子叫络腮胡子呢？

生：连着鬓角的胡子被称为络腮胡子。

师：这是词典里写的话。你预习时查词典了，很好，不过，鬓角指的是哪儿呢？请你到前边来，指一指我的鬓角好吗？

（“络腮胡子”属于定义性概念，用加涅的话来讲，是一种分类的规则。其要以概念的掌握为前提，这一概念就是“鬓角”。这里的目的应是检测学生是否掌握这一概念。）

（该生到讲台前，指了指于老师的下巴。）

师：有不同意见吗？

（一男生来到讲台前，指了指于老师的面颊。接着，一女生来到讲台前，指了指于老师鼻子下面的部分。最后一男生上台指了指于老师面颊两边靠近耳朵的地方。）

师：对，鬓角指的就是这个部位。请大家都指指自己的鬓角。（学生在座位上指指自己的鬓角。）

（学生没有掌握“鬓角”这一概念，这一段意在让学生掌握。“鬓角”是具体概念，应让学生通过辨别概念的正反例来习得。这里的面颊、下巴、鼻子下面的部分都是鬓角的反例，最后于老师及学生自己的鬓角则是正例。）

师：络腮胡子就是胡子和鬓角的头发连在了一起。大家来看看恩格斯的画像。恩格斯的胡子就叫络腮胡子。在你认识的人中，有留络腮胡子的吗？

生：我舅舅留的是络腮胡子，他是教美术的。

（定义性概念的学习也需要概念的例子。在掌握概念的基础上，呈现“络腮胡子”的定义，然后呈现正例，加深理解。）

(3) 联系上下文:阅读教学中结合课文理解词义,是最经常、最重要的教学词义的方法。这是因为,汉语中一词多义的情况很多,有的词甚至有七八个意思。教学词义是为了理解课文,这就要指导学生切实理解词语在课文中究竟是什么意思,在许多情况下,词语的意思可以从上下文中揣摩出来。例如,《富饶的西沙群岛》一课中有"五光十色"这个词语,课文还具体描写了海水的各种颜色,"有深蓝的,淡青的,绿的,淡绿的,杏黄的,一条条、一块块地交错着"。学生把这些词句联系起来,想象海水呈现的各种颜色互相交错的景象,就能比较具体地理解"五光十色"的意思了。阅读教学中,教师如能经常这样引导,不仅使学生对词义有确切的理解,而且能逐步培养学生根据语言环境理解词义的能力。

2. 句子教学

中年级句子教学是在低年级教学基础上为段落教学打基础,主要内容有三个:一是准确理解句意;二是体会关键句、有一定内涵的句子在表情达意中的作用;三是从具体意思上知道句子与句子之间的关系。

请你比较

你认为,中、高年级的句子教学与低年级有何不同,请结合自己的教学进行比较。

简单说来,低年级学习句子多限于句子本身,中、高年级学习句子是为理解课文内容的需要。因此,中年级句子教学的重点集中在两方面:一是理解疑难句子,比如长句、结构复杂句、特殊深意的句子;二是理解文章中起关键作用的句子,比如中心句、过渡句、总起句、生动形象的句子等。

篇章中的句子的理解涉及表层意和深层意两个层面的理解,尤其是后者,理解的主要思路和方法就是联系上下文。如鲁迅先生写的《在仙台》开头是这样交代的:"一天,大约是星期六,他使人把我叫到他的办公室……第二三天便还我。打开一看,改得非常仔细,连文法甚至标点都一一订正了。"为什么故事开头要交代"星期六""第二三天便还我"?第二天是星期几?第三天又是星期几?那么滕野先生最迟是什么时间改的?他都是在该休息的时间改的!而且改得那么认真!滕野先生是个怎样的人,还要多说吗?都在字里行间!作者这样写,叫"前后照应";我们这样读,叫"前后联系"。

有时理解句子必须顾及词义、上下文以及背景知识,特别是一些含意较复杂的句子。如《少年闰土》中"闰土在海边时,他们都和我一样只看见院子里高墙上的四角的天空",学生必须联系上文,知道"他们"指谁,"只看见院子里高墙上的四角的天空"代表什么,为什么他们不了解社会和自然,见闻非常有限等。这就涉及词义、上下文以及背景知识。这些知识有的需要教师讲解,有的是已有知识,教师可以帮助学生回忆。只有具有较广的背景知识,学生才能理解句子。从这个意义上讲,扩大阅读量,掌握了较为广阔的背景知识,对句子的理解有极大的帮助。

另外,结构复杂的句子可采用抓主干、长句分解成短句等方法,也可以用变化句式、比较句式、修改病句等方法。

3. 段落教学

段是介于句和篇之间的文章结构单位,有自然段和意义段两种。自然段在文章结构中又称为段和节，它是由句子组成的文章的基本单位，能表达一个完整的意思，有过渡、强调、间歇或突出要点的作用，有换行退两格起文的外在书面表现形式。意义段又称逻辑段，可由一个或几个自然段组成。

段既反映语言、思维的特点，又反映篇章结构的特点。段落能逻辑地表现思维进程中的间歇、转折、强调，作者用段落清晰地反映文章的内在层次和文章的构成顺序。段落使文章眉目清楚，便于读者阅读、理解，在阅读过程中给予读者“停顿”的时机，从而获得思索、回味的余地。

(1) 段落教学的价值：张志公曾指出：“段的训练是语言的训练、逻辑的训练、思想认识的训练，又是文体、风格以至艺术的训练。”对中年级阅读来说，段落教学至少有以下三个价值：

第一，对中年级学生而言，直接进行篇章学习有一定的难度，段落是句子到篇章的过渡，故而由句到篇，层层深入，符合由浅入深、循序渐进的认知规律。

第二，有利于明晰作者的思路，理解课文内容，提高逻辑思维能力。段落教学是指导学生分析课文、理解课文的一个重要环节，能够帮助学生深入理解课文的结构和内容。引导分段、总结段意，把握意段与段、段与篇之间的联系，使学生弄明白文章是怎样写的，为什么这样写。在这一过程中学生的分析、综合、概括、归纳能力会逐步得以发展。

第三，将段落理解与段落写作融合于阅读教学过程中，以读促写，读写并举。中年级学生有能力以教材为范例，对优美的句段加以感悟，并且从段落写作着手，模仿、学习作者的写作手法，将感性的体悟和理性的分析相结合，从而提高写作能力。在国外，段落教学一直颇受重视，尤其是在写作教学中。例如，美国的语文教育界就认为，段落缩小了从句子到篇的距离，减少了写作的难度，形成了自然的过渡，为写好一篇文章奠定了基础。基于这样的认识，美国在作文教学中非常注重段落教学训练。学术界对段落与句子、段落与短文的关系等问题，设计了大量且多样的练习题供学生参考使用。此外，语文教师们大量选取文化片段和段落作为阅读材料，充实学生的阅读学习和写作学习。

既然分段、归纳段意存在着诸多的好处，而且是语文学科独特的教学内容之一，为什么新课标却不再提了？不提是否就意味着不需要教了？我们在教学中该如何对待分段、总结段意的问题？

【要点提示】2000 年以前的大纲特别是 1987 年、1993 年的大纲中要求“中年级侧重读懂一段话，并能给课文分段、归纳段意”，而 2000 年大纲和 2001 年课标不再提“分段、归纳段意”。国家课程教材研究所的周光旋分析得很透彻：“在阅读教学中，通过分段、归纳段落大意、概括中心思想能够帮助我们理解内容，把握文章的要义，应该说这不失为一种有用的阅读方法。既然是一种方法，在教学中何尝不可用呢？问题是我们以往把这种分段、归纳段落大意、概括中心思想等作为了唯一的方法来进行教学，似乎阅读教学就只此一法，别无他径。加之实际教学中对这种方法的机械套用和不适宜的强化，更使阅读教学成为一种僵化的模式。比如让学生跟着教师按设定的模式反复操练，以获取由他人设计好的方法与技能，有的甚至干脆让学生抄背答案。把阅读这种个性化的行为束缚在统一的一成不变的程式之中，限制了其他方式的学习和运用。这不但压制了学生在阅读中的多元感受，而且把原本充满情趣和有着丰富内涵的阅读变成了索然无味的机械重复。把本应让学生在阅读过程中受到的熏陶感染变成了说教。因此我认为课程标准中不提分段、归纳段落大意、概括中心思想是对阅读教学的解放。"

(2) 段落教学的内容：段落教学的内容大体包括三个方面：一是认识自然段，知道从哪儿到哪儿是一段，里面共有几句话；二是理解段里每句话的意思，知道句子与句子在内容上是怎样连起来的；三是知道几句话连起来的主要意思，能够归纳自然段的段意。这三个方面的内容，大多在低年级的阅读教学中已经渗透，其中的第一项，通过低年级的教学应该达到要求。到了中年级，要着重培养学生理解自然段的能力，包括：① 指导学生在自然段中分层；② 教给学生归纳自然段段意的方法；③ 能够抓住重点段进行学习。

(3) 中年级段落教学的思路与方法：

【请你总结】幕府山庄小学特级教师陈义鑫的《珍珠鸟》，引导学生三进文本即个人试读、指名轮读、全班齐读，后提出问题：初读了课文你知道了什么？伴随学生回答，教师相机板书几个重点词"送、出生、淘气、接近、养、睡觉"，之后引导学生重新排序，并要求学生每人根据一个重点词说一句话；之后又提高要求将六句话连起来说，最后拔高为用一句话概括文章的主要内容。

读过案例后，请结合自己的教学或阅读实际概括归纳文章主要内容的方法，并进一步思考如何根据学生的年段要求和年段特点训练学生的概括能力。

新课改背景中，中年级段落教学的思路与方法主要可归纳为以下几点：

第一，依照学生的认知特点和任务要求，灵活变化分段、归纳段意的练习形式。分段、归纳段意在新课改的背景中，内涵和外延都扩大了，不再是大纲要求的从三年级开始训练，也不应采取单一的训练形式，而是应发挥其在理解课文和训练思维方面的重要作用。教学时，教师应结合学生的特点，找准最近发展区域，灵活设计各种有效的形式进行训练。否则不顾学生的认知特点和任务要求，盲目拔高小学生的思维水平或由教师包办代替，抄给现成的段意，都将失去训练的意义。三、四年级的学生正处于由形象思维为主向抽象思维为主过渡的关键年龄期，因此，这一阶段的教学就应提高思维训练的要求，加强分析、概括等思维能力的培养，开始注重抽象思维能力的训练。譬如，在教《雾凇》(苏教版第七册)时，也同样问哪一部分写了雾凇的样子？哪一部分写了雾凇的形成？对四年级的学生来说这样问就降低思维的要求了，应反过来问，也可以将两种方式结合起来进行。举例如下。

南京师范大学附属小学吴玲老师是这样处理这个环节的：

师：《雾凇》哪一部分写了雾凇的样子？

生：(齐)第一自然段。

师：哪一部分写了雾凇的形成？

生：（齐）第二自然段。

师：还有一个自然段写了雾凇的什么？

生：（齐）雾凇的美。

另外，中、高年级学生的自读要求提高了，分段、归纳段意还是自读设计的重要手段。要强调的是，对于分段结果只要与其选择的角度和标准相符合即可，对段意的归纳只要抓住要害，比较全面就可以了，允许“百花齐放”，不搞“标准化”。即从小语姓“小”的实际出发，抓住文章是如何“传意”的这一中心环节，采取注重积淀、淡化抽象概括和归纳、重感悟、重内化、缓分段、不求“准”的策略，走出段落教学的误区，给孩子们认知能力的提高留下一片广阔空间。

第二，段落教学时应遵循不同教学内容的特点和需要，并抓住重点段进行。由于每篇课文的要求不同，在单元里的地位不同，课文的题材、体裁、表达方式也不同，因此，段落教学时必须考虑到内容的问题。小学语文教科书中涉及很多文体，教学时应有所区别，不能一刀切。比如说明文、议论文，逻辑性强，探明作者的思路是教学重点，分段往往能清晰地看到这种思路，逻辑思路的图式的获得容易发生迁移。文艺类文体不适合做精细的划分，也缺乏精细划分的科学依据，因此，让学生按自己的理解，做模糊划分即可。

对于课文中那些在表达思想内容上或体现艺术特点上具有特别重要意义的段落，内容隐晦、精深、难度较大的段落，则更应引导学生认真研究、讨论、辨析，从内容到形式，由浅入深，由表及里，对其进行全面、深入地理解。教师既要长于分析又要善于归纳，注意把学习方法、把规律性的东西教给学生。使学生能够把它们变为自己的东西，期待学生能将这些知识运用到阅读和写作上。

教学过程中应强调重点段，把课文分散的知识点集中在重点段中学习，读懂重点段的意思，就更能理解整篇课文的意思；读懂段的层次、表达方法，就更能把握全篇的中心和写作特色。长文短教，教学的时间减少，但效率却不低。如苏教版小学语文四年级下册的课文《沙漠中的绿洲》中有多处表现了“阿联酋人民侍弄花草树木非常精心”，找到相关段落，细细品味、思考，便能明白他们为什么那样爱护花草树木，明白“沙漠中的绿洲”的内涵。

第三，灵活变化形式，和多种训练相结合。为了符合教学实际，新课程视域下的段落教学形式应该更加灵活，而与其他训练相结合进行，既能达到段落教学的目标，又能够使得学生其他方面的能力得到锻炼。

常见的方法如下：① 学生自读课文后自己列提纲。② 教师向学生提供小标题，学生找到与它对应的段落。③ 与提问题的方式结合进行，提一个问题，里面分出几个小问题，相应就是分几段。教师列出问题，让学生用回答的办法进行分段教学。④ 依据学习内容实际，在阅读教学中兼顾段落写作。中年级的阅读教学不仅要引导学生理解文字内容，更要引导学生通过对课文的分析向运用过渡，阅读是手段，运用才是目的，教师不应割裂地对阅读或写作进行指导。⑤ 和朗读训练相结合进行，可以让学生从某处读到某处，以此暗示学生这是一大段，让别的学生接着读，告诉他读到哪里，暗示这又是一大段，学生可以边读边想，这一段讲了什么，这样能逐渐培养学生的概括能力，训练他们的逻辑思维能力。例如，于永正在教授《翠鸟》一课的一个教学片段：

（指名读第一自然段。）

师：我听出来了，写得不错，翠鸟们，这一段是写你们什么的呢？

生：外貌。

（指名读第二、三自然段。）

师：我又听出来了，这两段也写得不错啊，这两段又是写你们什么的呢？

生：写我们怎样捕鱼。

（指名读第四自然段。）

师：这一段又是写你们什么的呢？

生：写我们住在哪里。

师：噢，也就是说住处。写得真好啊，先写了你们的——（外形），再写了叼鱼的本领，还有——（住处），我下面呀，还得加上一段，让大家都来保护你们。

(4) 段落教学中还应澄清的几个认识问题：① 段落是文章内容的重要组成部分，分段、总结段意是理解课文本身的需要，是发展概括能力的需要，划分的结果又是学生理解的结果，所以不同的理解应该有不同的层次划分；反过来，层次的划分又会深化学生的理解，这种需要与功能是客观存在的。② 文章本身是一个整体，分段是一种假设，它的确定主要是服从于课文的特点和学生自己的理解，是学生思维的一种现实，多种假设正是多元化思维的现实。从这个角度看，在分段过程中，学生的分歧越多就越有思维训练的价值，统一化的分段要求，不但不利于对内容的多种理解，还消解了这种思维的教育价值。教师的理解或参考书的规定，只不过是分段的一种思路而已，分段教学中应多鼓励学生按自己的理解划分段落、理解内容（尤其是一些文学性较强的文章），如果教学能做到这一点，它的教育内涵就大大被拓展了，也会因此成为教学中一个不可或缺的教学环节。③ 至于归纳段意，是在分段的基础上，将较大的逻辑停顿的大意概括一下。这种概括能力是一个逐步训练和养成的过程，不必非得用教师的或参考书上的精确概括来制约学生的概括，如果那样，这一环节的教育价值就要大打折扣。时间长了，学生就不再自己概括了，而是等着老师把标准段意说出来，自己抄下来就行了。用考段意的方式来维持学生的听课态度和教师的权威，这就错上加错了，这一点我们曾经走了弯路，要吸取教训。归纳段意不管是用书上的语言还是学生自己的语言，不管语言啰唆还是凝练，我们都要先听听学生的归纳，然后再给予指导修正。对学生来说，这不但是思维的训练还是语言的训练，更是信息的处理和把握能力的训练。对老师而言，首先是一个教学观念问题。学生的答案好比“爱因斯坦的第一个板凳”，离老师的要求虽比较远，但却是自己努力的结果，而老师的答案虽精致但不是学生的。

指导学生归纳段意，侧重锻炼学生迅速准确把握信息的能力；指导学生修改自己归纳的段意，还是书面语的运用能力训练。

4. 朗读教学

与低年级比较而言，中高年级朗读内容的文体和学生特点都有变化，朗读的功能也更加多元，除了理解和感受功能外，其他如线索功能、手段功能、表达功能、评价功能以及多种功能的合一，因此，朗读教学应更丰富、更有针对性。

请结合自己的教学想想，阅读教学时哪个教学环节需要朗读？要发挥朗读的哪种功能？试图达到什么目的？学生读完了该如何评价？

从中年级开始，不是所有的文体都适合朗读，都非要用朗读的形式来进行不可的。我们在听课中发现，有些老师不顾文体的特点，常常是“反复进行朗读—分析—朗读”，一节课下来，除了学生的朗读和教师的分析，几乎看不到思维的交流与碰撞。因此，中年级的朗读教学应注意以下方面：

（1）中年段的朗读仍然重要：要合理安排好朗读与默读、诵读及浏览的关系。中年级朗读教学固然重要，但默读、诵读、浏览等方式也要逐渐加重分量。中、高年段，记叙类、说明类甚至议论类文章多了起来，教学时，应充分考虑文体特点，适时选用合适的方式。相对来说，记叙类的课文大都描写细腻，感情丰富，较为适合安排朗读任务，尤其是对其中一些描写优美的语句，议论性、抒情性的文字，对理解文章中心起关键作用的语句段落等，需要重点读，反复读，“读得有一种豁然开朗的感觉”，有一种“柳暗花明又一村”的感觉。至于说明类、议论类文章对朗读的处理就更要慎重了。总体上说，对这两类文体的处理，默读、浏览有时比朗读更重要。以说明类课文为例，这类课文教学要完成的一个重要目标是学习相关知识，培养学生的信息把握与处理能力。

一位老师教学《恐龙》（苏教版三年级下册）第二自然段的大体思路是：教师播放恐龙录像，然后是教师范读，学生自由朗读、齐读，最后让学生说说自己喜欢的恐龙的形态特点，并朗读相关内容，朗读在教学中贯穿始末。

笔者还有另一种教学设计，思路大体是：布置学生迅速浏览第二自然段，将出现的四种恐龙的名字在相应的插图上标识出来。这一任务完成后，再给学生五分钟时间，重点默读描写四种恐龙的内容，抓住各自特点。之后合上课本找同学来描述。最后，让学生重点朗读描写四种恐龙的有关句子，在朗读中体会所用说明方法的好处，教师可以在需要强调的地方进行指点、评价、要求反复读。

（2）老师的指导和评价需结合起来：于永正老师曾说：“课前，老师要和教材‘对话’，把教材读懂，掌握好，把文章所表达的意思、感情体会出来，并能通过朗读表达出来。这一环是关键，不把课文朗读得声情并茂，我是决不罢休的。每一篇课文都有它的感情基调，课文的感情基调决定了老师上课时的感情基调，这是课前的工夫。进入课堂，则是三者对话，更多的是在老师组织、引导下，让学生和教材对话。这时，我关注得最多的不再是教材、教案，而是学生。”整个教学过程中，学生的朗读和老师的示范、朗读技巧的指导、评价等是分不开的。需注意的是，老师对学生的评价要针对学生的差异，以鼓励为主。

《夜宿山寺》中有一学生把“不敢高声语，恐惊天上人”读得响亮高亢，另一学生却读得低沉轻缓。

师：你能说说为什么把这句读得这么响亮吗？

生：因为作者登上这样高的楼，心里一定感到特别的骄傲和自豪，所以读的时候声音必须高一些，才能把内心的感情表达出来。

师：你体会到了作者当时的心情，说得很有道理。

师：（对另一学生）那么你能说一说为什么把这一句读得这么低沉吗？

生：因为连高声说话都担心惊动了天上的人，所以读的时候必须把声音压低，才能把诗里要表达的感情表达出来。

师：你是从诗的感情来考虑的，说得也非常有道理。同学们能从不同角度想问题，而且有充足的理由来说明自己的观点，这是你们的一大进步，老师很欣慰。下面大家按自己的理解来朗诵这句诗。

(3) 更加科学地选择多种朗读方式：

逻辑引读。逻辑引读是通过读来理解课文内容的一种朗读方法。在学生朗读课文的时候，教师进行引读或插话，学生根据教师铺垫性的引读和读中的插话朗读课文。引读的形式主要有四种，即提示式、提问式、插叙式、添词式。

《第一场雪》就可运用此法进行教学。

师：(提问式)这是入冬以来的第几场雪？

生：(读课文)这是入冬以来的第一场雪。

师：(提问式)雪下得怎样啊？

生：(读课文)雪纷纷扬扬，下得很大。

师：(提问式)开始——

生：(接课文)还伴着一阵小雨。

师：(提示式)不久——

生：(接课文)就见大片大片的雪花，从彤云密布的天空中飘落下来。

师：(添词式)是呀，雪下得太大了，所以——

生：地上一会就白了。

师：(分析提问式)作者从外形上直接描写了雪大，然后又通过声音来间接地描写雪大。作者是怎样写的呢？

生：冬天的山村，到了夜里格外寂静……

听读欣赏。此法的教材由文字教材、配乐朗读磁带、音像图片组成。音乐是根据文字教材内容创作或选配的，磁带程序是每课三遍，第一遍配乐朗读，第二遍单纯朗读，第三遍单纯音乐，便于教师在教学过程中的不同阶段选用。其教学过程可分为四个阶段：① 第一阶段，以听为主，感知课文内容。教学在一段片头音乐中开始。教师提示课题之后，引导学生从整体感知入手，听配乐朗读的有声教材，同时看相应的幻灯片。② 第二阶段，读文字教材，理解课文内容。首先，教师提出问题，引导学生一边听无配乐的录音，一边轻声跟读课文，借助录音的表现力、感染力，帮助学生理解课文内容。然后，再让学生各自小声地自由读课文。最后是读后的交流。③ 第三阶段，品味欣赏，领悟课文。此时，听单纯音乐，在配乐声中自由朗读课文，教师要在欣赏艺术上对学生进行指导，要求学生做到"情到"，即眼睛有神情，面部有表情，声音有感情。配乐自读课文后进行交流，这是全课学习的高潮。④ 第四阶段，整体欣赏，把握全课。在这一阶段，再次放配乐朗读录音，打出幻灯片，整体欣赏，也可放纯音乐录音，让学生在音乐声中感情更投入地朗读，有的课文也可在配乐声中分角色朗读。上述几个阶段是互相联系的，听、读、欣赏贯穿全过程，只是各个阶段各有侧重而已。

添词品读。人物语言是人物思想性格、情感心境的直接表白，课文中的人物语言一般都有表示语气或情态方面的提示语，教师指导朗读时，应着重理解和体会这些提示语的内涵。但对于那些没有提示语的人物语言，要想做到准确、有感情地朗读就有一定的难度，此时，教师可采用添词法指导学生朗读。

一位教师上《草船借箭》一课时就引导学生运用添词品读法。

周瑜：（明知故问）……用什么兵器最好？

诸葛亮：（故意）用弓箭最好。

周瑜：（暗自高兴，趁势追逼）对……希望先生不要推却。

诸葛亮：（已有察觉，有意）当然照办。

周瑜：（迫不及待地）先生预计几天可以造好？

诸葛亮：（胸有成竹地）只要三天。

周瑜：（掩饰不住内心的狂喜，威胁）军营里可不能开玩笑。

诸葛亮：（泰然自若地）从明天起，到第三天，请派五百个军士到江边来搬箭。

教师结合课文的朗读指导，别出心裁地设计这一练习，体现了朗读向积词、造句、作文的方向渗透和沟通。

变式品读。在讲读课文中，教师有时可通过变换语调语气来朗读课文的语句，让学生进行比较品味，这是品词赏句的一种较好方法。如《瀑布》的最后一节描绘了瀑布的形态："好伟大呀，一座珍珠的屏！时时来一阵风，把它吹得如烟，如雾，如尘。"这是作者对瀑布的由衷赞美，也是收束全诗的神来之笔。作者妙用一组比喻"如烟，如雾，如尘"，写出水珠被风吹散飞扬时的动态，如轻烟袅袅上升，如迷雾朦胧一片，像细尘纷乱飘落，形象含蓄而富有神韵。教学中，一位教师首先采用自由吟诵的形式让学生初步感知风中瀑布的美姿。接着重点指导学生有感情地朗读。在指导诵读"把它吹得如烟，如雾，如尘"这句时，让学生按顿号和逗号两种不同的标点法朗读，进行对比分析，想想使用哪种标点朗读更恰当，使学生体会到用顿号停顿短而均衡，语调显得平淡；用逗号，声音轻而舒缓，能读出作者看得出神入迷的样子。最后，再让学生随着优美动听的音乐，表情朗读，口诵心惟，从内心深处真切地欣赏瀑布的缥缈、朦胧、纤美，沉浸在美的享受之中。变式品读主要是变换语气语调语速等。又如《鸟的天堂》末句："那'鸟的天堂'的确是鸟的天堂啊！"若以陈述的语调变换，作者那种直抒胸臆的情感则难以表达出来。通过比较变读，学生就能更好地领会作者遣词造句的精妙。

手势导读。教师范读后再让学生体会试读，这无疑是一种直接指导学生的好方法。老师在学生仿读时，还挥动手臂，像指挥合唱打拍子一样引导学生入情朗读。如学生在读到动态描写处教师手势如波澜起伏，静态描写处手势平柔缓慢，学生则随着教师变化的手势或急促高起，或轻缓道出。教师在范读的基础上以手势导读，使学生不仅闻其声，而且睹其形，进而入情入境地朗读，使朗读达到了一种较高的境界。

推荐朗读。包括众荐式读和自荐式读。前者是教师让学生推荐班里读得最好的一个同学读，被推荐者既是公认的"朗读明星"，他自然要格外投入，发挥其最佳水平，以不负众望。后者是毛遂自荐朗读。教师可用激将法提问："谁敢说自己是班里读得最好的？"在教师的"读得最好""最高水平"的"悬赏"之下，则多有"勇夫"自荐朗读，这种形式能较好地激发学生主动参与的积极性。

除了上述这几种朗读方式外，其他还有很多，如自由朗读、轻声读、分合读、打擂台读、领读、分角色读、开火车读等。

5. 默读教学

到了中年级为何要加强默读？默读与朗读相比具有哪些优点？只有把这个问题弄清楚了，设计时才会坚定不移，否则其优势很容易被热热闹闹、书声琅琅的朗读所遮蔽，尤其是新课改后。

(1) 默读能力的发展阶段：小学生的默读能力是在朗读的基础上形成和发展的，可以分为三个阶段：① 明显的嘴动阶段。初学默读的儿童受朗读的影响，虽然努力想不出声，但嘴唇还是不断地动，仍会发出轻而急促的声音。儿童不能直接把看到的文字转换为意义，须经小声朗读才能领会意思，它的机制仍是目视—口诵—心惟，朗读的模式仍在起作用。② 潜在的嘴动阶段。经过一段时间训练后，儿童可以做到嘴唇不动，也不发出声音，但喉头肌肉仍在做发音样的活动，成为"默朗读"。默朗读虽然不出声，但阅读速度难以提高。③ 嘴动消失阶段。这个阶段，儿童逐渐扩大知觉单位，根据上下文意义，不待端详每个字的细微部分就能从整体上感知这个字，阅读速度加快，并能根据需要进行默读。

据我国心理学工作者在较大范围内的抽样调查表明，小学儿童默读能力发展的阶段性表现明显。小学低年级学生尚无默读能力，默读能力发展于中年级。嘴动现象的消失，城市儿童与乡村儿童有差异，前者大多在五、六年级消失，而后者大抵要迟一年。在默读能力发展过程中，理解和速度成正相关，即阅读速度比较快的，理解也比较好。但是，这并不意味着阅读速度可以无限地加快。因为要求过快，儿童就来不及理解所读材料的意义。实验证明，阅读速度太慢或太快都影响理解。阅读速度太慢，容易出现一些不相干的念头，反而受到干扰。调查表明，我国小学高年级比较适宜的阅读速度是每分钟 250～300 字。

(2) 默读教学的思路与方法：根据课标要求，一进入二年级就可以进行默读训练。总体上要做到"三到"，即眼到、心到、口到。

① 轻声带读法。在开始默读训练时，可采用轻声带读法，即教师轻声朗读，学生眼看课文，切勿出声。一开始就要提醒学生不要用手指着文字。② 选择恰当的材料。低、中年级训练时，宜选用儿童感兴趣的故事和童话(记叙文)，初学阶段一般不选用诗歌。③ 默读要强调边读边思考，可在默读前布置一些要求，使学生有目的进行，如要求复述内容、回答问题、分段和概括段落大意等。有了要求，学生默读时注意力更容易集中。中年级默读，可要求边读边画出重点词句和自己疑惑的问题，以提高默读的效果。

对中、高年级的学生来说，默读和朗读同样重要，到了高年级默读的重要性在一定程度上要超过朗读，当然，这种比较和说明没有多大现实意义，因为朗读和默读的使用一旦纳入到课堂教学中，其内涵和外延，要取决于教育性和教学特殊性。不能因为突出朗读的功能，而遮蔽了默读的作用，如何在中、高年段阅读教学中将朗读和默读结合起来，发挥其效力，是一个值得思考和研究的问题。

（二）中年级常见体裁阅读教学的思路与方法

1. 记叙文的教学

记叙文以记叙、描写为基本表达方式，以记人、叙事、写景、状物为主要内容的一种文体样式。它以记叙、描写、抒情、议论为主要表达方法。常用的人称有两种：第一人称和第三人称。常用的记叙方法有顺叙、倒叙和插叙。描写的方法，常见的有人物外貌、语言、行为、心理描写；另外还有细节描写和环境描写。通过具体生动的形象来反映生活，表达作者的思想感情。作者的观点、倾向、思想、情感都是通过对具体的人、事、景物的记叙、描写来体现的，不像议论文直接表达出来，主要表达手法是记叙和描写，但也有议论和抒情，不过是为记叙和描写服务的。在小学语文教科书中，这类课文包括的范围很广，写人的、叙事的、写景的、状物的都可归为记叙文的范畴。

（1）记叙文的文体特点：

第一，内容的真实性。“记事文以记述经验为目的，未曾经验的事物当然无从记述。就是有时是根据作者的想象，而所记述的是假设的情景，但想象也不是凭空妄造，需有相当的经验作根据”。记叙文主要通过具体的人物和事物的记叙来反映现实生活和表达作者的思想感情的。

第二，主题的含蓄性。记叙文作者不管是详细记述事件还是形象地描写人物活动，作者的思想感情融化或渗透在具体的记述和形象的描述当中。寄予了作者的思想感情和对生活的独特发现，记叙文的基本主旨和思想倾向及主题，是通过文中的形象情节场面的描述间接体现出的。“让人物、情节环境以自身特有的状貌来自然而然地释放其独有的本质与规律，是记叙文再现或反映社会生活的基本特征之一”。优秀的记叙文往往不多议论，不予释理，只让鲜明具体的间接形象自身来暗示或象征特征特定情感、蕴含某种思想，由于客观事物的复杂性、情感的复杂性，穿插议论画龙点睛夹叙夹议，已获得启发想象与归纳认识相结合的效应。

第三，选材的典型性。基于观察思考能动地反映生活，表达对现实生活的思想感情，为更好表达主体，从现实生活中大量的确凿的事实出发，严格选择素材，精心剪裁题材，更好表达主题，教学记叙文培养学生根据文章主题从现实生活中选材和剪裁的能力。作者写记叙文的基本过程为：从现实生活中大量的确凿的事实出发酝酿文章的主体，进而根据主体需要，确定材料的取舍，确定详略。

记叙文除上述基本特点外，还有以下三个突出特点：① 有一个明确的中心思想。作者歌颂什么、批评什么、赞成什么、反对什么都包含在中心思想里。中心思想有时是直接表达，有时是含蓄间接地表露出来。② 记叙文有独特清晰的思路。围绕中心思想，安排材料，依据一定线索设计文章脉络，排列段落顺序。记叙文思路分为纵向思路和横向思路。纵向思路的记叙文是以时间先后的顺序和事件发展的过程为线索安排材料。横向思路的记叙文是以空间位置的变换为线索安排材料，还有的是以作者对客观事物认识的逻辑推理为线索安排材料。③ 语言以质朴为主又不乏生动形象，富有较强的情感色彩。记叙文中常常综合运用各种修辞手法，更加准确、鲜明、生动、形象而富有感染力。记叙文的作者用文章中的生活画面来再现表现或反映社会生活时，必然对有关的语言进行反复推敲，刻意加工，提炼那些含有形象感的言辞，避免那些抽象的模糊的理性化的言辞。鉴于记叙文的类别，语言特点各有不同，一般说来，新闻性的、传记性的记叙文语言特色在于强化记人具体，叙事简洁，状物准确，行文朴实；富于文艺性的记叙文富有鲜明的形象感。

（2）记叙文教学中应注意的问题：

第一，注意发展学生的语言。教学记叙文是教“语文课”，不是教“文学课”，更不是教“政治课”。因此，教学记叙文要注意引导学生通过语言文字理解文章的思想内容。教学过程中，识字、解词、积累词汇、理解句子、造句、分段、概括段意，以及正确、流利、有感情地朗读、复述等一系列活动，都要把发展学生的语言和发展学生的观察、思维、想象等紧密地结合起来，使学生会运用语言表达自己的思想，打好初步的读写基础。发展学生的语言有一个循序渐进的过程。小学低年级的记叙文教学，尽管课文中出现人物形象，但不必着重人物的分析，而应把生字（词）的教学放在重要的位置。对课文中一些形象性的语言，要注意体会，并让学生多练习运用。此外，言语活动中教师应引导学生充分运用课文中生动、优美的词语，进而丰富学生的语言。小学中高年级的记叙文教学，要注意通过多种途径让学生充分理解文章的语言，可通过对人物和结构的分析，让学生了解作者怎样运用精确、恰当、生动的语言来刻画人物形象、描写完整的事件。还可通过各种形式的词句练习，加深学生对课文中语言的理解。但安排练习，不能仅仅满足于让学生将词语抄写多少遍，必须要有明确的目的性，要使学生真正懂得怎样运用丰富的语言正确表达自己的思想。

第二，注意学习课文的思路。一篇记叙文怎样组织，怎样安排，一段话里句与句之间的关系、一篇文章里各个段落之间的联系等，都是作者记叙时思维的路径。为了使小学生所写的记叙文做到“条理清楚”，就要在记叙文教学中引导学生沿着作者的思路去理解课文内容，从而训练小学生的逻辑思维能力。学习课文的思路，可从分析课文的结构入手。最好采用先由整体到部分，再回到整体的分析法。具体步骤是先让学生对文章有一个全面的领会，再一部分一部分地阅读并加以分析，使学生在熟悉每一部分的基础上，使之系统化，也就是再回到整体上去，形成完整的认识。这样有利于学生透彻地理解课文，了解课文的思路。教学时，不仅要一篇一篇课文去进行训练，还要注意在单元基础上和打破单元重新组合课文的基础上进行。让学生从各个方面去了解认识生活的方法，写文章的时候才能真实地表现和反映生活的本质。

总之，文章的思路不仅仅是表达技巧的问题，它和作者的思想有很大关系。目前小学生的作文中，有的不会分段，有的前后重复或前后矛盾，主要是学生思路不清造成的。因此，记叙文的教学要从全局着眼，具体入手，结合课文，从学生的实际出发，注意学习课文的思路，扎扎实实地打好学生的读写基础。

第三，让学生掌握分析人物的基本方法。记叙文里人物的思想主要是通过人物的动作、语言、外貌、心理等多方面来表现的。因此，教以记人为主的记叙文，只有通过对人物形象的细致分析，才能把握课文的主体思想。教以记事为主的记叙文，也不能离开对人物的分析，因为事是通过人做出来的，揭示了人物的精神面貌，才能把握事情的思想意义。① 人物的外貌、心理的分析。人物的外貌往往随着思想和心理的变化而变化。例如《金色的鱼钩》，写老班长因为“我”心情沉重不肯喝鱼汤时，他“收敛了笑容，眉头拧成了疙瘩”；后来“我”含着泪咽下了鱼汤；“老班长看着我们吃完，脸上的皱纹舒展开了”。这就清楚地说明心理的变化引起了面部表情的变化。心理描写是把人物内心活动直接描写出来。如《我的战友邱少云》，当“我”看到邱少云被大火焚烧时，文章写到：“我的心绷得紧紧的，担心这个年轻战士忍受不了，又不忍看着战友被活活烧死，心如刀绞，眼泪迷糊了眼睛。”这就把“我”焦急而又矛盾的内心活动表达出来，从而烘托出了邱少云当时的处境。②人物的动作和行为的分析。人物的行动是表现人物性格的重要手段。例如，《少年闰土》描写月夜里“一个十二岁的少年项带银圈，手捏一柄钢叉，向一匹猹尽力刺去，那猹却将身一扭，反从他胯下逃走了”。这一动作的描写，把少年闰土敏捷、活泼的形象准确地描绘出来，给读者留下了深刻的印象。凡是读过鲁迅《故乡》这篇小说的人，一提到少年时期的闰土，就会想到他在瓜地刺猹这一动作。③人物语言的分析。分析人物的语言，可以帮助学生了解人物的心理特点和思想。④人物周围环境的分析。人是生活在一定的社会环境和自然环境中的，人物的语言、行动、心理都与环境分不开，都要受到环境的影响。环境有社会环境和自然环境。社会环境的描写，即关于作品主人公与其他人物的关系和形成事件发生发展的环境描写。自然环境的描写也是显示人物性格的重要手段。例如，《月光曲》描写“月亮正从水天相接的地方升起来，微波粼粼的海面上，霎时间洒遍了银光。月亮越升越高，穿过一缕一缕轻纱似的微云。忽然，海面上刮起了大风，卷起了巨浪，被月亮照得雪亮的浪花，一个连着一个朝着岸边涌过来”。这一段想象中的景物描写，表达了月光曲的内容，揭示了贝多芬在创作这一曲时洋溢在内心里时而平静、时而激昂的感情。⑤ 情节分析。情节是人物与人物发生关系所产生的一系列的事情。教学时，要抓住课文的主要情节，分析人物在某一事件中的态度、表现和作用，它是展示人物性格的关键。情节有“交代”“发生”“发展”“高潮”“结果”这五个基本组成部分。

在小学教材里，由于篇幅比较短，不一定每篇都有这五部分，教学时，注意扣紧事情的因果和时间的关系，对事情发生的顺序和发展过程进行分析就可以了。以上是分析人物的一般方法，要说明的是，在分析某篇课文的人物时不一定全都用上这些方法，应该从教材及学生的实际出发，抓住一两项来进行分析。在这些方面处理得好，可以使学生学有重点，学有所得，避免讲得过多过杂。什么都讲了，但学生印象不深，教学效果也不会太好。在小学阶段学习怎样分析人物，目的是为了学习课文的语言和思路。小学生学写记叙文，要求能真实反映自己的所见所闻，而不是为了塑造什么人物形象。因此，教学的时候，要透过人物的分析加强语言的学习和思维的训练。同时要根据学生的年龄特点和知识水平去分析讲解。

2. 诗歌的教学

小学语文课本里还选了不少诗歌。诗歌是诗和歌的总称。现行小学语文课本里选有古诗、现代诗、儿歌、歌词等。诗歌的特点，在于它有强烈的抒情色彩和丰富的想象。“没有激情，也就不会有诗”，这是诗歌的一个明显特点。诗歌的特点，还在于它的语言是精练的，韵律是和谐的，节奏是鲜明的。此外，运用比喻、排比、对偶、拟人、夸张等修辞方法和象征、烘托等表现手法，也是诗歌的一个特点。正因为诗歌具备以上的特点，所以诗歌的教学可以丰富学生的情感，发展学生的想象力；可以对学生进行美的教育，发展学生的审美能力，并有利于朗读和背诵的训练。那么，诗歌的教学应注意哪些问题呢？

(1) 要注意引起学生的想象：小学课本里的诗主要有两种抒情的形式，即写意的诗和写景的诗。由于某些诗的行与行之间有着较大的跳跃，在教学时，要注意启发学生通过想象把其中的空白填补起来或者凭借想象加以连接，从而获得全首诗的完整形象。用比喻方法写成的诗句，需要引导学生想象比喻的事物和被比喻的事物的形象的联系；用夸张的手法写成的诗句，需要让学生想象出被夸张的事物所表达的激情；还有许多诗句写得很含蓄，这就特别要借助于想象来挖掘它的深刻含义；运用象征手法的，则要弄明象征的意义；以细节描述来表明诗人细腻的感情的，则要抓住细节的描写，想象诗人的感情。

(2) 要认真学习诗中精练的语言：诗歌是高度集中反映社会生活和自然景物的作品，所以它的语言不仅要求具有鲜明的形象性，而且要极其凝练和准确，这对发展学生的语言很有帮助。因此在讲解分析一首诗歌的时候，既要根据诗的内容的不同，采取不同的方法激发学生产生与诗歌内容相应的感情，又要注意抓住作者的构思和语言，特别是诗里的警句和妙语，也就是平常说的"诗眼"。只有抓住了诗歌中感情色彩浓厚、思想含意深刻的词语进行讲解，才能把诗歌中饱含的感情挖掘出来，把含蓄在语言文字中的道理阐发出来，从而使学生受到感染，受到教育。例如，王安石的《泊船瓜洲》中"春风又绿江南岸"这一名句，一个"绿"字生动而又形象地把春风使江南岸披上绿装的整个过程写活了。又如《登鹳雀楼》这首古诗中，"欲穷千里目，更上一层楼"是千古传诵的名句，它不仅把作者王之涣对祖国山河壮丽的热爱之情溢于言表，而且饱含意味无穷的哲理。像这样的警句、妙语，在诗歌的讲解中就应紧紧抓住，帮助学生深入领会诗歌语言的特色。

(3) 要加强朗读的训练："诗是有声的画"，因此，加强诗歌的朗读教学是很重要的。通过朗读可以帮助学生理解诗中的图景和情感，借以增强诗的教育效果。但学生必须在理解诗的内容之后才能读得有感情。因此，不能只从朗读的形式上去要求学生，如个人读、小组读、全班读等，一定要有指导。例如，《夜营》开头一节是这样写的："我们挥手送走了夕阳，晚风吹来阵阵花香，野地里搭起白色的帐篷，安排好少先队的营房，在山坡下，在草地上，在小溪边，在大树旁，鲜艳的红领巾在欢跳，愉快的歌声在荡漾。"这几句诗初读起来很一般，很容易把它当做一般的描写而放过去。其实，这几句诗，是少先队员参加夜营时愉快心情的反映。有经验的教师绝不会让学生读两遍就过去，一定会问问学生当少先队员在野地里搭起白色帐篷的时候，他们的心情是怎么样的？通过这一问，就很自然把夜营的生活和孩子们的心情联系起来了，不仅使学生从客观的描述中看到了人物的思想感情，就连这些事物的现象"夕阳""晚风""山坡""草地""小溪""大树"等也充满了欢乐的气息。少先队员第一次参加野外生活，所以情绪是饱满的，心情是愉快的。他们这种洋溢在内心的激情，经这样一问，就从生活的现实中体现出来了。如果学生理解了这一点，朗读的时候，语调一定会显得轻松、活泼、欢快而有节奏。如果在启发学生想象之后还读不好，就不妨把读不好的地方多练几遍，这时，教师的范读是很重要的。学生可以从教师的范读中展开想象，领会诗的意境，加深对诗的理解。诗歌课文，大部分的课后作业题都有背诵的要求，有的还要求练习默写和听写。背诵前应先引导学生有感情地朗读，逐步做到有感情地背诵。

三、中年级阅读教学的评估

(1) 中年级朗读的评估：主要突出学生流利的朗读。流利指通顺流畅，速度适中(每分钟 150～180 字)。能根据书面标记做停顿，有轻重缓急。评价的主要方式仍然是口试。

(2) 中年级阅读理解能力的评估：评估内容主要有两点：一是关键词句表情达意作用；二是把握课文的主要内容，体会主题思想。主要评估方式是测验，以主观题为主。另外，在测试题编制时，不仅要注意考哪些知识点，还要注意选文的可读性、内容的新颖性、深刻性等的关注。

(3) 中年级课外阅读的评估：也可以设计阅读活动单(表 6－4)。

表 6－4　中年级课文阅读活动单

<table>
<tr><td colspan="4">班级：________年级________班________号　姓名：________
阅读日期：________年________月________日</td></tr>
<tr><td>这本书的书名</td><td colspan="3"></td></tr>
<tr><td>写这本书的人</td><td></td><td>画这本书的人</td><td></td></tr>
<tr><td>印这本书的出版社</td><td colspan="3"></td></tr>
<tr><td>我在这本书中学会的新词</td><td colspan="3"></td></tr>
<tr><td rowspan="3">我最喜欢这本书的几句话</td><td colspan="3">1.</td></tr>
<tr><td colspan="3">2.</td></tr>
<tr><td colspan="3">3.</td></tr>
<tr><td colspan="4">我会画出故事里的图：</td></tr>
<tr><td colspan="4">我会把这个故事说给爸爸、妈妈听：
爸爸、妈妈的勉励：
家长签名：</td></tr>
</table>

四、请你来做

案例分析：全国著名特级教师霍懋征十分注意古诗教学，她教得活，教得巧，如《望庐山瀑布》，她只花了十分钟就圆满地完成了教学任务。阅读后请结合案例具体分析并回答以下问题：

(1) 霍老师为什么只花了十分钟就圆满地完成了教学任务？

(2) 读了这个案例后在古诗教学方面你有何收获？

师：我们学过许多首李白的诗，谁能背？注意每人背一首，不要重复别人背过的诗。

(学生争着背诵，积极性很高。背了《静夜思》《赠汪伦》《早发白帝城》《望天门山》《独坐敬亭山》等。)

师：大家背得都很熟，今天我们再学一首李白的诗。

(板书：望庐山瀑布。)

师：谁来讲课题的意思？

生："望"是看的意思，题目是说看庐山的瀑布。

师：什么是瀑布？谁看见过？

生：我在泰山上看见过瀑布，它是从高山上直流下来的水，水流得很急，像倒下来似的，远远地看去像一块白布。

师：是一块铺在桌子上的白布吗？

生：是垂挂着的白布。

师：对，这样说就准确了。一说到瀑布就想到高山，从高山陡峭的地方，水流倾泻下来，远看像一块白布垂挂山前。水很急地流下来，可以用"倾泻"这个词。注意"瀑"字怎样写？

生："瀑"是左右结构的字，左边三点水，右边是暴雨的"暴"字，合起来念 pù。

生：把"暴"字加上三点水，就念瀑布的"瀑"。

师：说得对。齐读"瀑布"。

（学生齐读。）

师：知道庐山在什么地方吗？

生：庐山在江西省，是个风景很美的地方，很多人都到那里去游览。

师：我们一块来学习这首古诗。

（出示幻灯：《望庐山瀑布》 日照香炉生紫烟，遥看瀑布挂前川。飞流直下三千尺，疑是银河落九天。）

师：谁能读一读？

（学生齐读、个别读、教师范读。）

师：你们再小声读读，共同议论一下，看能不能理解诗的意思。有什么问题也可以提出来。

（学生分四人一小组议论。）

生：老师，银河是不是神话中说的，把牛郎、织女分开的那条河？

生：我奶奶告诉我，银河是天上的一条大河。

师：银河实际上是许许多多的恒星，民间传说是天上的一条大河。

生："九天"什么意思？

生：我知道，"九天"是指很高的天空。

师：古人认为天有九层，九天指天的最高层。

（点评：出示幻灯，打出全诗，省时省力，又便于读便于议；组织学生读和议时，突出"银河""九天"，教者肯定正确的认识，纠正错误的看法，使学生对诗句能有更深的理解，既体现了教学民主，又发挥了教师的主导作用。）

生：香炉是烧香的炉子吗？

师：不是，这里的香炉指的是香炉峰。这座山峰的样子像香炉，所以叫香炉峰。你们懂得"日照香炉生紫烟"这句诗的意思吗？

（学生没有举手的。）

师：这句话的意思是，太阳照在香炉峰上，峰顶云雾弥漫，蒙蒙的水汽透过阳光，呈现出一片紫色，好像燃起的紫烟缭绕着香炉峰。多么美丽的景色啊！你们再仔细体会一下这句话的意思，想象一下高高的香炉峰是多么漂亮。谁能讲讲这首诗？

生："日照香炉生紫烟"，是太阳照在山峰上，峰顶云雾弥漫，阳光透过蒙蒙的水汽，好像燃起了紫烟。"遥看瀑布挂前川"，是远远地看去，瀑布挂在山的前边。"飞流直下三千尺"，是水从三千尺高的山峰上很急地流下来。"疑是银河落九天"，以为是银河从高天上落下来了。

师：能讲下来很好，谁还有什么意见吗？

生：我给它补充一点，"川"是河的意思，应该说是挂在山前的河面上。

生：我有一点意见，"三千尺"不一定是个准确的数字，主要是突出山势很高。是不是可以说成是水从很高的山峰上急流下来？

师：讲得好，谁能再讲一讲？

（学生逐句讲。）

师：你们再小声读读，仔细体会一下，诗人写这首诗的目的是什么？

生：通过这首诗，诗人歌颂了庐山瀑布的壮丽景色。

生：诗人赞颂了祖国的美丽河山。

生：诗人赞颂庐山瀑布的美景，实际是抒发作者热爱祖国河山的感情。

师：说得好！你是从什么地方体会出来的呢？

生：我是读出来的。诗人不仅把峰写得很美，而且把瀑布写得十分壮观，好像天河都掉下来了。

生：诗人借景抒情，把景写得这么美，实际上是抒发他的爱国之情。

生：我觉得这首诗写得好，有静静的香炉峰在紫烟的缭绕之中，又有那白色的瀑布从很高的山峰上倾泻下来，发出哗哗的声响。最后诗人赞叹，这好像天河掉下来了。

师：分析得很好。确实，这首诗中有静有动，有声有色，有景有情。我们再体会一下，作者写出了红日、青峰、紫烟和白色的瀑布，色泽鲜明，多么美丽啊！你们在头脑里一定能勾画出一幅绚丽的图画。这首诗，充分表现了庐山瀑布的雄伟壮观，诗人借此抒发了热爱祖国大好河山的感情。你们再小声读几遍，看谁能背下来。

（学生纷纷要求背诵，一般都能当堂背下来。）

师：课后把这首诗抄在你们的抄诗本上。

第三节　中年级习作教学

【动手查一查】与低年级孩子相比，中年级学生的观察特点发生了哪些变化，这对习作教学中引导学生如何观察十分重要，请动手查一查相关资料。

【动脑想一想】杜威一百年前就清醒地指出："教育既然是一种社会过程，学校便是社会生活的一种形式。""学校必须呈现现在的生活，即对于儿童说来是真实而生气勃勃的生活，像他们在家里、在邻里间、在运动场上所经历的生活那样。""现在教育上许多方面的失败，是由于它把学校作为社会生活的一种形式这个原则……这些东西的价值被认为多半要取决于遥远的将来……结果是，它们并不成为儿童生活经验的一部分，因而并不真正具有教育作用。"作为学校教育的一部分，作文教学为什么没有起到应有的促进作用，有时还起了反作用？为什么在作文训练中学生表达的兴趣一点点消失掉了？学生的作文为何内容干瘪，语言僵化？所有这些问题我们都可以归结到对一个问题的思考上，即生活与训练本身是包含和被包含的关系，为何两者会处于隔离状态？新课改背景中这一问题尤其应引起我们的思考。

【动笔写一写】中年级的习作和写话相比有哪些变化？教学设计时应该如何体现？

一、中年级习作教学设计的思路与方法

(一)中年级学生的心理特点

根据中年级学生的写作心理,此时处于写作的过渡期。因为,这一时期的小学生,脑细胞神经联系已经非常复杂了。心理学研究表明,一般人的智力发展,在8岁时就达到17岁的80%,其余的20%是在8岁以后发展的。这一时期,小学生由以具体形象思维为主要形式向以抽象逻辑思维为主要形式过渡,但仍有很大成分的具体形象性。中年级是小学生思维发展的关键期,到四年级下学期末,大多数小学生借助于他们智力的分析和综合,能把以前积累起来的概念加以概括,不仅判断的数量在增加,而且这些判断中的直观因素也被压缩到最小量,对于客体的关系也能或多或少地根据本质联系加以证明。

此时期的写作,教师宜于营造自由表达的气氛,鼓励学生自由地写下见闻、感受和想象,写出具有个性化的生活经历。教师可以不对学生设置条条框框加以限制,让学生不拘文体,甚至不必成文地写。这时候,习作教学的主要任务是培养学生的写作兴趣,培植习作的自信心,使他们乐于动笔,享受表达的成就感。

(二)中年级学生写作能力发展的特征

中年级称为习作的过渡期,表现特征为:会写一个场景、一个人的肖像或一件简单的事等,篇幅加长,懂得写文章的难度;出现个别差异,有了不会写文章的学生;基本完成从口述向笔述,从句、段向篇的过渡,开始注意文章的构思;转变的趋势表现为从不切题到切题,从不能分清段落到分清段落,从写简单句到写比较复杂的复句等。

就儿童的口头与书面表达发展进程来看,三年级开始,由于系统地进行书面表达的训练,儿童的整体表达能力已得到迅速地发展。中年级书面表达已渐渐赶上口头表达的发展,除篇幅外,修辞、表达方式、篇章、内容以及总体水平均相近,无显著差异。

如果说低年级写话是"我手用我口",那么中年级则是"我手写我口",对这种说法你如何理解?

(三)中年级习作教学的一般思路

由上可知,中年级书面表达已渐渐赶上口头表达的发展,也就是说,书面表达已逐渐替代口语表达,成为中年级学生表达一个完整意思的主要形式。课标要求,明确习作教学的年段目标,3~4年级应在低年级段写话的基础上进行作文起步训练,以片段教学为主,不拘文体,不必成文,让学生自由地写下见闻、感受和想象。同时提出用简短的书信、便条进行书面交际的要求。

设计中年级习作时,应关注这样几个重点:一是学会在观察中积累、表达;二是由仿到创,循序渐进;三是表达时可以片断要求为主;四是讲求表达的自由与真实。因此主要设计思路就是与观察结合,由仿到创进行设计。根据文题的需要,在可能的条件下可采取"观察—思考—学范文—再观察—仿写"的步骤,其中观察后思考所产生的矛盾,将成为学生研读范文,细致观察,获得更丰富的材料和方法,努力写好文章的动力。

你认为模仿重要吗？教学中如何处理这一问题的？

模仿是学生作文的心理需要，是教学的必要手段。任何学习，开始时都离不开模仿。朱熹指出："古人作文作诗，多是模仿前人之作。盖学之既久，自然纯熟。"就模仿与创造的关系来说，模仿是创造的基础，没有模仿就没有创造；而在创造中也难免带有模仿的痕迹。从模仿到创造，即使作家也不能例外。至于仿写导致"千篇一律"，初学作文时也是很正常的，这就像高校修学美术的学生初学时临摹作品越逼真越好一样。只不过在基本功具备的基础上，需要不断加入创造的成分。作为榜样的范文，可给学生提供最直接、最形象的"写法指导——写什么、怎样写"。对他们来说，这样做比任何解释都来得清楚。正如皮亚杰所指出的，儿童（特指年龄为十岁左右的三年级学生）的"模仿能产生表象，因而从任何外部动作中分离开来，有利于保持动作的内部轮廓，成为日后形成思维的准备"。因此，教师从外部提供的范文，使学生在模仿写作中形成一种"内部轮廓"，就为他们以后的作文构思提供材料和模式的准备。在儿童习作初期，忽视以至否定模仿的必要性，是违反一般学习规律的。

【苏教版观点】苏教版教材专门编排了习作例文，以供初学习作的中年级学生借鉴。根据编写意图和教材特点，教学路径为：

(1) 第一条路径分四步走：激趣动情，例文（素材）引路，读议明法，由仿到创。以三年级下册《习作5》为例做一简要说明。说到过端午节，哪个不感兴趣呢？教师可以先通过讲故事、猜谜语、看图片等手段，激趣导入话题；也可让学生说见闻、讲风俗、谈过节感受等手段，激发情趣，引发想写的动机；然后阅读课文素材，自选资料构思起草。本课没有"例文"，老师可以准备"下水文"，师生读议后把握基本写法。例如，怎样筛选自己熟悉或需要的资料，怎样有重点、有条理地介绍；也可以从现场起草习作中抓住"好苗子"，让学生现身说法、议法、明法，接着让学生仿照方法写，或是模仿"好苗子"，对照、修改、加工，最后反馈、评价，鼓励那些灵活模仿有创意、内容条理清楚、文从字顺的习作。

(2) 第二条路径分五步走：以旧迎新，激活思维，快速起草，读议例文，比较修改。以《习作2》为例谈谈这条路径。这篇习作其实就是三年级上册《我的自画像》习作的"螺旋上升"。上册例文重点写自己长相外貌，也已经涉及写性格、爱好。本册要求画写别人，在同类内容上扩展了一些。进入新课，我们利用前期经验，以旧迎新，进行相似激活，可收事半功倍的效果。激活思维后，在要求上稍作提示，便可快速起草。然后读议本册例文，让学生自行比较，取长补短，与例文一比高下，在习作中学习习作，具体感知和运用写法。

以上操作步骤，可以是"先仿后作，作中历练"，也可以是"先试后仿，修改再作"，因"课"制宜。

中年级习作教学设计时还应注意：

(1) 把学生的生活经验引导出来，并通过一定的技巧，用书面语表达出来。

(2) 重视课外的观察与积累,课内引向课外,将课外集中于课内的书面表达。

(3) 将读写结合起来,说、写、做结合起来。

写作技巧需要学生掌握,主要方式是通过老师点拨和学生看书得来。学生写作的问题主要不是技巧的问题,归根到底是写作内容的问题,中年级的学生尤其如此。内容如何获得,归根到底又是一个学生独特的观察、体验、思维和积累的问题,尤其是对一些生活细节的体验、揣摩与抓取。因此,写作说到底不是课上的工夫,而是个人的工夫,那么我们老师做什么?课上做什么?一句话:在老师的指导下,让一个学生影响另一个学生的观察方式、生活方式、思维方式,在表达中思考和修正自己的方式,并进一步指向自己的生活经验和阅读经验。真正的写作教学,应该让写作成为学生成长的一部分,并促进个体的成长。

二、中年级习作教学的实施

【请你总结】如果你来设计中年级习作训练内容,你认为哪些写作类型较有效?

(一) 常见几种类型的习作教学

1. 片断素描

素描是中年级练习写作能力的有效形式,具体做法是引导学生观察实物或活动,将描写和叙述结合起来(即运用"白描"的手法)写片断。片断素描一般从单个静物开始,如文具、玩具等,再扩展到动物、植物、自然景物、活动场面等。进行片断素描训练,要引导学生抓住特点,按一定的顺序观察。例如,观察单个的静物,要注意它的形状、大小、颜色、图案的特点;观察动物,要注意它的形状、动作、生活习性,等等。观察的顺序有许多种,如由上到下或由下到上,由整体到部分或由部分到整体等。观察不同的事物要采用不同的观察顺序,学生也可以根据自己的喜爱选择观察的顺序。

进行片断素描训练,要引导学生如实表达,也就是要写得像,看到的是什么样就写成什么样,不能想当然,写走了样。另外,还要注意引导学生推敲词句。使其明确不是从语法概念上来分析句子的通与不通,而是要看有没有把所要表达的意思表达清楚,别人看了能不能明白是怎么一回事。所以推敲词句的最好方式是引导学生回忆或再现事物的实际情况,从而使学生找到恰当的语言来表达。

2. 看图作文

请你比较 中年级与低年级看图作文训练的侧重点有何不同?

中、高年级的看图作文,要在低年级的基础上想象空间更大,更接近于学生生活和思想实际的单幅图,也可让学生观察简单的图形,如一个圆圈、一个点、一个三角形,想象成不同的物体,写出自己的想象。中、高年级的想象作文的教学,更侧重观察的顺序,思考的具体,重点是如何将图画中的内容写具体,重点突出等。

3. 扩展课文作文

教材中许多课文给学生留有想象的空间，有些课文学生读了以后有所触动，有话想说。教师抓住时机，让学生从所读的文章想开去，也是进行想象作文训练的有效方式。在小学阶段进行扩展课文的作文训练主要有扩写、续写和改写三种形式。

(1) 扩写：是一种“给材料作文”，它是把一段话或一篇较短、内容较概括的文章，扩展生发成篇幅较长、内容丰满生动形象的文章。扩写是一种作文能力的训练方式。引导学生进行扩写练习，可以加深对原文的理解，有助于培养学生的阅读理解能力，发展学生的思维能力和想象能力，提高他们的写作水平。特别是引导学生通过扩写的文章与原文的比较，还有利于提高他们驾驭材料、处理详略的能力，有利于帮助他们掌握各种把文章写具体的方法。正因为这样，所以我们应重视研究扩写练习。

扩写练习的形式主要有两种，一种是扩写片断，就是提供一个概括写的句子，扩写成内容具体形象的一段话；另一种是扩写篇章，提供一个概括写的一段文字，扩写成内容具体形象的一篇作文。

扩写的方法最常见的有三种：展开情节，充实原文内容；描绘形象，使文章具体生动；渲染气氛，增强文章的感染力。扩写时要注意两点：一是要吃透原文，根据中心，捕捉“扩写点”；二是要联系生活展开联想，进行具体描写。

(2) 续写：是把一篇没有写完的文章写完，或者给一篇已经写完的文章再续篇。续写要在充分理解原文的基础上，展开合乎情理的想象，对培养想象、联想、分析等思维能力很有帮助。续写要做到前后文观点一致，体裁一致，语言特点一致，人物性格一致，使人感到前后一气呵成，自然流畅，与原文形成有机的整体。教师可选择合适的课文引导学生进行续写，例如，学了《小摄影师》，续写小男孩离开以后的故事；学了《穷人》，续写桑娜和渔夫怎样抚养西蒙的两个孩子。要处理好续写与原作的关系，续写的内容应是原作顺理成章、合情合理的发展，不能与原作的思想内容离得太远，更不能与原作的思想内容相矛盾。

(3) 改写：是把一篇文章按照一定的要求或需要变成另外一篇文章。改写不同于缩写，缩写只概括和紧缩内容，而改写在内容上允许调整，允许取舍，形式上鼓励创新；改写不同于扩写，扩写需要增添内容，允许想象，而改写不要求增添内容，而是将内容进行调整。改写实质上是以原作为题材进行再创作，重在“改”上。

改写有以下几个要求：首先，改写的原则是基本上不改内容，而改变表达形式；在内容上，既要体现原作精神，又可对原作酌情变动，但绝不是另外写一篇文章。第二，在形式上，改写是多种多样的，可以改变体裁，如把诗歌改成记叙文，把剧本改写成故事等；可以改变表达方式，如把记叙改变为描写，把说明改为记叙等；可以改变语言，如文言改为白话；可以改变结构，如倒叙改为顺叙，插叙改为顺叙等；可以改变人称，如第一人称改为第三人称，第二人称改为第一人称等；还可以改变中心人物等。实际上，改写的过程是一个新的构思过程，全新剪裁、全新布局的过程，是一次有难度的写作训练。

(二) 中年级习作教学中应注意的几个问题

1. 以仿写构架读写结合的桥梁

读了就要用之于写，读写分家，读归读，写归写，这正是儿童习作能力提高不快的症结之一，而模仿是沟通读与写的桥梁。一方面，范文能示范性地把文章的结构格式以及如何遣词造句、谋篇布局的方法直观地呈现在学生面前，形象地告诉学生应该怎样写：另一方面，范文能帮助学生习作时扩充知识，开拓思路，丰富想象，而且学生可以学习范文观察事物、分析问题的方法。读写结合中通过模仿而实现作文知识的直接迁移，可使儿童的作文水平在短时间内获得较大的提高，从而提高作文兴趣和积极性。

范文对小学生的习作可起榜样作用，能提高写作水平是有条件的，并不是任何范文都适合于任何学生。首先，范文能否发挥作用，有赖于范文的难易程度是否符合学生已有的知识基础和心理水平；其次，使用范文要有指导；最后，使用范文要尽可能与观察相结合。总结优秀语文教师的教学实践，针对范文的仿写有四种形式：① 仿其文。如仿用部分语言文字，包括词语、句式、警句、格言及部分自然段。② 仿其格。如仿用文章的结构、布局或写作思路、记叙的顺序。③ 仿其意。如从具体事物导出抽象的道德教训。④ 仿其法。如仿照作文方法或者作文特点。四种方式可循序训练，也可交叉进行综合练习。从单位大小看，仿写有句式仿写、片断仿写和全文仿写。句式仿写是基础性训练，片断仿写是发展性训练，而全文仿写则是整体性训练。一般地讲，应以片断仿写为主要练习形式；改写、缩写、扩写、续写等，也是读写结合的有效形式。

就读写联系的形式而言，有“一课一文”“读写对应”“从读知写，从读练写，以读带写”“读多篇，写一篇”“读一篇，写多篇”，等等。实践证明，这些形式都有其合理性。我们应该根据具体情况采用具体的形式，如“一课一文”重在模仿，以单项训练为主，适用于低年级；而“读多篇，写一篇”则是对于高年级经过一定训练后提出的，体现了从仿到创的发展。

另外，还要清楚小学生仿写的两个特点。一是在习作中表现出“仿造”“改造”“创造”三种水平。从整体看，儿童写作的发展，一般是从大同小异到大异小同，再到百花齐放的过程。上述的“大同小异”相当于“仿造”，“大异小同”相当于“改造”，“百花齐放”相当于“创造”。这三种水平，在不同年龄阶段表现出差异性，随年龄增大，“仿造”减少，“改造”增加，“创造”则稍有增加。二是同一年龄阶段，或写人物，或写静物，在上述“三种水平”的人数分配上具有相对稳定性。

2. 关注几种作文课堂教学的教学思想

(1) 中年级的习作教学可有两种要求，一是写有意思的作文，二是写有意义的作文，并且两者是相互促进的。

(2) 如何让学生说真话、说实话，如何处理好现实和艺术的关系问题，做人和作文的问题，往往受方法的缺乏、评价方式的功利化所制约。另外对写作中出现的一些假、大、空的现象也不是作文教学本身所能解决的，教师要认识到这一点。

(3) 写作不是独立的教学，更多地应与其他环节相结合。归根结底，写作的开放性是由作文功能的多元化决定的。其实我们学习写作不应指向应试而应指向写作的功能，考试作文也只是功能性写作的形式之一，是件很简单的事情。

三、中年级习作教学的评估

1. 中年级习作评估标准

按课标要求，中年级习作评估可参照表 6 - 5 的标准。

表 6-5　中年级习作评估标准

指标内容	等　级　标　准		
	合格级标准	良好级标准	优秀级标准
知识、技能指标	40 分钟写出 300 字以上的习作，内容具体，想象丰富，层次清楚，有详有略，感情真实，语句通顺，有一定条理，书写工整，没有太多错别字，会用常用的标点符号	40 分钟内能写出 350 字以上的习作，能较好地运用词语，习作要求段落比较清楚，内容具体，感情真实，想象丰富，语句通顺，会用常用的标点符号，书写工整，不写错别字	40 分钟内能写出 400 字以上的习作，符合习作要求，段落很清楚，内容很具体，感情很真实，想象大胆新奇，语句很流畅，积极运用自己积累的新鲜的词句，会用常用的标点符号，书写工整，无错别字
兴趣、习惯指标	能注意留心周围事物，乐于书面表达，有一定的习作自信心，愿意将自己的 50% 的习作积累与他人交流，并乐于运用积累	初步养成留心周围事物的习惯，乐于书面表达，有较强的习作自信心，至少将自己的 80% 的习作读给别人听，乐于与他人交流，每周有 1 000 字的习作积累，并乐于运用积累	积极留心周围的事物，乐于书面表达，有极强的习作自信心，每次都能将自己的习作主动地读给别人听，每周都能有 1 500 字的习作积累，并在自己的习作中能有所运用

2. 中年级习作评估的常见方式

(1) 档案袋评价："档案袋"是反映学生在学习过程中所做的努力、取得的进步以及反映学习成果的一个集合体，通常是以一个文件夹的形式收藏每个学生具有代表性的学习成果和反思报告。

进行档案袋评价，应首先指导学生建立档案袋，档案袋的内容应包括课内习作活动记录和课外习作活动记录两大类。① 课内习作活动记录有：课本基础训练中的习作练习，课文后面的小练笔等的半成品(生自改、互改、师改等的过程显示)、成品(经修改后抄写的习作)；② 课外习作活动记录有：自己选编的作文选、语文实践活动各项资料、自己收录的好词佳句佳段摘抄本、周记选编、网上收集资料、报纸剪辑等，此外，还有记录写作态度、成长过程的师生互动评价表(表 6-6、表 6-7)，典型的个案分析、习作心得等。

表 6-6　学生习作过程评价表 1

姓名__________　　　　　　　　　　　　　　　　　　　年度

项目 / 情况 / 时间	习作态度		习作能力			修改能力
	兴趣	习惯	立意选材	选词造句	速度	
第一学期						
第二学期						
第三学期						
第四学期						

注：一学年度分为四个学段，评价以等级为主。

表 6-7 学生习作过程评价表 2

姓名__________ 年度

情况 对象 时间	我眼中的自己	同伴眼中的我	教师眼中的我
第一学期			
第二学期			
第三学期			
第四学期			

(2) 中年级要注意采用多种评价方式：习作的评价要由低年级的教师评价为主逐渐过渡到中年级的学生评价为主，评价过程中要注意设计评价量表(表 6-8)，教给学生评价的方法，并灵活采用多种评价方法，比如自读自评、互读互评、个案点评、教师点评、家长参评等，到了高年级还要注意这些方式的综合运用。

表 6-8 学生习作自评和互评量表

姓名： 班级： 作文题目： 圈出所给予的分数(最高为 5 分)		
项　目	自己评分	同学评分 (姓名：　　)
1. 文章开始是否能引起你的阅读兴趣	1 2 3 4 5	1 2 3 4 5
2. 文章的内容是否丰富，有所教益	1 2 3 4 5	1 2 3 4 5
3. 文章有否运用适当的修辞技巧(如比喻、拟人、排比等)	1 2 3 4 5	1 2 3 4 5
4. 文章的结构是否安排得令人满意	1 2 3 4 5	1 2 3 4 5
5. 文章分段是否清楚	1 2 3 4 5	1 2 3 4 5
6. 文句是否通顺	1 2 3 4 5	1 2 3 4 5
7. 文章用词是否恰当	1 2 3 4 5	1 2 3 4 5
8. 文章的结尾你是否满意	1 2 3 4 5	1 2 3 4 5
总　分		
综合分	[自己评分(　　)＋同学评分(　　)]÷2＝(　　)	

四、请你来做

案例分析：仔细阅读案例，思考学生讨论的内容能不能写？如果你是该班的老师，你将会如何指导他们的这次作文？

几个小姑娘在嘀咕着要写的作文，题目是《学校里发生的事》。她们愁着没有很好的题材，因为感到学校里没发生过什么可供作文的材料。她们曾提到过上周举行的演讲会，但她们都不是参加演讲的代表，所以感觉没什么好写的。她们也想到本周刚举办的“陶艺品小展览”，但又觉得意义不大，也难立意。好不容易，一位同学想到了一个很好的点子：“写节约用水。校长刚动员过，这是一件很有意义的大事，可以写我们学校在动员后用水发生的变化。”这点子大家都觉得很好，但是又觉得在这方面学校没发生过什么变化；相反，爱玩水的男孩子还在玩水，而最不应该的是后勤组的人还在用粗大的水管冲刷场地，这要浪费掉多少水！大家都感到很可惜。因为想不到节约用水的事例，顿时，大家又觉得写不下去了。沉默了一会儿，还是那个同学说了：“就写浪费水的现象！动员之后，还发生这样的事，这写的也是‘发生的事’啊！”另一个同学表达得比她明白：“发生了不该发生的事。”大家觉得，写这件事是符合题目要求的。然而，她们接着又迟疑起来了：这不该发生的事能写吗？学校会不会有意见？老师会不会责怪我们？同学们纷纷议论开来，并联想到，如果这些不该发生的事也能写的话，那可写的事真不少呢！一个说：“好些同学午饭不好好吃，倒掉的饭菜比吃进去的多，一大盘一大盘的，看了叫人心疼。”又一个说：“还有一次，午后下雨，学校里的国旗垂在旗杆上淋雨，结果还是校外的人提了意见才降下的，真不像话。还有，早晨在校门口值岗的同学，看到老师进校门了，都热情地向老师致礼道声‘老师好’，但有的老师竟然不理不睬，昂着头径自走进学校，这给学生带来什么影响！”后来她们又讲到学习上的事，埋怨学校为了应付区里抽考，竟把所有副课都停下来，突击主课的复习。发生这样的事不是违背全面发展的要求吗？几个小女孩最恼火的是“练坐”：一旦班级里有个别同学不守纪律，那全班都会遭殃，老师叫大家双手靠背，毕恭毕敬地端坐着，有时要这样坐半小时，连做功课都不行。这不是不问好歹“一锅端”吗？浪费了多少时间！一个孩子说，她爸爸说这是变相体罚。这些在学校里不该发生的事，却发生了，能不能写进作文中去呢？她们都摇摇头。一个说：“这不叫曝光吗？要是给上级领导看到了这篇作文，那我们学校的金字招牌准得摘下来，那就闯祸了。”孩子们最终都没写这些题材。可悲的是，她们都写了学校节约用水的“新气象”。按她们的说法，文章都是“吹”出来的，这样的文章当然写不具体，缺少感情，干巴巴的，口号和空洞话语满篇皆是。

第四节　中年级口语交际教学

【动手查一查】中年级口语交际能力训练的内容应包括哪些？请查一查相关资料，概括出几个关键词。

【动脑想一想】适合中年级口语交际教学的话题是什么？该如何选择？

【动手写一写】请根据自己了解的口语交际教学现状，说说如何处理好中年级口语交际课堂教学和其他训练途径的关系？可尝试用简洁的话写下自己的认识。

一、中年级口语交际教学设计的思路与方法

就第二学段“口语交际”的四个教学目标来看，中年级口语交际的要求着重在三个方面：一是能用普通话与人交谈，交谈中能认真倾听，领会要点，能向对方请教或商讨；二是听人说

话能把握主要内容，能简要转述；三是能讲述见闻或故事，做到清楚、具体、生动，努力用语言打动他人。

(1) 中年级口语交际能力的要求相比低年级有所提高：设计时应围绕中年级的目标要求，设置适合中年级学生特点的交际情境。设计要体现出层次性，不能是一个水平上的循环，可以是语言表达上的提高，也可以是表达内容的丰富，还可以是思维水平的增强。总之，一堂口语交际课，要能体现出学生语言的发展过程。

(2) 中年级的口语交际仍然要在互动上下工夫：探索多种方法，尽可能使每个学生都积极参与，人人得到锻炼的机会，在双向或多向的互动中活跃思维，提高学生倾听、表达和应对的能力。要求口述的，一定要在人人练说的基础上展开，或同桌互说，或指名说；适合交际的，更要体现双向互动的特点，鼓励学生积极参加口语交流实践。要增加小组学习、多组交流等组织形式，以扩大口语交际的“面”与“量”，提高训练效果。

(3) 评价应及时：教师要在评价的过程中引导学生学会评价方法。由低年级以老师评价为主，逐渐变为学生自主评价为主。

(4) 教师要更加放手让学生进行口语交际实践，不作过多的指点：课堂上教师应积极投入，充分关注学生的学习态度，注意观察和倾听，既要善于发现学生口语交际的不足，及时予以点拨纠正，规范学生的口头语言，又要善于发现学生充满童趣、富有创意的语言和丰富的想象，才能点燃学生智慧的火花，创造生机勃勃、极富动态性的课堂氛围，形成有效的师生互动、生生互动的局面。

(5) 更加注重多途径的口语交际教学实践：学生口语交际能力的培养，除了通过口语交际课外，在更大程度上要依赖于各种语文实践活动。此外，还应鼓励学生在日常生活中主动、大胆地与人进行交流，以期不断提高口语交际能力。

二、中年级口语交际教学的实施

相对于低年级，中年级的话题设置和交际要求都有了很大不同，但展开方式基本一致，不再详细展开，仅举一个例子予以说明。低年级口语交际教材中有介绍自己的话题，到了中年级仍然设置“说说我自己”的交际内容，教学时，就要从多角度、多层次创设训练情境，体现出更高的交际要求。例如：① 转学了，到了一个新的班级，你一定想尽快地让同学和老师认识你，怎样把自己介绍给大家？在好朋友的生日聚会上，向新朋友做自我介绍；在旅途中遇到了外地的游客，互相做自我介绍，等等。② 一家刊物组织学生记者团，准备从在校学生中招聘一批小记者。你一定想试一试身手，那么，就请准备该刊物举行的面试。在班里组织一次活动，由同学来扮演“考官”和“应聘者”，进行一次模拟面试。③ 班里竞选班干部，如何根据自己的爱好和特长，选择适合自己的岗位，在竞选干部会上，大大方方地介绍自己等。围绕情境展开时，要紧紧围绕第二学段规定的交际重点进行，不再详述。教学中有几个问题应引起关注：

1. 进一步加强听、说、读、写的联系

听的能力越强，就越能够摄取更广泛、丰富的说话材料，而且能加深在口语交际中传达意思的理解，使口语表达更准确、更丰富。读既能够积累语言，又可以利用获得的语法等知识使语言表达更规范，另外有些阅读材料本身就提供了生动的说话范例。而写的严密性与

条理性，能够矫正说话过程中常出现的语病，提高说话质量。听、说、读、写的能力是紧密联系、相互制约而又相互促进的。

2. 加强口语交际训练与观察、思维、想象训练的联系

观察是学生认识客观事物、获取感性材料的又一重要途径，学生只有细致地观察，才能了解事物的具体特点和事情的诸多联系，才能把内容说完整，说具体，说准确。而口语交际训练与思维训练的关系更是密不可分，口语与思维的发展是同步的，说话的条理性、层次性、逻辑性，都反映在思维活动上，思维敏捷则语畅，思维钝缓则语塞。同样，丰富的想象不仅使学生有话可说，更能把内容说得生动有趣。

3. 要善于将口语交际内容与语文教学的其他环节结合起来进行

在语文教科书中，每单元都设置了专门的口语交际话题，而这些话题又都是在专门的口语交际课上进行的，每单元只需1～2课时，这样必定会使训练面有限。要解决这个矛盾，最简便有效的措施就是充分利用教科书中的资源，善于将口语交际课和识字写字教学、阅读、写作以及综合实践活动结合起来进行。

于永正将《一个______的早晨》作文指导课和口语交际课结合起来的片断。

在学生充分阅读《鸟类是人类的好朋友》一文的基础上，“猎人”又出现了，学生争先恐后上前阻止他打鸟，这次劝说变得有理有据。“猎人”的态度也由满不在乎到理屈词穷，课堂气氛达到了高潮。

师：（以“猎人”的口气）啊，树林里的鸟真多啊！昨天我吃的斑鸠肉真香啊！今天又可以美餐一顿了。

生：（大吼）嘿，不许捕鸟！

师：这样劝不礼貌。

生：伯伯，您到过无声世界吗？那里太死寂了。鸟儿是大自然的歌手，它们给自然界带来了无限生机。

生：如果地球上的鸟类灭绝了，大自然便没有了音乐，失去了生机。

生：鸟类有利于维护生态平衡。一只杜鹃一年能吃掉毛虫5万多条。

师：（以“猎人”的口气）幸亏我还没把它打下来。

生：一只猫头鹰一个夏季可捕食1 000只田鼠，从鼠口中夺回1吨粮食。

生：一只啄木鸟可以保护5万平方米树林不受虫害。

师：（以“猎人”的口气）我才打死一只啄木鸟，早知道我就不会打了。

生：鸟类还是环境保护的监测员。许多鸟类对有毒气体十分敏感，当这些气体超过正常浓度时，它们便会出现不适的症状，离开这里。

师：（以“猎人”的口气）这些知识我都不知道。唉！（“猎人”把枪砸了）以后我再也不打鸟了。（生鼓掌。）

师：现在社会上打鸟现象较普遍，我们还可以采取什么措施阻止那些人捕鸟呢？

生：建立鸟类保护区。

生：制定相应的法律。

生：写个禁止捕鸟的牌子。

师：咱们把刚才的事写下来，教育他人。写成一封公开信也行。上课一开始写的那些话就是开头，请接着往下写，爱怎样写就怎样写。只要别人读了不再打鸟就达到目的了。

【自读推荐】教师自身的口语交际知识和能力是口语交际教学有效性的重要条件之一，要克服交际知识和策略的不足，教师可读读桑德拉·黑贝尔斯等著、李页昆译的《有效沟通》(北京，华夏出版社，2002 年)，美国罗纳德·斯考伦等著、施加炜译的《会话策略》(北京，社会科学文献出版社，2001 年)，以及应用语言学之类的书籍。

三、中年级口语交际教学的评估

1. 中年级口语交际评价标准参考

根据第二学段口语交际的学段目标和评价要求，可考虑如表 6-9 所示的评价标准。

表 6-9　中年级口语交际评价标准参考

一级指标	二级指标		评价等级				综合评价
			A	B	C	D	
具有日常口语交际的基本能力，在各种交际活动中，学会倾听、表达与交流，初步学会文明地进行人际沟通和社会交往，发展合作精神	能力	能用普通话交谈					
		听人说话能把握主要内容，并能简要转述					
		能清楚明白讲述见闻，能具体生动地讲述故事					
	习惯	认真倾听，领会要点					
		边听边想，能就不理解的地方向对方请教					
		就不同的意见与人商讨					
	态度	说出自己的感受和想法；努力用语言打动他人					

2. 中年级口语交际评估的常见方法

(1) 情境法：情境法就是向学生提供一定的语言情境，从而考查学生综合性语言交际能力的方法。此法低年级和高年级同样适用。

【角色扮演】

1. 命题要求

选择的情境应是学生学习、生活中常见的，确定的角色应适合儿童的年龄特点，便于表演，乐于表演。

2. 实例(四年级学生适用)

(1) 要求：听两遍内容，然后分角色表演这段话的内容。

(2) 材料：乐乐放学后要去看电影《狮子王》，可今天正轮到他和玲玲值日，他胡乱扫了一下地就想走，玲玲批评他，不让他走。玲玲知道了原因后却催他快回去，乐乐很感激。

3. 使用说明

(1) 此评价两人一组，评价前教师应先说明评价步骤。先听一遍内容，然后分配角色；再听第二遍内容，分角色准备 2 分钟后表演。

(2) 评价时间约 6 分钟。

(3) 玲玲说话要点：批评乐乐、催促乐乐。乐乐说话要点：说明情况、表示谢意。

(4) 评分标准：话题交谈能力评定标准(表 6－10)。

表 6－10　情境法使用评价标准

项　目	分　值	评　定　标　准		
		1	2	3
应对会话	3	反应迟钝	听懂问话，针对话题交谈，但反应速度较慢	听懂问话，反应敏捷，并能随话题的改变而灵活应对
		1	2	3
连贯流畅	3	说话语句大多不符合口语习惯，病句 3 处以上	说话语句基本符合口语习惯，病句 2 处以内	说话语句符合口语习惯，问答有创意
		1	2	3
语句正确	3	多抓耳挠腮、摇晃身体等动作，发音颤抖	比较拘谨	神态大方、自然，站势或坐势正确
		0		1
音量速度	1	音量很低，听不清楚		音量适中

(2) 补充法：补充法就是学生在听清教师提供的字、词、句的基础上，按要求补充有关内容的评价方法。这种方法主要是考查学生听的理解能力和语言的组织能力。

【听词造句】

1. 命题要求

选用的词汇应是学生已掌握的常用词语。

2. 实例(三年级学生适用)

(1) 要求：老师先把每个词语读两遍，请你用这个词造句。

(2) 材料：① 因为　② 仔细　③ 骄傲　④ 积极　⑤ 全神贯注。

3. 使用说明

(1) 评价前先向学生说明听词造句的方法：先听清词语，明确词义，再说一句完整正确的句子。

(2) 评价时间：6 分钟

(3) 评分标准：听词造句能力评定标准(表 6－11)。

表 6－11　补充法使用评价标准

项　目	分　值	评　定　标　准
语句正确	4	1：有 4 句以上病句 2：有 3 句以上病句 3：有 1 句以上病句 4：语句正确，内容丰富
神态表情	3	1：神态紧张、不敢开口、发音颤抖 2：比较拘谨 3：神态自然大方
体势神情	3	1：语句不通顺、表达不连贯 2：语句基本通顺，重复、说破句 3 次以上 3：语句通顺、流畅

四、请你来做

（1）案例分析：下面是两位老师对同一交际话题情境的不同设计，你认为哪个设计更好，为什么？

就“学会安慰”的话题，一位老师利用多媒体的形式，设计“一个低年级孩子摔倒了，你怎么办？”然后让学生讨论、表演。

另一位老师的设计是口头描述了交际情境，自己班级中的一位女生的妈妈病了，该如何学会安慰？进一步的情境设置，女儿如何安慰妈妈？妈妈如何安慰女儿？同学如何安慰这位女生？女生又如何来安慰同学？同学如何安慰这位女生的妈妈？不同的对象之间该如何安慰。

（2）教学设计：请为人教版四年级下册“口语交际·习作”《我敬佩的一个人》（图 6－1）进行教学设计，或自选当地使用教材中的口语交际内容进行设计。

我敬佩的一个人

在我们身边，有很多值得敬佩的人。他可能是每天利用业余时间刻苦学习外语的妈妈，也可能是苦练书法的小伙伴；可能是不畏(wèi)寒暑、默默工作的清洁工人，也可能是自强不息、努力拼搏的叔叔、阿姨……选择其中的一位，通过具体事例，夸夸他们执著追求的精神。如果你觉得他的其他品质令你敬佩，也可以说一说。要把事情说清楚，表达出自己的敬佩之情。

在口语交际的基础上，写一篇习作，要把自己所写的人的精神风貌表现出来。内容要具体，语句要通顺。写完以后要认真修改。

图 6－1　人教版四年级下册口语交际·习作

下篇 高年级语文课程与教学

下篇
高年级语文课程与教学

第七章　高年级语文学习目标

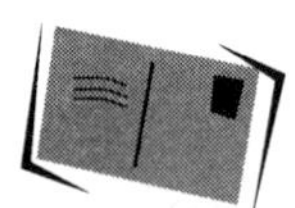

第一节　高年级识字与写字目标

【动手查一查】请结合自己的教学经验，对高年级识字与写字能力指标进行解读，再查一查有关资料，把你体会较深的地方概述出来。

【动脑想一想】中、高年级识字与写字教学与第一学段有何不同？这种不同在目标规定中是如何体现的？可根据思考写下几个关键词，并依据关键词试着说说。

【动笔写一写】对比 1993 年大纲和 2001 年课标，看看高年级识字与写字部分在哪些方面发生了变化。

一、第三学段（5～6 年级）识字与写字目标构成

(1) 有较强的独立识字能力。累计认识常用汉字 3 000 个，其中 2 500 个左右会写。

(2) 硬笔书写楷书，行款整齐，有一定的速度。

(3) 能用毛笔书写楷书，在书写中体会汉字的美感。

二、高年级识字与写字目标分析

（一）就学习目标来看，渗透“知识与能力”“过程与方法”“情感态度与价值观”三个维度的要求

(1) 从知识和能力维度看：包括“有较强的独立识字能力。累计认识常用汉字 3 000 个，其中 2 500 个左右会写”“硬笔书写楷书，行款整齐，有一定的速度”。

(2) 从过程和方法维度看：包括“能用毛笔书写楷书”。

(3) 从情感态度和价值观维度看：包括“在书写中体会汉字的美感”。

（二）目标定位体现出阶段性和连续性、规定性与弹性相统一的特点

阶段性和连续性是指识字量和识字能力的要求上，既有阶段的特点，又分别和第二、四学段衔接，与第二学段相比要求认识和会写的常用字各增加了 500 个，识字能力由“学习独立识字”，提升至“有较强的独立识字能力”。

规定性与弹性相统一，仍然是下有保底又有“左右”上不封顶的弹性空间。

（三）强调在用硬笔和毛笔书写过程中体会汉字的美

把写字的技能要求和审美融为一体，硬笔书写楷书，不但要“有一定的速度”，还要“行款整齐”，把工具性和人文性的要求合二为一，真正提高语文素养。能用毛笔书写楷书，在书写

中体会汉字的美感。注重书法艺术的传承和审美感受力的培养，提高审美和鉴赏力。

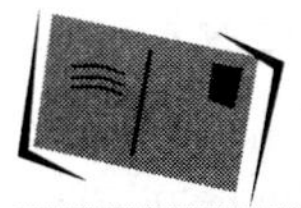

第二节　高年级阅读目标

【动手查一查】查阅有关对高年级阅读能力指标解读的资料，思考这样设计是本着什么样的思路，并把你体会较深的地方试着写下来。

【动笔写一写】对比1993年大纲和2001年课标，看看高年级阅读部分在哪些方面发生了变化，请写下来。

【动脑想一想】高年级的阅读教学和第四学段的阅读教学有一定的区别，这种区别在课标中是如何体现的？

一、第三学段（5～6年级）阅读目标构成

（1）能用普通话正确、流利、有感情地朗读课文。

（2）默读有一定的速度，默读一般读物每分钟不少于300字。

（3）能借助词典阅读，理解词语在语言环境中的恰当意义，辨别词语的感情色彩。

（4）联系上下文和自己的积累，推想课文中有关词句的内涵，体会其表达效果。

（5）在阅读中揣摩文章的表达顺序，体会作者的思想感情，初步领悟文章基本的表达方法。在交流和讨论中，敢于提出自己的看法，作出自己的判断。

（6）阅读说明性文章，能抓住要点，了解文章的基本说明方法。

（7）阅读叙事性作品，了解事件梗概，简单描述自己印象最深的场景、人物、细节，说出自己的喜欢、憎恶、崇敬、向往、同情等感受。阅读诗歌，大体把握诗意，想象诗歌描述的情境，体会诗人的情感；受到优秀作品的感染和激励，向往和追求美好的理想。

（8）学习浏览，扩大知识面，根据需要搜集信息。

（9）在理解课文的过程中，体会顿号与逗号、分号与句号的不同用法。

（10）诵读优秀诗文，注意通过诗文的声调、节奏等体味作品的内容和情感。背诵优秀诗文60篇（段）。

（11）利用图书馆、网络等信息渠道尝试进行探究性阅读。扩展自己的阅读面，课外阅读总量不少于100万字。

由上，我们可以总结出高年段的三个螺旋上升点为：

（1）感受识记：继续提高朗读、诵读水平，学会浏览；提高默读速度，1分钟在300字以上，并在此过程中强化边读边想的能力与要求。

（2）理解应用：一是理解词语的语境意，辨别其感情色彩，推想有关词句内涵，体会其表达效果；二是揣摩表达顺序，体会思想感情，领悟表达方法，敢提出自己的看法、作出自己的判断；三是提高对记叙性、说明性、诗歌等文体的理解与把握。

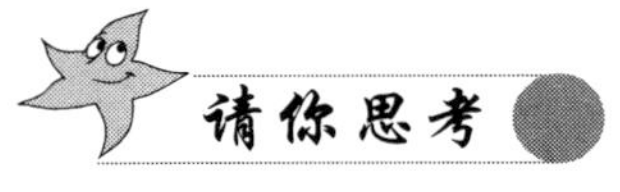

请思考高年级理解的重点是什么？

苏教版编辑部高林生先生的观点参照：高年级理解的重点：一是理解关键词句在一定语境中的恰当意义，辨别其感情色彩，推想其内涵，体会表达效果，学会遣词造句（高年级词句理解的要求是明确语境意思，辨别感情色彩，推想词句内涵，体会表达效果）。二是强化篇章意识，揣摩表达顺序，体会作者的思想感情，领悟表达的方法。三是能明确记叙性、说明性课文及诗歌的基本特征和需要理解的重点。

（3）积累拓展：形成初步的独立阅读的能力，背诵诗文60篇，课外阅读在100万字以上。

二、高年级阅读目标分析

（一）从高年级阅读目标内部的联系看，同样体现了“知识和能力、过程和方法、情感态度和价值观”三个维度目标整体设计的特点

1. 侧重知识和能力维度

包括能用普通话正确、流利地朗读课文。默读有一定的速度，默读一般读物每分钟不少于300字。能借助词典阅读，理解词语在语言环境中的恰当意义，辨别词语的感情色彩。联系上下文和自己的积累，推想课文中有关词句的内涵，体会其表达效果。

在阅读中揣摩文章的表达顺序，初步领悟文章基本的表达方法。阅读说明性文章，能抓住要点，了解文章的基本说明方法。背诵优秀诗文60篇（段）。扩展自己的阅读面，课外阅读总量不少于100万字。阅读叙事性作品，了解事件梗概，简单描述自己印象最深的场景、人物、细节。阅读诗歌，大体把握诗意。

2. 侧重过程和方法维度

包括学习浏览，扩大知识面，根据需要搜集信息。在理解课文的过程中，体会顿号与逗号、分号与句号的不同用法。诵读优秀诗文，注意通过诗文的声调、节奏等体味作品的内容和情感。利用图书馆、网络等信息渠道尝试进行探究性阅读。

3. 侧重情感态度和价值观维度

包括能用普通话有感情地朗读课文。在阅读中体会作者的思想感情。在交流和讨论中，敢于提出自己的看法，作出自己的判断。阅读叙事性作品，说出自己的喜欢、憎恶、崇敬、向往、同情等感受。阅读诗歌，想象诗歌描述的情境，体会诗人的情感；受到优秀作品的感染和激励，向往和追求美好的理想。

（二）与以往语文教学大纲中阅读指标相比较，高年级阅读能力指标在以下几个方面有了显著变化

1. 强调情感、体验的作用

“有感情地朗读课文”“体会其表达效果”“体会作者的思想感情，初步领悟文章基本的表达方法”“阅读诗歌，大体把握诗意，想象诗歌描述的情境，体会诗人的情感；受到优秀作品的感染和激励，向往和追求美好的理想”“诵读优秀诗文，注意通过诗文的声调、节奏等体味作品的内容和情感”。由中年级的体会到领悟、体味等，体现了体验本身的层次性要求。

2. 加强阅读积累、运用积累

在阅读教学基础上要求“积累课文中的优美词语、精彩句段”“以及在课外阅读和生活中获得的语言材料”“背诵优秀诗文50篇(段)”“课外阅读总量不少于40万字”。比中年级的积累和运用有了更高要求，“背诵优秀诗文60篇(段)”“扩展自己的阅读面，课外阅读总量不少于100万字”。在中年级积累的基础上强调运用“联系上下文和自己的积累，推想课文中有关词句的内涵，体会其表达效果”，因此分析学生积累材料的起点时，就有了参照依据。

3. 尊重个体的差异，鼓励合作交流

“在交流和讨论中，敢于提出自己的看法，作出自己的判断”“简单描述自己印象最深的场景、人物、细节，说出自己的喜欢、憎恶、崇敬、向往、同情等感受”。

4. 阅读目的与阅读手段之间发生了功能性的转换

主要体现在对分段、总结段意和概括中心思想的目标设置上。以往大纲中，分段、归纳段意和概括文章的中心思想，一直是小学中、高年级阅读教学的主要目的和阅读训练的重点，因为它是过去考试评价学生阅读能力高低的主要标尺。由此带来的后果是繁琐的分析和机械重复的训练，从而把本应充满生机和活力的阅读教学僵化了，挫伤了学生自主阅读的积极性和主动性。为了解决这个难题，课标将过去语文教学大纲中分段、归纳段意和概括文章中心思想的内容转换为“在阅读中揣摩文章的表达顺序，体会作者的思想感情，初步领悟文章基本的表达方法”。这样的转换意味着把分段、归纳段意和概括文章的中心思想作为理解文章内容、领悟表达方法、体会思想感情的一种手段来看待。这种由“阅读目的”转向“阅读手段”的功能性转变，不仅可以使阅读教学走出繁琐分析和机械重复训练的怪圈，而且更有利于促进学生素质的提高。以把“概括文章的中心思想”改为“体会作者的思想感情”为例，将“概括”改为“体会”，“概括”注重的是结果，对高年级的学生要求过高，难以顾及学生的个体差异；“体会”关注的是过程，它强调的是自主感悟，自由表达，因而能使所有学生都得到发展。将“中心思想”改为“思想感情”，一是由于“思想感情”比“中心思想”外延大，内容更丰富；二是“中心思想”属于抽象层面，且答案往往是唯一的，而“思想感情”属于情感层面，可以从多角度、多层面去体会。

理解篇章主要由两部分组成，一是把篇章中以句子为单位所体现的内容一一联系起来，最终构建成连贯的整体——“篇章格局”。二是根据对世界的知识，把整体、连贯的篇章建构成可以想象及推论的“情境模型”。对同一篇课文，不同学生能读出一章的“篇章格局”，并能根据各自对世界的认识，建构成不尽相同的“情境模型”。两者的关系有点像乐谱与演奏的关系，虽是同一乐谱，但不同的演奏者会演奏出不同的格调来。“概括文章的中心思想”和“体会作者的思想感情”关系，是否与“篇章格局”和“情境模型”关系有点类似，结合实际自己揣摩。

第三节　高年级习作目标

【动手查一查】查阅有关对高年级习作能力指标解读的资料，思考这样设计是本着什么样的思路，并把你体会较深的地方试着写下来。

【动脑想一想】高年级的习作教学和第四学段的写作教学有一定的区别，这种区别在课标中是如何体现的？

【动手写一写】对比1993年大纲和2001年课标，看看高年级习作部分在哪些方面发生了变化。

一、第三学段（5～6年级）习作目标构成

（1）懂得写作是为了自我表达和与人交流。

（2）养成留心观察周围事物的习惯，有意识地丰富自己的见闻，珍视个人的独特感受，积累习作素材。

（3）能写简单的记实作文和想象作文，内容具体，感情真实。能根据习作内容表达的需要，分段表述。

（4）学写读书笔记和常见应用文。

（5）能根据表达需要，使用常用的标点符号。

（6）修改自己的习作，并主动与他人交换修改，做到语句通顺、行款正确，书写规范、整洁。

（7）课内习作每学年16次左右。40分钟能完成不少于400字的习作。

二、高年级习作目标分析

（1）明确提出了写作目的，“懂得写作是为了自我表达和与人交流”。写作不是为了应试，而是“自我表达”的内在需要。

（2）开始正式提出“写简单的记实作文和想象作文”，并且学写读书笔记和写一些常见的文体。由此可以看出，高年级开始要求写成篇的文章，也就是要求用篇的形式表达一个完整的意思，至于进行何种文体训练，没有明确规定。这就体现出来目标规定的弹性和照顾到写作教学的实际，教师可根据学生的经验特点、思维特点、生活需要和内容特点等灵活设计内容，并根据内容的需要来选择文体。内容要求上突出强调“内容具体，感情真实”，这样规定没有盲目拔高写作的要求，又抓住了写作的重点。

（3）写作的知识和技能方面没有特别强调，只是规定围绕“表达”这一中心来分段和运用标点，这符合作文教学的规律，并在写作知识和写作实践关系的处理上给了我们启示。

（4）在中年段的基础上，继续强调习作的修改，重视自改和互改的实践。修改的重点还是落实在语句通顺上。

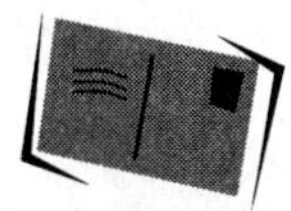

第四节　高年级口语交际目标

【动手查一查】查阅有关高年级口语交际能力指标规定解读的资料，思考这样设计的理念，并把你体会较深的地方概述出来。

【动脑想一想】高年级的口语交际教学和第四学段的口语交际教学有一定的区别，这种区别在课标中是如何体现的？

【动笔写一写】能否从高年级口语交际指标规定中抽取出几个关键词，并说说这几个关键词体现出了什么课改理念。

一、第三学段(5～6年级)口语交际目标构成

(1) 与人交流能尊重、理解对方。

(2) 乐于参与讨论，敢于发表自己的意见。

(3) 听他人说话认真耐心，能抓住要点，并能简要转述。

(4) 表达要有条理，语气、语调适当。

(5) 能根据交流的对象和场合，稍做准备，做简单的发言。

(6) 在交际中注意语言美，抵制不文明的语言。

二、高年级口语交际目标分析

1. 口语交际能力培养侧重在倾听、表达、交流三方面

(1) 倾听能力：听他人说话认真耐心，能抓住要点，并能简要转述。

(2) 表达能力：表达要有条理，语气、语调适当。

(3) 交流能力：与人交流能尊重、理解对方；乐于参加讨论，敢于发表自己的意见；能根据交流的对象和场合，稍做准备，做简单的发言。

综观三个年段，倾听能力、表达能力、交流能力三方面要求不断提升：

(1) 倾听能力：从对听的态度要求来看，是按能认真听→能认真倾听→认真耐心听的递进顺序来排列的。从对听的能力要求来看，是按照努力了解主要内容→能把握主要内容→能抓住要点的递进顺序来排列的。

(2) 表达能力：按照能复述大意、简要讲述见闻→能清楚明白、具体生动地表达→能有条理地表达的递进顺序来排列的。

(3) 交流能力：按能积极参与交流→主动双向交流→能根据对象和场合进行交流的顺序来排列的。

2. 情感态度的要求贯穿整个小学阶段

第三学段提出了交流时能“尊重”“理解”对方的要求，这个要求比第二学段提高了。“尊重”是指尊重对方的人格，包括不说不文明的语言，不插嘴，不随意打断别人的发言；理解是指能站在对方的立场上，理解对方的心情，即使对方有过激的语言，也要给予宽容。

第八章　高年级语文教材

第一节　高年级阅读教材

【动手查一查】 按照中年级介绍的教材分析思路，分析所使用的教科书，比较高年级的阅读教材在内容选择和呈现方式上，相对于中年级有了哪些变化？

【动脑想一想】 针对自己写下的变化，想一想，这样编排的依据是什么？

【动笔写一写】 以高年级的阅读教材为例，从单篇教材的角度反思自己是如何解读和处理阅读教材的。

一、高年级阅读教材内容的选择

第三学段语文教科书的编写框架与第二学段一脉相承，仍采用"三维整合，统筹安排，因课设练，多次反复，螺旋上升"的编排方法。除了朗读、背诵等常规训练外，本阶段的训练重点主要有以下几个：提高默读速度，学会浏览；体会词句的感情色彩和表达效果；揣摩表达顺序，体会思想感情，领悟表达方法；学会阅读叙事性作品、诗歌和说明性文章。阅读教材内容主要包括两部分，一是课文，二是言语实践。保持低、中年级教材特色的基础上，教材从选文到练习设计，从编排结构到呈现方式，又有一些改进。

（一）课文

选文密切联系高年级儿童的经验世界和想象世界，文质兼美，语言典范，学生爱读，既能使学生学习语言，又能使学生在思想上得到启迪，在情感上受到感染和熏陶。选文内容的突破，反映了儿童发展本位的课程理念的确定。仍可从三个角度来审视：

（1）从选文的文体角度看：主要是叙事性作品，还有诗歌、童话、寓言故事、说明文、议论文等。如五年级上册教材体裁多样，课文中除了散文、古诗、新诗、小说、通讯、说明文以外，还有访问记；第五组综合性学习单元选编的阅读材料，有谜语、歇后语、对联、笑话、通讯报道、韵语歌、书法作品赏析等，在拓宽教材的题材、体裁上进行了有益的尝试。

（2）从选文的题材角度看：仍然围绕儿童发展的四个外延确定，选文既保留传统的优秀篇目，又增加了富有时代感的新课文。高年级教材保留了"九年义务教育小学教科书"的一些优秀篇目，如人教版的《落花生》《地震中的父与子》《"精彩极了"和"糟糕透了"》《圆明园的毁灭》《狼牙山五壮士》《开国大典》等，这些课文内涵深厚、历久弥新，教师们在教学中已经积累了丰富的经验。值得注意的是，这些保留的课文被编入了新的单元，体现了新的教学功能，教师要用新的教学理念重新设计。教材还选取了一些富有时代感的文章，如以香港回归为题材的诗歌《最后一分钟》，体现现代意识的《通往广场的路不止一条》《“精彩极了”和“糟糕透了”》《学会看病》等。有的课文人文内涵丰富、感人至深，如《走遍天下书为侣》《我爱你，中国的汉字》（第五组综合性学习中的阅读材料）《慈母情深》《青山处处埋忠骨》等。

（3）从选文类型的角度看：主要包括精读课文、略读课文、选读课文，与中年级编排基本一致。随着年级的升高，学生阅读能力的提高，教材中精读课文数量将逐渐减少，略读课文的数量则逐渐增加。

略读教学要求与精读教学要求不同，如叶圣陶说的“就教学而言，精读是主体，略读是补充；略读指导却需要提纲挈领，期其自得”。教材后面安排了八篇选读课文，内容大都与单元对应，有少数是为了补充本册精读课文和略读课文在某种类型上的缺乏。例如，人教版五年级上册教材，直接反映自然风景的文章少，因此，教材在选读中选了《黄果树听瀑》《百泉村》两文加以补充。选读课文供学生课外自读，教学上不做统一要求。教师可以根据学生的程度和个体情况，决定是否选用。选用时，可以按课文内容分别插入相关专题单元让学生自读，也可以作为期末综合复习材料，让学生课外独立完成，教师可以酌情检查。对主动阅读的学生，要予以鼓励，激发学生更广泛地开展课外阅读。

（二）言语实践活动

高年级阅读教材的言语实践活动主要包括朗读与默读、积累、词句练习这三个重点内容。

（1）朗读与默读：仍然是高年级阅读教学的主要内容之一。高年级强调有感情地朗读，体现其目的性一面；并把朗读、默读和思考、口语表达等任务结合起来。

（2）对课文内容的思考、体会：主要通过朗读、默读、体会、思考、想象等手段，通过词句、段落的理解来把握课文的内容或主题思想等。

（3）积累：仍然是高年级阅读教材重要的内容。主要由两部分组成，一是课后练习中要求抄写或背诵的内容；二是单元练习中的“日积月累”中要求积累的短小精悍的阅读材料，这些阅读材料包括成语、古诗、名言、谚语、俗语等，形式多样，内容丰富，意境深远。

二、高年级阅读教材内容的呈现

教材的呈现方式与中年级相似，注重高年级学生的阅读心理、学习特点和课文特点，综合运用较大字体的文字、多样化的符号、活泼富有生活内涵和文化内涵的插图、有名字的“学习小伙伴”等，灵活编排。

根据课标提出的“教材内容要简化头绪，加强整合”的思想，在按专题编写教材时，注意加强整合，每组的课文都围绕专题编选，从导语到语文园地的各项内容也都围绕专题来安排。而且，围绕专题安排的各项学习内容与学习活动，前后有联系，有照应，做到环环相扣。这样，就使整组教材以至整册教材成为一个有机的整体。

（一）课文的呈现

1. 注音区别对待

高年段课文注音有下面几种情况：精读课文和略读课文中不认识的字，出现一次注一次音。考虑到学生具备了一定的独立识字能力，教材在精读课文和略读课文以外的其他部分（如导语、资料袋、阅读链接、回顾拓展、选读课文）中出现的生字一律不再注音。生字注音用圆括号标出；多音字随文注音，用方括号标出。为了便于识字，课文中的生字注本音；一些在语言环境中要变调读出或读轻声的字，随文注音，并在教师教学用书中加以提示。

2. 以单元方式组合课文

高年级教材不再设识字单元或识字课文，而是围绕一个个专题把听、说、读、写各项内容编在一个单元。比如人教版高年级阅读教材，每个单元包括导语、连接语、课例和语文园地几大部分。课例由4～5篇课文组成，其中包括3篇精读课文和一两篇略读课文。精读课文后安排有要求认识和学会的字以及课后练习题，略读课文前有一段连接语，既将前后的课文连接起来，又提示略读课文的学习要求和方法。在部分课文的练习题后，还安排有“资料袋”，有的单元后安排了综合性学习。

3. 选文类型的呈现体现出差异性

高年级的阅读教材编排了精读课文、略读课文、选读课文三种类型，三种类型之间及其在不同册中都有所变化。以人教版为例，三年级上下册一般每单元安排精读课文3篇，略读课文1篇，选读课文8篇；四年级上下册，精读课文减1篇，略读课文增至2篇，选读课文仍为8篇。

4. 高年级的阅读教材仍然注重图像系统的设置

图像系统是配合文字系统的一个独立的符号系统，也是影响学习效果优劣的重要因素。高年级教材对每一篇、每一单元的图像进行了精心的构思和编排。课文全部配有图画，一幅或多幅，逐渐以一幅为主，尽可能形象地再现课文内容，并使课文的重点表象得到凸显。插图数量相对于中、低年级呈减少趋势，即遵循“借助多幅图—借助几幅图—借助一幅图—尽量不借助图”的编排顺序，符合学生的思维特点和阅读特点。

（二）言语实践活动的呈现

人教版阅读实践的内容，仍然放在课后练习和单元练习中集中呈现。

1. 课后练习的呈现

考虑到学生的年龄特点和已经具备一定阅读能力的实际，高年级教材不再采用第一人称的叙述方式，精读课文中也取消了提示语。但是，仍然通过其他方式加强教材的导学功能，引导学生自读自悟，主动思考。

课文后的思考与练习，突出重点，兼顾理解和表达。如《地震中的父与子》，课后引导学生从文中找出外貌、语言描写，仔细体会。每篇精读课文一般安排四道题，有的引导朗读或默读，从整体上把握课文；有的抓住重点段落或重点语句进行深入理解；有的从表达方式上体会课文遣词造句的特点；有的从抄写、背诵方面提出要求。“思考与练习”从整体到局部、由浅入深地帮助学生理解课文，学习阅读方法，同时也更加关注文本，引导学生揣摩语言。另外，“思考与练习”采用了灵活安排和指定任务相结合的方式。如有的课文要求“背诵你喜欢的部分”“把你喜欢的语句写下来”，体现让学生自主学习的思想；有的课文则明确指出“背诵课文第三自然段”“抄写课文第七自然段”，加强学习的指导性，也便于学生和教师操作。

另外，在“小练笔”中引导学生联系课内外阅读和生活实际，记下自己的感受、见闻和想象。这样的编排，充分体现了课内外语文学习的紧密联系，拓宽了语文学习的渠道，通过语文活动和大量阅读，培养学生良好的语感和自主学习语文的习惯。

2. 单元练习的呈现

每个单元包括导语、课例、口语交际・习作和回顾・拓展四大部分，各部分相互联系，构成一个有机的整体。编排方式仍按专题组织教材内容，但专题的角度、内容更加灵活多样。以人教版五年级上册为例，有的专题是从思想内容的角度提出的，注重引导学生更多地关注社会，如“月是故乡明”“生活的启示”“不忘国耻”“振兴中华”；有的专题是从人物的角度提出的，如“走近毛泽东”，这组教材不仅展示了毛泽东作为领袖的风采，而且展示了他的文学才华和凡人情怀；还有的专题是从文体的角度提出的，如“学习说明性文章”，引导学生在了解文章内容的同时，学习一些基本的说明方法；有的专题虽然在前几册有类似的单元出现，如“父母之爱”，但本册教材在内涵上更加深化，不但表现亲子之间的浓浓深情，而且着眼于孩子的全面成长，表明严格要求、鼓励自立也是父母之爱。

“回顾・拓展”由三个栏目组成，其中有两个固定栏目，即“交流平台”“日积月累”，另有“展示台”“成语故事”“课外书屋”“趣味语文”穿插安排。从五年级上册起，将原先每组之后的“语文园地”，分成“口语交际・习作”和“回顾・拓展”两个板块。在“回顾・拓展”中新设“交流平台”栏目，旨在引导学生小结、交流本组语文学习的收获，并逐渐养成在学习过程中反思、总结的习惯。这个栏目是低、中年级“我的发现”的进一步发展，引导学生在一组教材学习之后，交流收获、体会，特别是侧重就阅读、习作、习惯养成的某一方面进行交流小结，以渐渐悟到读写的一些基本方法，养成良好的学习习惯。值得注意的是，教材中“交流平台”栏目里的提示，仅供教师教学参考，交流、总结的内容可以不受其限制。

高年级教材更加注重课内外语文学习的联系，除继续保持“资料袋”“阅读链接”两个栏目外，还鼓励学生在课外查找更多和课文相关的资料和文章，帮助理解课文和增加阅读量；教材还在“回顾・拓展”中增设了“课外书屋”这一新栏目，旨在介绍、引导学生读课外书，读整本的书，特别是读中外儿童文学名著。

（三）阅读习惯与课外阅读内容的呈现

两种呈现方式，一种方式是放在练习中呈现，如人教版。另一种是苏教版的编排方式，放在每册开头部分，利用彩色图片形象直观地呈现训练内容和要求，为学生创设了学习情境，提供了学习范例。如苏教版五年级上册“培养良好的学习习惯(9)”共有 5 页插图，其中第 1～3 页的主题是“读书做笔记”，第 4～5 页的主题是“随时使用工具书”，两者都是与阅读习惯相关的内容。

另外，为落实课标关于“少做题，多读书，好读书，读好书，读整本的书”的要求，苏教版高年级阅读教材在每册的第三单元，安排了“我读书我快乐”的栏目，给学生推荐一些名著，要求学生课外认真阅读，分别是《伊索寓言集》《上下五千年》《鲁滨孙漂流记》《西游记》(可以选读学生版)。课本还结合相关课文，安排了“名著便览”和“作家名片”的内容链接，以扩展学生的知识视野，帮助他们了解一些文学常识，给他们介绍一些适合阅读的名著。

现行高年级阅读教材的编排与呈现除考虑了学生的思维特点、阅读要求、阅读习惯等因素外，还特别注意与第四学段(初中)的衔接。由于过去小学与初中语文教材衔接不够，学生刚刚步入初中，对语文学习往往不大适应。此次编写第三学段教材，在教材结构形式上和选文的难度上，都注意向初中阶段的语文教材靠拢。这样就减缓了坡度，有利于小升初的衔接。

第二节 高年级习作教材

【动手做一做】把高年级习作内容找出来，看看教材选择了什么内容，这些内容之间有何逻辑关系？

【动脑想一想】分析所使用的高年级习作教材，看看所选内容是如何呈现的？

【动笔写一写】联系自己的教学实际，思考这种呈现方式对习作教学的实施有何指导意义？

一、高年级习作教材内容的选择

（一）从习作规模和要求的角度看，分为大作文和小作文

大作文的要求是“课内习作每学年16次左右”，小作文和语文学习的其他环节有机结合，灵活安排。现行高年级作文教材与中年级一样，仍然是“大小结合”。

（二）从习作的类型来看，安排了多种体裁的习作

随着学段的提高，学生的阅读面越来越宽，各种体裁的文章都进入了学生的阅读视野，这为学生学习不同体裁的写作做了很好的铺垫，教材因势利导安排了多种体裁的习作。

（1）要求能写简单的记实作文和想象作文：做到内容具体，感情真实；能根据表达需要，分段表述；并以整篇训练为主。记实作文主要有写人记事的和写景状物的。还有想象作文，包括编故事，看图想象作文，如“写一篇与浩瀚的星空和皎洁的月色有关的想象作文”。体裁多样化，形式上不拘一格，让学生自由表达，发展个性。

（2）读书笔记和应用文：从五年级上册始，要求练写读书笔记、读后感、梗概，这些习作形式都是首次出现，有的在教材中给出例文，有的则没有。这些习作本来没有固定格式，但由于学生是初次接触，为降低习作的难度，让学生尽快“上路”，教师可以先行示范，通过示范，给学生讲清楚写这类文章的基本要求。

（3）小练笔：主要形式有读写结合，仿照课文中的有关段落，进行仿写训练；观察课文插图写一段话；结合课文内容，进行想象写作；以及作文修改练习。另外还有根据提供的材料或课文内容续写、扩写、改写，结合课文场面描写等。

（三）从内容角度看，更加灵活多样，范围更加广阔

现行高年级教材主要按专题组织教材内容，与中低年级相比，专题的角度、内容更加灵活多样，范围更加广阔。有的专题是从思想内容的角度提出的，注重引导学生更多地关注社会；有的专题是从人物的角度提出的；还有的专题是从文体的角度提出的，如学习说明性文章，引导学生在了解文章内容的同时，学习一些基本的说明方法。有的专题虽然在中年级有类似的单元出现，但高年级要求要更高些。整体来看，高年级写作教材内容的指向性更加明显，即内容生活化，让生活走进语文、走进习作，让语文、习作走进生活。由此，让学生用身心经历、感受、体验生活，使学生感到习作是生活所需，生活为习作提供了可能。教材内容努力贴近学生的日常生活，鼓励学生“养成留心观察周围事物的习惯，有意识地丰富自己的见闻，积累习作素材”。如“写自己身边的小能人”(可以是语文、数学、体育、艺术等学科成绩优异的同学,也可以是电脑、制作、发明等方面的能手)。还有什么比这些小能人让学生更熟悉呢！他(她)就在学生的身边,他(她)和学生朝夕相处,学生对他(她)了如指掌,写他(她)那是太容易了。再如习作“请你观察一种自然现象,如朝霞晚霞,月圆月缺,春风春雨,雾起雾散等,把它的变化特点写出来,题目自己定”。这种根植于学生生活基础上的习作训练,就成为学生生活的一种需要,习作和生活就融为了一体,习作就成为了生活的一种自然的自我表露,写真事,讲真话,表真情就不再是一种外在的要求,而成为习作内在的必然。

(四) 作文修改练习

教材还有意识编入作文修改的内容:一是提示我们作文修改的方法与实践应是作文教学的重要内容之一;二是通过编排与呈现,指导学生学习修改的方法,所以在解读教材时要把握这种编排思路。其实作文修改,在中、低年段就开始了,只是其地位、要求相比高年段要低,高年段更是应该在写作篇章的要求上进行修改训练;另外,我们还要学会如何创造性地把握教材,处理好作文修改教材内容与自己修改实践的关系。

(五) 良好的写作习惯内容

前文已经讲过,习惯是在实践中养成的,是要靠反复抓、抓反复形成的,不是学成的。传统的教材没有明显的习惯内容,现行教材在这方面有了创新与突破,比较典型的就是苏教版教材,利用照片的形式,编排在每一册开头的“养成良好的学习习惯”内容中,这种编排和呈现给了习惯学习与地位要求的最大暗示。

二、高年级习作教材内容的呈现

(一) 大作文的编排有两种不同的编排思路

1. 与单元内容整合编排的思路

以人教版为代表,将原先每组之后的“语文园地”,分作“口语交际・习作”和“回顾・拓展”两个板块。每个单元包括导语、课例、口语交际・习作和回顾・拓展四大部分,各部分相互联系,构成一个有机的整体。高年级“口语交际・习作”开始独立成为一个栏目,并在有的单元中提供多个角度供教师和学生选择。

每一组从导语到课文思考题,从“口语交际・习作”到“回顾・拓展”,各个部分都力求从内容和形式上凸显本单元的学习重点:前面有布置,中间有铺垫,后面有复习、拓展、交流,整组教材乃至于全册教材成为互相联系的整体。例如,五年级上册第三组“学习说明性文章”,重点让学生掌握一些基本的说明方法。在导语部分即提出要求,在课文学习中主要通过课后思考题让学生了解本课的说明方法,在“口语交际・习作”中则尝试让学生应用一些基本的说明方法,在“回顾・拓展”中的“交流平台”里让学生归纳本单元所用的说明方法。通过这一条明晰的线索串起各部分的学习内容,全面推进学生的各项语文能力。

适当调整教材体例,将“口语交际・习作”单列。加强对“口语交际・习作”的指导,增加内容和形式的选择性。在“口语交际・习作”的编写上,主要有两种方式。一种是口语交际・习作独立呈现,其中有的是说写合一安排,有的则分开安排,内容更加丰富,形式更加灵活,指导更加得力,口头表达和书面表达的联系更加紧密。其中,有先说后写的,有先写后说的,有两者可以灵活处理的。教材中提示的文字,注意在内容上提供多个角度,在表达上提倡多种形式，增加了选择性，为学生回归常态进行口语交际和习作留有更大的创造空间。一种是融合在综合性学习之中，比如人教版五年级上册“遨游汉字王国”单元的习作。

2. 独立成章，呈现多元化

以苏教版为代表，高年级继续本着阅读与写作不是“一一对应”，而是“各成体系，双线并进”的思路进行编排与呈现。与习惯、课文、单元练习三大块并列，有的和单元内容相联系，有的围绕标准要求设置提示语、写作例文、写作要求、相关插图等。

高年级的习作教材也安排了一定的例文，并由中年级的片段为主变为整篇文章为主，多数根据同年级小学生的习作改写而成，贴近高年级学生的实际。有的例文由学生书写，印在作文稿纸上，意在从内容到书写格式(包括题目、标点符号所应占据的位置等)都为学生提供了样例，以利于学生循序渐进地打好习作的基础。

(二) 小作文的编排仍遵循大小结合、灵活设练的原则，方式灵活多样

主要有两种编排方式：一种是因课设练的小练笔(图 8－1)。这又包括两种形式：一是结合课文学习，安排相应的小练笔，作为片断练习。二是读写结合，放在课后练习中成为“小练笔”。如苏教版五年级上册《诺贝尔》课后习题 4“利用本课提供的材料，为诺贝尔写一篇一百多字的小传”，五年级下册《早》“学习第三自然段的写法，写一个你熟悉的处所”等。另一种是放在单元练习中呈现。高年级采用主题单元的方式组合教材。人教版五年级上册第二单元，便是围绕“自然的奥秘”这一主题选入了四篇相关内容的课文。《去打开大自然绿色的课本》《装满昆虫的衣袋》《变色龙》和《金蝉脱壳》则给学生提供了仔细观察周围事物的范例，使他们知道应当怎样去仔细观察；“诵读与积累”则要求学生诵读巴甫洛夫、伽利略、苏霍姆林斯基等人有关观察方面的名言，从而懂得观察的重要意义。本单元还安排了一个“小练笔”，要求学生“利用课余观察一种昆虫的活动，写一篇观察日记”。

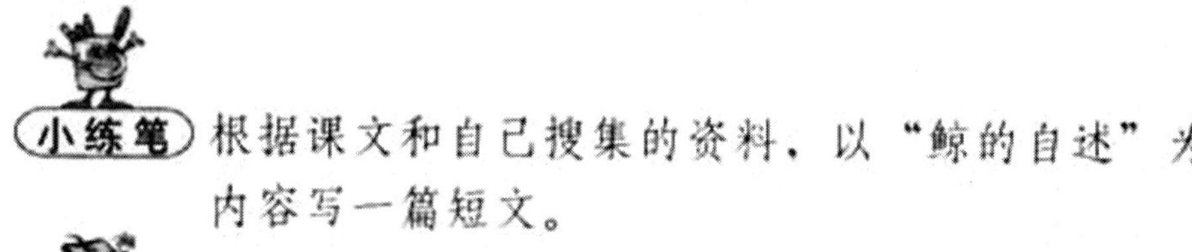

图 8－1 人教版五年级上册小练笔的编排

另外，还可以鼓励学生在生活中经常练笔，把这当做日常要求，鼓励学生随时把自己的所思、所想、所见记在日记中。

(三) 写作习惯的内容呈现

以苏教版为例，呈现方式与中、低年级一致，不再展开。高年级与写作习惯有关的内容是“自主修改作文”。

三、高年级习作教材呈现的理论依据

(1) 符合“读写结合”的语言教学规律：阅读是写作的基础，阅读积累得越多，写作的根基才越雄厚。体现在教材中主要是因课设练的小练笔，人教版的习作一般与本单元的阅读内容有关，就是考虑到读写结合的规律。

(2) 符合儿童学习写作的规律：苏教版教材的编排仍然出现习作课文，高年级学生以整篇习作训练为主，提供了最初的模仿或创造性模仿的范例。

(3) 符合系统论的观点：现行教材都以单元的方式组合教材，就是围绕专题，将写作与其他言语活动整合起来，以发挥其整体效应。

四、高年级习作教材呈现的逻辑思路

(1) 仍然是循序渐进、螺旋上升的结构。

(2) 结构上体现出学段衔接的特点。高年级的习作教材注意与第四学段(初中)的衔接。由于过去小学与初中语文教材衔接不够，学生刚刚步入初中，对语文学习往往不大适应。此次编写第三学段教材，在教材结构形式上和选文的难度上，都注意向初中阶段的语文教材靠拢。这样就减缓了坡度，有利于小升初的衔接。

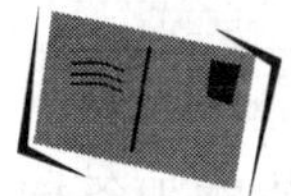

第三节 高年级口语交际教材

【动手做一做】 把高年级教材中口语交际的话题列出来，看看四册之间口语交际内容的编排有没有逻辑序列？如果有，你认为是什么？

【动笔写一写】 试着与中、低年级的口语交际教材内容进行比较，看看有何不同，把这种不同写下来，并思考什么样的内容适合高年级学生的口语交际教学。

【动脑想一想】 分析所使用的高年级口语交际教科书，看看所选口语交际内容是如何呈现的，这种呈现方式对口语交际教学的实施有何指导意义？

一、高年级口语交际教材内容的选择

综观课标第三学段“口语交际”的六个教学目标，高年级口语交际的要求着重在三个方面：一是乐于参与讨论，听人说话认真、耐心，能抓住要点，能简要转述；二是能根据交流的对象和场合，稍做准备，做简单的发言，表达要有条理，语气、语调适当；三是与人交流时能尊重、理解对方，语言要文明。

(1) 与中、低年级一致，从口头言语形式的角度，可分为侧重对话言语类的交际话题和侧重独白类的交际话题。综观高年级口语交际学习指标，“表达要有条理，语气、语调适当”“能根据交流的对象和场合，稍做准备，做简单的发言”的目标要求侧重独白类；“与人交流能尊重、理解对方”“乐于参与讨论，敢于发表自己的意见”“听他人说话认真耐心，能抓住要点，并能简要转述”“在交际中注意语言美，抵制不文明的语言”侧重对话类的要求。仅以苏教版五年级下册为例，“我来说一说：班上有同学过生日，同学们要不要送礼物？广告上说的，我们该不该相信……我们经常会遇到这类问题，请选择一个话题，说一说自己的看法”“介绍世界名城”“小小即兴演讲会”“影视剧评说”侧重独白言语类。“请你帮个忙”“畅想未来”“七嘴八舌话环保”侧重对话言语类。

(2) 从言语功能的角度，按照社会语言学派对言语功能的划分，高年级口语交际内容的编排如表 8-1 所示。

表 8-1 高年级口语交际内容的编排

言语功能	年段	功能项目举例	交际活动形式举例（以苏教版为例）
想象功能	高	表演	画画说说
交际功能	高	慰问、请教	学会请教别人
表现功能	高	报道	小小新闻发布会
启发功能	高	口头调查、访谈	健康小顾问
表达功能	高*	演讲、讨论、致词、评论	小小即兴演讲会
调节功能	高*	倡议、说服、竞选、辩论	影视剧评说

注：* 是高年级训练的重点。

“到了小学高年级，学生进入少年期。这时他们除了学习书本知识外，还积极参加各种课外活动和校外活动，参加少先队活动和社会公益劳动。他们的交际越出了家庭和学校的范围，人际联系逐渐成为他们的主导活动。这样就使语言的调节功能和根据不同对象施加影响的功能得到发展”。

二、高年级口语交际教材内容的呈现

从现行比较有影响的人教版、苏教版的编排来看，高年级内容的呈现与中、低年级一脉相承，仍放在单元练习当中单独呈现，也是综合运用图标、图案、线条、颜色等活泼并富含寓意和年段交际特点的形式引出口语交际专题。如苏教版口语交际的话题由一个“女同学正在说话的图片”暗含高年级段交际特点的图标，引出口语交际专题(图 8-2)。人教版图标配合内容有两种形式，一是单独的口语交际话题，是两个“靠在一起，朝向相反的麦克风”；一是与习作编排在一起的，是“两个交叉在一起的麦克风”。

图 8-2 苏教版口语交际图标

另外，口语交际内容放在单元练习中编排，并不是学完整个单元处理练习时再进行口语交际内容的教学，而是在整个单元学习期间，根据需要随时涉及本次交际话题，甚至可以根据单元主题或课文情境或学生情况的需要，参考话题设置，变换话题内容。

口语交际内容主要有两种呈现方式：

1. 单独呈现

由三个部分组成，即话题、情境图和教学要求提示。以苏教版五年级下册为例，口语交际内容的编写一般来说是由话题和提示语组成。话题简洁明了，直指本次口语交际训练的内容。提示语一般分为三个部分，第一部分是提出话题，往往以描述式和问题式呈现。例如，“请你帮个忙”中的“生活中，你也许会遇到一些麻烦，碰到一些困难。如果请人帮个忙，这些困难和麻烦真的算不了什么”，这是描述式的呈现；再如“畅想未来”中的“未来的世界是怎样的”,“我来说一说”中的“班上有同学过生日,同学们要不要送礼物”等都是问题式的呈现。第二部分是提供一些训练的话题,或直接列举,或启发引导,主要是为师生展开一个广阔的口语交际训练的情境,便于教师有效地进行口语交际训练。如“请你帮个忙”中列举了三个参考话题,然后又以“这样的例子太多了,大家一起来回忆”进行启发;再如“畅想未来”中“对未来的科技,未来的衣食住行,未来的你,未来的……”前部分是列举一些参考话题,省略号又给师生留下了一个很大的空间,便于师生共同创造。第三部分是对本次口语交际训练要求的提示,一般从训练的形式与方法等方面进行友情提示。如“请你帮个忙”中“想一想,如果请别人帮忙,你该怎么说?如果别人请你帮忙,你又该怎么说”。再如“介绍世界名城”中的“选择其中一个你感兴趣的城市,找找资料,给同学们作介绍”,引领学习方式,便于学生合作探究。课标倡导自主、合作、探究的学习方式,编者在这方面进行了积极的探索,通过教材加强引领作用。如“我来说一说”中“我们经常会遇到这类问题,请选择一个话题,说一说自己的看法”。让学生任选一个话题体现了学生的自主性;对于这个话题怎样谈出自己的观点,自己是持什么态度,持这种态度的理由是什么等,都需要学生进行深入的思考与探究;说一说自己的看法,说给谁听,听者反对自己的观点该怎样坚持等,都需要和别人进行合作与交流。

另外,内容图文并茂,便于教师组织教学。编者遵循学生心理和语言发展的规律,联系学生的生活,在口语交际中设计了插图。这样采用图文并茂的形式不仅创设了交际的情境,还唤起了学生交际的欲望,让学生在生动活泼的情境中进行口语交际的训练。如“畅想未来”中画了三个学生正展开想象的翅膀:一个畅想自己正驾驶着直升机在祖国的蓝天上遨游;一个畅想自己穿着宇航服登上月球,进行科学考察;一个畅想自己正驾驶着海底飞船,在欣赏五彩斑斓的海底世界……这样的插图怎能不把学生引入到一个神奇的想象天地呢?这里特别需要指出的是千万不要把这些插图当做看图说话的材料,口语交际绝不是看图说话。要注意的是插图的作用相对于中、低年级来说,侧重在引起联想,激发动机,而与内容的直接联系相对减少,不再是规定内容的一部分。

2. 按照围绕专题整合教材内容的思路呈现

人教版高年级口语交际教材有三种编排方式:

第一种是口语交际与习作整合编排,体现口语交际与习作一体化思路(图 8-3)。以五年级上册为例,这七次口语交际有的是结合专题内容,有的是从学生生活和思想实际出发而安排的话题;有的单元只提供一个话题,有的则提供两三个角度供教师和学生选择。本册的口语交际,首次安排了辩论和演讲的形式,教师要注意不要拔高要求。口语交际的内容和写作的内容相关联,先口语交际,再写下来。体现了阅读、口语交际和写作相整合的编辑思路,符合语文学习特点,提高了口语交际教学的效率。另外,高年级口语交际教材基本上不再配插图,文字底色开始以黑白为主。

第二种是口语交际和习作组合编排。即在“口语交际·习作”标题下,口语交际和习作分别呈现,都围绕单元专题设置内容,相互之间没有直接的联系(图 8-4)。

第三种是融合在单元内容当中,不再单独出现。比如五年级上册“遨游汉字王国”单元的口语交际内容就融合在整个综合性学习中(图 8-5)。

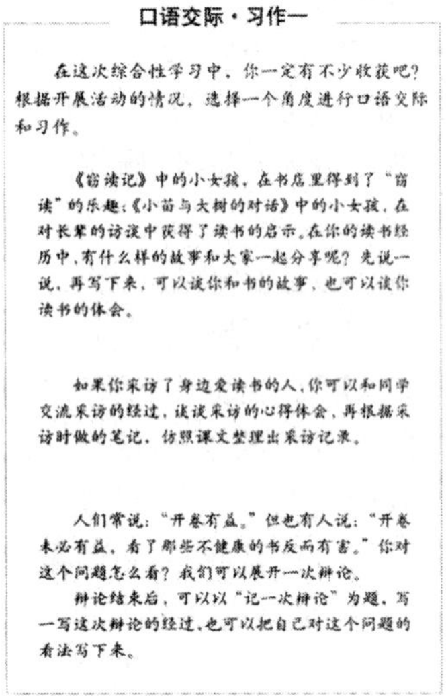

口语交际·习作一

在这次综合性学习中，你一定有不少收获吧？根据开展活动的情况，选择一个角度进行口语交际和习作。

《窃读记》中的小女孩，在书店里得到了“窃读”的乐趣；《小苗与大树的对话》中的小女孩，在对长辈的访谈中获得了读书的启示。在你的读书经历中，有什么样的故事和大家一起分享呢？先说一说，再写下来，可以说你和书的故事，也可以谈你读书的体会。

如果你采访了身边爱读书的人，你可以和同学交流采访的经过，谈谈采访的心得体会，再根据采访时做的笔记，仿照课文整理出采访记录。

人们常说：“开卷有益。”但也有人说：“开卷未必有益，看了那些不健康的书反而有害。”你对这个问题怎么看？我们可以展开一次辩论。

辩论结束后，可以以“记一次辩论”为题，写一写这次辩论的经过，也可以把自己对这个问题的看法写下来。

图8－3　人教版口语交际·习作内容呈现示例一

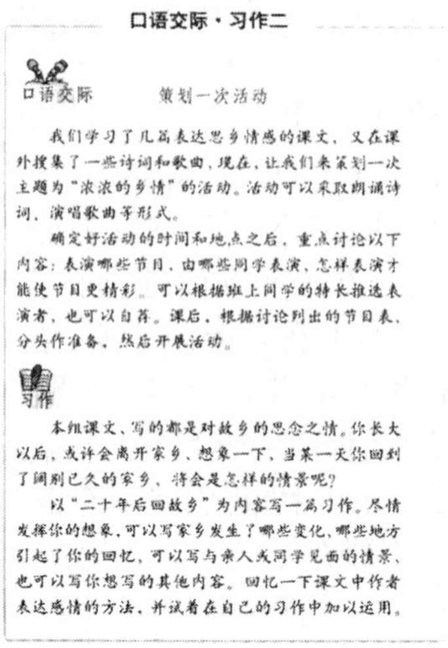

口语交际·习作二

口语交际　　策划一次活动

我们学习了几篇表达思乡情感的课文，又在课外搜集了一些诗词和歌曲，现在，让我们来策划一次主题为“浓浓的乡情”的活动。活动可以采取朗诵诗词，演唱歌曲等形式。

确定好活动的时间和地点之后，重点讨论以下内容：表演哪些节目，由哪些同学表演，怎样表演才能使节目更精彩。可以根据班上同学的特长推选表演者，也可以自荐。课后，根据讨论列出的节目表，分头作准备，然后开展活动。

习作

本组课文，写的都是对故乡的思念之情。你长大以后，或许会离开家乡，想象一下，当某一天你回到了阔别已久的家乡，将会是怎样的情景呢？

以“二十年后回故乡”为内容写一篇习作。尽情发挥你的想象，可以写家乡发生了哪些变化，哪些地方引起了你的回忆，可以写与亲人或同学见面的情景，也可以写你想写的其他内容。回忆一下课文中作者表达感情的方法，并试着在自己的习作中加以运用。

图8－4　人教版口语交际·习作内容呈现示例二

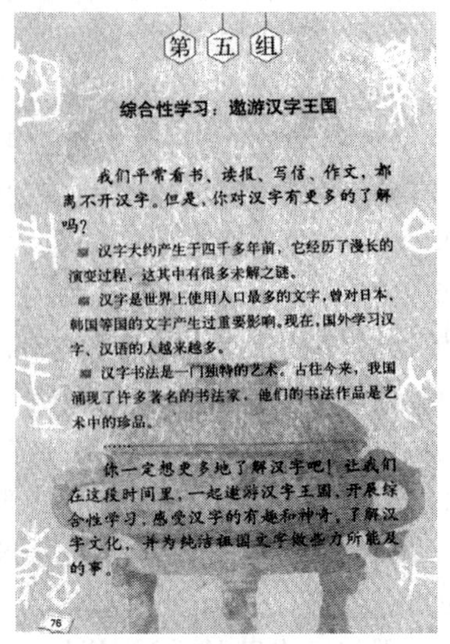
第五组

综合性学习：遨游汉字王国

我们平常看书、读报、写信、作文，都离不开汉字。但是，你对汉字有更多的了解吗？

■ 汉字大约产生于四千多年前，它经历了漫长的演变过程，这其中有很多未解之谜。

■ 汉字是世界上使用人口最多的文字，曾对日本、韩国等国的文字产生过重要影响。现在，国外学习汉字、汉语的人越来越多。

■ 汉字书法是一门独特的艺术。古往今来，我国涌现了许多著名的书法家，他们的书法作品是艺术中的珍品。

你一定想更多地了解汉字吧！让我们在这段时间里，一起遨游汉字王国，开展综合性学习，感受汉字的有趣和神奇，了解汉字文化，并为纯洁祖国文字做些力所能及的事。

76

图8－5　人教版口语交际·习作内容呈现示例三

三、高年级口语交际教材呈现的理论依据

(1) 课标的要求：一是第三学段的目标要求，二是贴近高年级学生交际经验的要求。

(2) 高年级言语发展特点：高年级儿童书面语言的发展已经超过口头语言的发展。高年级口语交际，体现出与阅读和写作等书面语言的理解和表达的情境相结合的特点，促进口语的书面化发展。已形成和发展起来的书面语能反过来丰富和改进口头言语，儿童的口头言语中越来越多地加入了书面言语的成分，口头言语日益变得更精练、更有条理、更复杂。

(3) 高年级儿童思维发展特点的要求：高年级学生的交际，越来越少借助图像的帮助，原因有三方面：一是训练的需要，二是可以拓展交际空间，三是发挥个人的想象，交际个性化加强。

四、高年级口语交际教材呈现的逻辑思路

(1) 学段衔接的思路：以人教版为例，三年级开始口语交际和习作组合编排，四年级口语交际和习作组合或整合各占一半，高年级将口语交际和习作整合到一个标题“口语交际·习作”中，到了第四学段，进一步将“写作·口语交际·综合性学习”整合在一起。

(2) 直进式与螺旋式上升并行的编排思路：与中年级的编辑思路一致，现行教材构建的序列体现了口语交际教学一条主体直进、螺旋式上升的线路。高年级口语交际教学侧重表达功能、调节功能，形式以演讲、讨论、评论、辩论等为主，比如人教版五年级上册首次安排了辩论和演讲的形式，介绍类、学会类的话题反复出现，但内容和要求都有了不同。

第九章　高年级语文教学

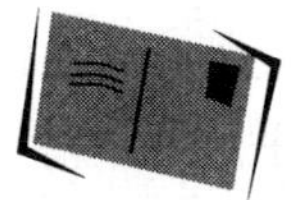

第一节　高年级识字与写字教学

【动手查一查】 请就中、高年级阅读教学第一课时的教案各找一篇(最好是自己的),比较其中的识字与写字教学环节是如何设置的,并概述下来。

【动笔写一写】 高年级的识字教学与中年级的识字教学有何不同?

【动脑想一想】 结合上面的两个准备,你认为高年级识字与写字教学的重点和难点在哪里?

一、高年级识字与写字教学设计的思路与方法

学生通过前四年的学习,已经具备了一定的独立识字能力,总体来讲,高年级识字与写字教学的设计思路与中年级基本一致,只是要求更高,要更加放手,要有别于中年级。

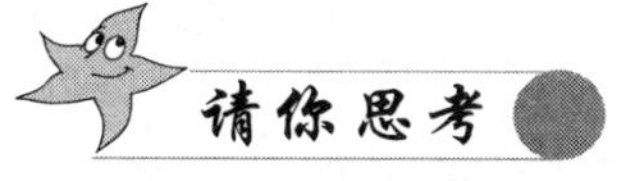

整体把握高年级识字与写字课堂教学设计的思路与方法,要明确已经具备了哪些前提条件。

一是学生通过前四年的学习,已经具备了初步的独立识字能力,养成了主动识字的习惯,高年级识字教学的重点就是继续培养学生独立识字能力,达到较熟练程度和较高的水平。二是继续积累认识常用汉字 3 000 个,其中 2 500 个左右会写。三是继续使用字典、词典,达到较熟练程度。四是硬笔(钢笔)书写正楷字,在规范、端正、整洁基础上,讲求一定的速度,讲求行款的整齐。在用毛笔临摹正楷字帖基础上能用毛笔书写楷书,在书写中体会汉字的优美。

一般来看,高年级的识字与写字课堂教学设计思路主要有两种:一是随课文识字,二是与课堂教学相关联的课外识字。

1. 随课文识字与写字的设计思路

通过现行教材的分析,高年级的识字都随课文安排。无论是精读课文还是略读课文,课文中的多音字或生字都有注音,学生认字并不困难,可以让学生课前自学或在小组里合作完成。教学中,老师可以就多音字、难写的字、易混淆的字形作重点指导,引导学生用识字规律识记生字。另外,课内要留有一定的写字时间,指导学生写好笔画、笔顺,安排好字的各个部

件及间架结构,把字写端正、写美观。在强调写字质量的同时,还可适当要求提高写字的速度,并养成良好的写字习惯。对于要写的生字、精读课文中出现的新词,老师引导学生随时抄写,及时听写检测。

对于书写练习,除课堂生字学习指导外,主要凭借配套的钢笔字和毛笔字写字教材,进行指导和书写训练,及时纠正学生在书写过程中出现的问题,同时培养学生的书写兴趣和爱好。

2. 与课堂教学相关联的课外识字的设计思路

与中年级相比,此部分的比重和频率应更大些,领域更广泛些,要注意的是教师要鼓励学生在课外阅读中大胆猜读和跳读,运用所学识字方法推知生字的大意,以便在手边没有字典、词典的情况下,不妨碍阅读。

二、高年级识字与写字教学的实施

1. 引导学生独立识写:由“扶”到“放”

进入高年级,学生已经积淀了一些识字经验,具备了初步的识字能力,教学要逐步完成“他主识字”向“自主识字”的转变,由外部调控为主向自我调控为主转变,为向第四学段的过渡打下坚实的基础。

苏教版第9册《广玉兰》。

师(边写边讲):谁来写一写“孕育”的“孕”字?

(生写,开始没有写好,因为“孕”上面的“乃”字没有给下面的“子”留下足够的空间;后来在老师的指导下写得不错。)

师:现在请你给大家讲讲这个“孕”字。

生:“孕”有一个大大的肚子,肚子里有个孩子。我想到“孕”的意思就是生孩子。

师:你的悟性可真高。

案例中放手让学生尝试书写,由不规范到规范,亲历了一个摸索体验过程。教师充当着组织者、引导者的角色,当学生遇到困难时,适时点拨,学生顺利完成了识字任务。因此,高年级生字教学既不能“抱着走”,又不能“散放羊”,应为学生铺设好独立识字的道路,并从旁加以必要的点拨。

2. 引导学生在阅读中识字:由“学”到“用”

苏教版第9册《广玉兰》。

师(指“婴儿”一词):谁来读?

一男生粗声读“婴儿”。

师(笑):听你的语气不像婴儿,起码是壮年。

学生立刻明白,举起一片小手,指名读词语。

师:你为什么这么读?

生:因为婴儿刚生下来,非常娇嫩,所以要读得轻柔。

指名读句子。齐读“盛开着的玉兰花,洁白柔嫩得像婴儿的笑脸,甜美、纯洁,惹人喜爱。”

(学生读得很投入,也很有味道。)

该教师在教学“婴儿”一词时，没有简单地解释词语的意思，而是让学生反复地读。开始，学生并没有找到“婴儿”的感觉，后来在教师的巧妙指导下联想到新生儿的娇嫩、柔弱，顿生怜爱之心，感觉有了，再放到句子中反复读，在朗读中建立起抽象的文字符号与具体事物之间的联系。这种方法至少有两点好处：有利于积淀语感；有利于进入课文情境。

3. 引导学生在语境中识字：由零散到整合

苏教版第9册《麋鹿》。

（初读课文自学生字新词后出示语段。）

师：本课的生字很多，老师把它们编进了下面一段话中，你们能把这段话正确地读出来吗？

麋鹿俗称“四不像”，其角、尾、蹄、毛等独具特色。麋鹿胎生，孕期长，生长慢，喜欢生活在气候温和、林茂草丰的湿地环境中。麋鹿曾因在战乱中惨遭杀戮，在故土销声匿迹。后来，在颠沛流离并几乎要灭绝于欧洲时，英国的贝福特公爵深明大义，收养了世界上仅存的18头麋鹿于自己的私人别墅——乌邦寺，由于饲养得法，麋鹿生长良好，并迅速繁殖。1986年8月，39头麋鹿结束在海外的漂泊生活，经过长途跋涉，回归故土，回归自然。至今，麋鹿总数估计已逾千头。

一般说来，生字在课文中是分散的，如果把生字抽取出来逐一学习，不仅学生学习积极性不高，而且费时低效。案例中该教师把零散的生字整合在一段话中，学生的识字便成了扫除阅读障碍的过程；由于有了语境的支撑，学生的识字过程成了有意义的识记，更容易在相应的语境中复苏。再如在《广玉兰》生字教学中，如果将“孕育”“婴儿”“圆茎”放在一起教学，利用它们在文中的意义联系，可以牵一带二，相互增益。

三、高年级识字与写字教学的评估

根据课标的目标和评价要求，高年级识字与写字教学的评估应着重在以下两个方面：一是评估的重点应放在学生独立识字能力上；二是硬笔书写的评价要侧重行款整齐，有一定的速度。在具体的评估过程中，应围绕上述重点进行，关于具体的评估方式方法与低年级基本一致，操作过程中应结合高年级识字与写字教学的侧重点以及该年段学生的认知特点，寻求具体的评估方法。

【请你分析】如果你教过高年级，请分析一份高年级学生考试的试卷，看看识字与写字方面是如何设计题目的，学生作答的情况如何，试卷上的字写得怎样？从结果中看看我们的教学还存在哪些问题？由此，看看这个小学阶段一以贯之的基本功有没有做扎实。

四、请你来做

案例分析：下面是人教版五年级上册的一篇课文《新型玻璃》的两个设计片断，读后请结合案例具体分析并回答以下问题：

（1）两篇设计的识字教学思路有何不同？

（2）你认为哪种设计更适合你的教学，为什么？

《新型玻璃》教学设计片断一

北京市东四九条小学　汤亚宁

第一课时

一、揭示课题，激发兴趣

1. 同学们，你能说说日常生活中，玻璃有什么作用吗？

2. 教师板书课题，点明“新型”。“新型”是什么意思？

3. “新型玻璃”是什么意思？看到这个题目你想提出什么问题？

二、自学生字，读顺课文

1. 读课文，在文中划出生字、新词及不理解的词。

2. 不认识的字可在小组解决，也可查字典解决，注意要读准字音。

（“看守”中的“看”读 kān；“粘在一起”中的“粘”在本文中读 zhān，“调节”中的“调”读 tiáo。）

3. 运用自己喜欢的方法，记住难写的生字。

4. 巩固练习，教师可出示小黑板或投影片，检查学生生字掌握的情况。

……

四、布置作业，练读课文

1. 书写本课的生字、新词。

2. 自己练习朗读课文。

《新型玻璃》教学设计片断二

北京市史家小学分校　屈　平

第一课时

一、导入

板书课题：新型玻璃

我相信同学们都见过玻璃，而今天这篇课文将给我们介绍几种我们从没有见过的玻璃。

“新型”是什么意思？

（新的类型、新的品种。）

“新型玻璃”是什么意思？看到这个题目你能提出什么问题？

（新型玻璃在哪里？它有什么作用？新型玻璃“新”在哪里？有多少种新型玻璃？等等。）

二、初读课文，自主预习

1. 自由读课文，要求做到读准字音，通顺连贯

2. 自学生字

（1）同学自学生字，注意生字的字音和字形。

（2）出示生字、词的幻灯片，检查生字、词的认读情况：同桌互读、指名读，提出不理解的词语全班交流、解答。

认读：盗窃、嫌疑、夹丝、粘、噪音、废水、安然无恙、藕断丝连。

重点理解“安然无恙”：平安，安安稳稳地，没有受害等词语。

3. 巩固练习

以组词的形式来做巩固练习。教师可出示小黑板或投影片。

比一比，再组词。

型（ ） 费（ ） 付（ ）
形（ ） 废（ ） 寸（ ）
占（ ） 绸（ ） 阻（ ） 浅（ ）
粘（ ） 调（ ） 祖（ ） 践（ ）

4. 指名逐段读课文

检查是否达到了正确、流利朗读课文，重点指导易读错的字音。

例如：特殊（shū）、仍（réng）然、即（jí）使、调（tiáo）节、处（chǔ）理、奇迹（jì）。

……

四、复习、巩固、听写八个生字

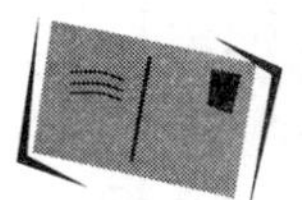

第二节 高年级阅读教学

【动手查一查】教过几年语文的老师，或许会产生这样的疑惑："语文怎么越教越难教了！""语文为何越教越糊涂了！"我们一直在兢兢业业地备课、探索，什么"立美语文""智慧语文""诗意语文""本色语文""简单语文""情智语文"的新概念不绝于耳，什么才是好的语文课？就你的疑惑，查一查相关资料，对这个问题有个认识，你的课堂教学就有了根。

【动脑想一想】比较中年级的课堂教学，高年级的阅读课发生了哪些变化？

【动笔写一写】你认为高年级的阅读教学如何设计才是高效的？

一、高年级阅读教学设计的思路与方法

综合"课标"在第三学段关于阅读教学的要求，除了朗读、背诵等常规训练外，本阶段的训练重点主要有以下几个：

（1）提高默读速度，学会浏览。

（2）体会词句的感情色彩和表达效果。

（3）揣摩表达顺序，体会思想感情，领悟表达方法。

（4）学会阅读叙事性作品、诗歌和说明性文章。

到了高年级，应继续重视词、句、段的训练，同时把理解的重点放在整篇课文上。要指导学生抓住课文的主要内容；揣摩文章的表达顺序（文章的结构），体会思想感情，领悟表达方法的好处；敢于表达自己的看法、感悟。朗读不仅做到正确、流利，而且要准确地表达出作者思想感情的发展变化；默读既要提高理解水平，又要提高默读速度。另外，要更加重视自读、研究性阅读教学的设计。提倡"单元教学"，教学设计时应认真研究单元的组合、各部分教材之间的内在联系以及如何发挥各部分教学内容的协同作用。

高年级第一课时的主要教学目标可包括：① 检查预习；② 掌握本课出现的生字词（中年级还要缩短此环节的时间）；③ 确保人人都能正确、流利、有感情地朗读课文，重视有感情地朗读课文（对②、③两项要求主要通过课前预习及课堂反馈予以落实）；④ 把握课文要点及

主要内容。

第一课时的基本教学流程：① 创设情景、引发猜想；② 放手试读，整体感知；③ 强化初读，确保正确、连贯；④ 强化对生字(词)的认知；⑤ 课堂练写生字。

高年级第二课时的主要教学目标可包括：① 高年级主要是从文体、表达顺序、关键词句去体悟课文的思想感情，把握它的表达方式与方法，体会其表达效果；② 熟读背诵，形成积累；③ 当堂巩固，适度拓展。低年级安排的是识字写字的练习，中、高年级适当安排拓展性阅读及读写结合的练习。

第二课时的基本教学流程：① 复习；② 围绕话题，选择重点，读中感悟，以读见悟；③ 熟读背诵，形成积累；④ 课堂练习；⑤ 课外延伸。

二、高年级阅读教学的实施

(一) 主要内容的阅读教学思路与方法

1. 词句教学

词句教学，在中、低年级基础上有了更高要求：一是理解词语的语境意义；二是辨别词语的感情色彩；三是推想词句的内涵，体会表达效果。

研读重点词语，让学生品味词语使用的精妙。“能联系上下文和自己的积累，推想课文中有关词句的意思，辨别词语的感情色彩，体会其表达效果”。也就是说感悟词语要联系语言环境，要与学生的生活经验联系，要让词语深入到儿童的精神生活里去。如《水》的最后一段是这样写的：“母亲锁上水窖，笑着对我们说：‘你们真的饿坏了。’这是我至今为止唯一听到的将‘渴’说成是‘饿’的话。”母亲为什么把“渴”说成是“饿”呢？是值得玩味的。再如，学习《春光染绿我们双脚》可以让学生品味“荡漾的碧波轻抚着河畔的小草”中“轻抚”一词使用得精妙。在学生品味了这一词语运用得精妙后，还可以让学生展开合理的想象练习说话：“柔和的春风轻抚着……”“蓝蓝的海水轻抚着……”“老师温暖的手轻抚着……”。这样品味词语与运用词语有机地结合起来，能有效地培养学生的感悟能力。

句子教学，在中年级的基础上，结合段篇的教学继续体会和推想关键句子的内涵。

2. 默读教学

进入高年级，默读要由第二学段的“初步学会”变为“默读有一定的速度，默读一般读物每分钟不少于300字”，要求明显提高。默读能力包括两方面，一是能够准确理解课文的内容；二是有一定的速度。高年级学生课外阅读面越来越广，阅读任务也加大了，默读的速度越快，单位时间内获得的信息就多，小学高年级默读训练的重点应放在速度训练上。随着默读能力逐步增强，可选用说明文和论说文来默读。

高年级默读教学的思路与方法主要有：

第一，指导学生提高默读速度。① 学会“扫读”，扩大视域。也就是由原来的一字一句，变为一眼就扫过一句、一行或者几行。② 扫视与默思相结合。也就是脑子跟着眼睛的扫视思考，弄清楚眼睛扫过的文字说的是什么。只有要求一边读一边思考，边读边圈注，学生才能在默读的过程中有所收获，才能实现与文本的真正对话。③ 限制默读时间。就是根据要求，让学生在限定的时间内默读课文，然后检查默读效果。

第二，强化默读意识，培养默读习惯。任何一种技能，必须通过训练达到熟练的程度才能成为习惯。默读与朗读的反应机制不同，默读时对文字符号的感知是眼脑直映，因此默读不能出声，不能以单个的字为认读的单位。到了高年段，要提高默读速度，只有在继续保持这种习惯的基础上，在一次又一次的默读实践中，学会快速捕捉文本信息，最终形成技能和习惯。默读不但有助于学生阅读能力的提高，而且也有助于学生“潜心会文”“瞻前顾后”“圈画批注”“探究发现”等良好读书习惯的形成。

第三，指导学生学习浏览。小学高年级要求“学习浏览，扩大知识面，根据需要搜集信息”，浏览也是一种默读的方式，因其目的不同于默读，方法也与默读有异。浏览多用于搜集材料。基本方法是扫视，无关的信息，就要一扫而过。一般说来，浏览一本书，应先看目录，从目录中找出哪些章节可能有自己需要的材料，然后浏览有关章节。浏览一篇文章，一般先看文章的小标题，从中找出自己需要的材料，然后浏览有关部分，如果没有小标题，可逐段浏览。浏览的训练，最好和综合性学习或语文教学的活动结合起来进行。

此外，默读教学中也要注意和朗读等方式的结合，以发挥两者的综合效应。

3. 篇的教学

（1）高年级篇的教学的主要内容：篇的教学是在学生能够理解词句、读懂自然段的基础上进行的，主要内容包括两个方面；一是把握课文的主要内容，体会作者的思想感情；二是揣摩文章的表达顺序，初步领悟文章基本的表达方法。

我们知道，阅读是一种“双向”心理过程。首先，从语言文字到思想内容。读一篇文章，先要感知文字，从字词到句子，从句子到段落，从段落到全篇，逐步读懂。如果是文学作品，还要再现作者创造的艺术形象，感受作者寄托的思想感情。如果是说明文或议论文，要把一个个的语言单位形成意义联系，理解文章的内容。在此基础上，进一步把握文章的基本观点或中心思想，抽象出文章的意义，明确作者的写作意图，这是由文字到思想、由形式到内容、由部分到整体、由现象到本质的心理过程，这个过程侧重于理解。其次，从思想内容到语言文字的分析过程。从已经探索到的中心思想出发，研究作者怎样围绕中心选择材料，怎样剪裁取舍、谋篇布局，怎样根据中心的需要记叙描写，怎样准确地遣词造句等。这个过程侧重于运用，与上述侧重于理解的过程正好相反，是从思想到文字，从内容到形式，从整体到局部，从本质到现象。这个“双向”过程是密不可分的。

（2）篇的教学要点：

第一，引导学生把握课文的主要内容，体会文章表达的思想感情。把握课文主要内容是体会作者思想感情的基础，但两者不是线性的先后关系，而是相辅相成的统一的过程。把握主要内容的过程中，初步感受课文的思想感情，在感受了作者的思想感情后，会对主要内容有更深刻的理解。为论述的方便，分开阐述。

你认为做到什么程度才算是把握住了课文的主要内容？你平时有什么好的方法？

把握课文的主要内容，是读懂课文的重要标志，这也是高年段重点训练的内容和能力。简单说来，把握课文的主要内容就是能用较简洁的语言概述课文的要点。实践中需根据课文特点采取灵活的方法，引导学生抓住课文要点，然后用课文中的语言或自己的话进行概述。比如对于层次结构较清晰的课文，可采用先给课文分段、归纳段落大意，在深入理解每段内容的基础上，将各段段意整合成一段连贯的话，这一段话就是课文的主要内容；还可以采用灵活的训练形式，引导学生在训练中把握文章的主要内容。比如教学《只拣儿童多处行》，课文比较长，教师可以设计这样的问题“在作家冰心奶奶的眼里，儿童就是……就是……就是……”。教师要有意识地依据课文的不同特点，指导学生运用不同的方法概括课文的主要内容，并在实践中领悟一些把握文章主要内容的方法，把课文读短、读快，通过反复运用，逐步熟练，形成能力。但要防止两种倾向：一种是过于简单，如把《东郭先生和狼》这篇课文概括为“东郭先生和狼的故事”；另一种是过于繁琐，几乎是复述课文内容，这说明学生还不能分清主次，抓不住要点。出现这两种情况，可能是因为学生还不懂怎样概括课文的主要内容，也可能是对课文内容没有较准确的理解。教师要针对学生的实际情况，给以具体指导。

指导学生体会课文的思想感情，最重要的方法是培养学生在阅读的时候，把心放到课文中去，设身处地的像作者那样去想，仿佛自己身临其境。如有一篇课文《假如只有三天光明》，作者海伦·凯勒是世界闻名的女作家和教育家，又是一个又盲又聋的残疾人。阅读时如果学生想象自己就是一个又盲又聋的人，什么也看不见，什么也听不到，只能凭触觉来了解世界，对课文中的“一件东西一旦失去，才会留恋它”“黑将使她更加珍惜光明；寂静将使她真正领略喧哗的欢乐”等语句就能理解得比较深刻，就能被作者那种渴望光明、热爱生活、珍惜生命的思想感情深深地打动，对作者提出的“假如你只有三天的光明，你将如何使用你的眼睛”等问题，就会严肃认真地去思考，并从中受到启发。指导学生体会课文的思想感情，还要启发学生联系自己的实际，使他们跟课文表达的思想感情产生共鸣。另外，有感情地朗读也是体会课文思想感情的一种重要方法。

第二，揣摩文章的表达顺序，初步领悟文章基本的表达方法，学用结合。叶圣陶先生曾经说：“看整篇课文，要看明白作者的思路。思想是有一条路的，一句一句，一段一段，都是有路的，这条路，好文章的作者是决不乱走的。”所谓课文的表达顺序主要是指语序、句序、表述顺序、结构关系，如句子成分的前置、句子顺序（顺叙、倒叙、插叙、并叙）的安排，以及句子或段落间的内在关系等。之所以采用这样或那样的表达顺序，一是为了更加清楚、明白地反映感知或认识的过程；二是突出或强调留给自己印象最深的事件、场景、人物、画面，更好地表达自己的思想感情。比如，《鼎湖山听泉》一课紧紧围绕着“听泉”这一中心，交织安排了四个顺序：一是游览顺序；二是时间顺序；三是途中边看边听、入住后边听边想的顺序；四是由表及里的感受、认知顺序。游览顺序在交代听泉位置的同时暗示了听泉的效果；时间与游览顺序的同步，暗示了听泉环境的不断变化；途中边看边听、入住边听边想的顺序安排，既使“泉形”与“泉声”融为一体，也为入住后听泉时产生联想埋下了伏笔；游览、时间、白天边看边听，晚上边听边想的顺序也同时暗示了由表及里的感受和认知顺序。另外，中间有关入住地点的环境描写，也为后面的感受认知做好了铺垫。通过对以上交织在一起的表达顺序的揣摩，不但让我们能对作者亲近大自然、热爱大自然、赞美大自然的情怀有所感悟，同时也能让我们领悟到作者紧紧围绕重点，前后联系，相互呼应，由表及里表达方式的匠心独运，体悟到这种表达顺序暗含的表达效果。

对于高年级的学生来说，能把握住文章的脉络，明白作者的思路即可，着力点可放在读写的结合上。① 着眼于写法的迁移。每篇课文视其自身的特点以及该阶段作文教学要求，可以让学生模仿课文中典型的句式、段式以及有效的写作方法进行练笔。比如,《火星——地球的“孪生兄弟”》一课的第一段主要写地球和火星这兄弟俩长得太像了。可以让学生模仿写话:“我和……是一对形影不离的好朋友。我们一起……一起……一起……甚至……”。② 着眼于语言的重组和扩展。课文中有很多优美的语句可设计一些练习让学生活学活用文中富有表现力的语言。如教学完《爱如茉莉》,教师可以编成小诗——“爱是妈妈劳作的身影,爱是妈妈羞红的脸,爱是对亲人的片片思念,爱是费尽心思编织的美丽谎言……”让学生诵读及续写。③ 着眼于内容的生发。习作内容无所依附,学生的练笔就必然落空。内容的生发点往往在课文的空白处、矛盾处、关键处……抓住它可以“借题发挥”。如教学《海伦·凯勒》一课,可以让学生读读下面几句名言——“无论对任何困难,我绝不屈服(居里夫人)”“逆境是人生最好的大学(别林斯基)”“苦难是人生的老师(巴尔扎克)”,想想海伦·凯勒成长的故事,尝试着写一句自我勉励的话,并署上自己的名字。袁枚说得好“但肯寻诗便有诗”,只要肯“寻”,每篇课文都能找到好的读写结合点。

如何让范文的语言内化成自己的语言?既要注意“学文如聚沙”的渐进性,又要注意“反复习染”的有效性。

(二)主要体裁的阅读教学的思路与方法

此部分主要介绍一下说明性课文的教学。我们比较同意苏教版小学语文教材培训部主任孙景华的观点:课标所说的“说明性文章”是比较宽泛的,既指典型的说明文,又包括具有文学色彩的写景状物的散文、科学小品和说明事理的议论文等(叶圣陶指出“议论文是从说明文发展而成的”“说明文几乎是议论文中必具的成分”)。其中典型的说明文是以说明为主要表达方式的一种文章体裁。它通过客观地解说事物的形貌、构造、性质、特点、成因、关系、功用等来说明事物的内容与形态、本质和规律,使人获得有关的知识。叶圣陶在《国文百八课》中指出:说明文说明的五大对象是类型事物、抽象事理、事物的异同、事物间的关系和事物的处理法。

在小学语文课本中,说明文占了相当的比重,多属于科学知识说明文,主要是介绍自然、地理、历史、生物等知识,所以又称为常识性课文,如《海底世界》《沙漠里的船》《赵州桥》等,这些带说明性质的科学知识课文与记叙文不同,它不是借助艺术形象来传授知识,而是在借助观察某些事实的基础上作出的一定概念和结论来传授知识,即要传授给儿童关于自然、社会和日常生活的基础科学知识,使儿童知道一些关于客观事物的发展规律,初步树立辩证唯物主义观点。

说明性课文的突出特点是一个“明”字:说明的是什么事物;说明这个事物的特征;说明这个事物的目的。说明事物的特征是重点,所谓“特征”,就是这个事物区别于其他事物的标志,抓住了特征,事物的本质就基本上“明”了。要抓住特征需考虑两方面:一是这个事物的特征与其他事物的区别是什么,二是作者是怎样说明这个事物特征的。

教学时可注意以下几个方面:

1. 善于进行直观教学

直观教学容易理解被说明的事物,利于儿童获得科学知识。教学过程中,须遵循从具体

到抽象、从现象到本质的原则，让学生了解常识。

2. 重视说明的层次

要抓被说明事物的特征，先得弄清课文说明的层次。说明文往往先提出说明的对象，然后再进行说明。例如，《鲸》先提出“不少人看到过象，都说象是很大的动物。其实还有比象大得多的动物，那就是鲸”，接着课文就具体说明鲸到底有多大：“鲸的身子这么大，它们吃什么呢？”课文第三自然段先提出问题，然后加以说明。

教学时要根据不同说明文的结构特点，并因课制宜，理清课文脉络，抓住事物特征。一般说来，说明事物构成是按构成部分的顺序写；说明功用的，按主要到次要的顺序写；说明事物发展过程的，按照时间先后顺序写；说明比较复杂的事物，是把内容分几个方面按方位顺序写。

3. 注意说明方法

教说明文除了要注意讲清课文所要介绍的、要说明的那种事物的特征外，还要把握是用什么方法来介绍事物的特征的，这种方法的好处是什么。如《太阳》一课中“太阳离我们有三万万里远”，三万万里到底有多远，很难想象。课文以人日夜不停步行得 3 500 年，坐飞机也要飞二十几年来作比较。不仅易于理解被说明的事物，而且有助于学习说明事物的方法。

4. 注意学习和练习说明文的语言

说明文的文字具有确切、简洁、通俗的特点，因此，在说明文的教学中，要注意抓住它的这一特点，使学生明了在说明文里，用词确切就能准确反映事物的本质，掌握说明的词语就能不断提高用语言说明事物的能力。

中、高年级还应通过写作练习让学生逐步掌握用准确的语言说明某一概念或介绍某一事物。这种练习，从某种意义上说是学生在实际生活中最实用的，同时也有助于学生进一步提高记叙、议论和描写的表达力。

要特别强调的是，说明文教学还要注意以下几个思路：一是引导学生在获得科学真知中也得到乐趣；二是揣摩说明文的知识理趣，激发学生学习说明性课文的积极性，让学生在学习说明性课文过程中感到新鲜和富有新意；三是注意课堂教学的生发，要开拓与课文有联系的知识；四是注重读写迁移，学以致用。

5. 说明文设计示例

人教版五年级上册《10 松鼠》教学设计

重庆市九龙坡区杨石路小学　李　冉

【教学目标】

(1) 识 11 个生字。正确读记“乖巧、驯良、清秀、矫健、机警、玲珑、躲藏、追逐、强烈、溪流、警觉、触动、锐利、错杂、狭窄、勉强、遮蔽”等词语。

(2) 朗读课文，了解松鼠的特点，激发学生热爱自然、保护动物的人文情怀。

(3) 感受课文中准确的说明和生动、形象、细致的描写，积累语言。

(4) 能用较准确、生动的文字对某一种动物的特点进行说明。

【教学重点、难点】　学习课文中准确的说明，生动、形象、细致的描写。

【教学准备】　课件。

【教学过程】

一、创设情境

今天老师要跟大家介绍的也是一种小动物，它是谁呢？别着急，它来了（用多媒体播放“松鼠”），看完之后，请用简洁的语言说说你刚认识的这位朋友，说说你最喜欢它什么？用一个词概括一下。

那么，大家想不想了解更多关于这位朋友的秘密呢？今天我们就来学习法国著名博物学家布丰的一篇文艺性说明文——《松鼠》。请谁来给大家简介一下这篇文章的作者或松鼠的情况。

二、整体感知，明确目标

1. 自由朗读课文，注意读准字音。

2. 读阅读提示，想想：这篇文章要我们了解什么？

反馈：作者从哪几个方面介绍了松鼠？想想课文在表达上与《鲸》有什么相同与不同？说说从哪里可以看出作者对松鼠的喜爱？

三、合作探究

1. 你能用一句话或几个词语概括出松鼠的特征吗？

明确：松鼠是种漂亮的小动物，它驯良、乖巧，很讨人喜欢。

2. 小组讨论。

(1) 作者从哪几个方面介绍了松鼠？

课文第一自然段首先从总体入手，介绍松鼠是一种漂亮的小动物，乖巧、驯良，很讨人喜欢。接着从面容、眼睛、身体、四肢、尾巴和吃食姿势几个方面具体来写松鼠漂亮的外形特征。第二自然段从松鼠的活动范围——树上（不侵犯人类）、活动时间——夜晚（不骚扰人类）等两个方面，着重介绍了其性格特征——驯良。第三、四自然段侧重写了松鼠的行动特征——乖巧：一从它横渡溪流时的情景来表现它的智慧；二从“有人触动大树”时的反应来表现它的警觉；三从储备食物过冬来表现它的聪明；四从蹦跳的动作来表现它的轻快；五从不高兴时发出的恨恨声来表现它丰富的感情。作者还列举了松鼠搭窝的经过，从选址、建造、居住及窝口的特点等方面来表现它的聪明、勤快，进一步突出了它的乖巧。最后在第五自然段补充介绍了松鼠的生育情况、何时换毛及喜欢洁净的特点。

(2) 想想课文在表达上与《鲸》有什么相同与不同？

《松鼠》一文以准确性说明为前提，以形象化描写为手段，在说明角度、表达方法、语言风格等方面与《鲸》有很大不同。从说明的角度来看，《鲸》侧重于介绍鲸的形体特点和生活习性，而本文侧重于介绍松鼠的外貌、性格和行动；从表达的方法来看，《鲸》运用了列数字、举例子、打比方、作比较等说明方法，而本文主要是采用比喻、拟人手法生动形象地说明事物；从语言风格上来看，《鲸》的语言精练平实，而本文的语言生动传神，极具文学色彩。

(3) 你喜欢松鼠吗？请你结合课文介绍的顺序说说松鼠在哪些方面讨人喜欢。

3. 经过小组讨论后，有没有还未解决的呢？

说出来，我们大家一起来解决。（互相质疑，解疑。）

4. 能言善辩。

下列有两段同样是介绍松鼠的文字，试与原文比较一下有什么不同。

松鼠不躲藏在地底下，在高处活动，因为怕强烈的日光，白天躲在窝里歇凉，晚上出来练跑、玩耍、吃东西。它过水的时候，用一块树皮当船，用自己的尾巴当帆和舵。它十分警觉，只要有人在树根上触动一下，它们就从窝里跑出来。松鼠的窝搭在树枝分叉的地方，又干净又暖和。它一胎能生三四个。

松鼠亦称灰鼠，哺乳纲，松鼠科。体长 20～28 厘米；尾蓬松，长 16～24 厘米。体毛灰色、暗褐色或赤褐色，腹面白色，冬季耳有毛簇。林栖，用树叶、草苔筑巢，或利用鸦、鹊的废巢。嗜食松子和胡桃等果实，有时食昆虫和鸟卵。年产 1～4 窝，每窝产 5～10 仔。分布于我国东北至西北，以及欧洲各地。毛皮可制衣，尾毛可制笔。

四、拓展延伸

(1) 学习了本文之后，你觉得如何才能更好地介绍动物呢？(讨论。)

① 准确、生动的语言；② 合理清晰的结构；③ 鲜明的事物特征；④ 恰当选用说明方法。

(2) 仿造《鲸》的表达方法改写本文，或仿造《松鼠》的表达方法改写《鲸》。

五、作业布置

(三) 课外阅读的指导

高年级应更加注重由课内阅读适度拓展到课外的阅读，教材中也有意识增加了此部分内容的编排，如“我读书我快乐”，要求教师充分利用单元的相关课文，激发学生的阅读兴趣；“诵读与欣赏”板块，引领学生由课内阅读拓展到课外阅读。并且还可利用图书馆、网络等信息渠道尝试进行探究性阅读。例如，学习完《早》，可以让学生读《鲁迅和书》；学习完《梦圆飞天》，可以让学生读《中国太空第一人》；学习完《海伦·凯勒》，可以让学生读《假如给我三天光明》……诗歌有诗眼，散文有文眼，小说有线索，戏剧有动作，开展探究性阅读，教师也应给学生必要的方法指导，应让学生“第一看大概主张，第二看文势规模，第三看纲目关键，第四看警策句式”(吕祖谦语)。要培养学生把书读薄或读厚的阅读习惯，这样才有收获。

1. 要想将课外阅读的指导落到实处，首先必须解读好两个问题

一是课外阅读的时间如何保证；二是课外阅读中学生个体差异如何体现。

对第一个问题，我国台湾地区的国民小学对实施的时间做了规定。小学二至六年级“作文每学期以十次为原则，未写作的周次，应联络读书教材，研讨作文方法，指导课外读物”。我国香港地区的语文课程纲要也明确提出了“课外导读”实施的时间。

《中国语文科中一至中五课程纲要》在“乙部教学建议：教节的分配”中提出两种建议，如表 9-1、表 9-2 所示。

表 9-1　建议甲

<table>
<tr><th>教学项目</th><th>教节分配(节)</th></tr>
<tr><td>精读教学</td><td>3</td></tr>
<tr><td>写作教学(指导、练习)</td><td rowspan="3">2</td></tr>
<tr><td>略读教学</td></tr>
<tr><td>写作教学(评讲)</td></tr>
<tr><td>课外导读</td><td rowspan="2">1</td></tr>
<tr><td>语文练习/教育电视教学</td></tr>
</table>

表 9-2　建议乙

教学项目	教节分配(节)
读文教学　精读教学 略读教学	4
写作教学(指导、练习) 教育电视教学 课外导读/语文练习 写作教学(评讲)	2

新加坡未对实施时间做硬性的规定,只是在实施方法中要求"每两周利用一节华文课向学生介绍阅读的方法和重点"。

课标没有对课外阅读的时间具体规定,这给各学校留下了自由设置的空间。例如,上海闵行区莘庄镇小学把每周一下午 2～4 点定为全校性课外阅读活动时间;还有的小学将早自习、晚自习以及中午休息时间让学生自由阅读课外书。另外,还可以提高课堂教学的有效性,挤出时间开展课外阅读。

【链接一线】为了改变多年来语文教学高消耗、低效益的现状,1995 年以来,内蒙古一些地区和学校的小学语文教师在丁培忠先生的带领下,开展了小学语文教学整体改革实验。课外阅读进入语文课堂,把课程计划规定的语文课时一分为三,一部分用于课本教学,一部分用于课本外的阅读,一部分用于作文。其中课本外阅读时间至少要占总课时的 1/5(低年级)～1/4(中高年级),以确保小学阶段课内外阅读量达到 200 万字。

江苏吴江市走"开放型"大阅读教育之路。充分利用低年级学生识字多的优势,压缩课文教学时间,为学生提供进行课外自由阅读、语文活动和语文综合性学习的时间和空间,为学生获得生动活泼的发展创造条件。每 2 周开设 1 节阅读指导课,每周安排 2 节自由阅读课。

上海浦东新区启新小学每周三的晨会课,命名为信息交流会,让学生把一周从报纸上收集的信息,上讲台交流。每周五安排剪报组、贴报组和编报组等三个兴趣小组活动,对部分学生进行个别指导,使编报、剪报活动再上一个层次。

综上所述,课外阅读的课时安排,以每周 1～2 节为宜,必须保证不能流于形式。另外自由阅读时间每天不宜超过 2 小时。课外阅读时间的安排有了保证,也就为教师进行集中与分散指导提供了条件。

另一个要解决的问题是,课外阅读是学生个人的事情,教师应更加关注学生个体差异,对学生阅读的目标、内容和评价都应因人而异。

开设课外阅读课要充分考虑学生的心理特点(如冲动性、好奇性、从众性、逆反性)和需要,允许他们根据自己的兴趣爱好来选读物,自由阅读,自由写笔记。而且,形式要不拘一格,不求统一,这样才能成功地激发起学生阅读动机,从而以自主、能动的心态投入课外阅读。

2. 在解决好两个问题的前提下,课外阅读指导可从以下三方面入手

(1) 为什么读:"激发阅读兴趣"是课外阅读活动实施与指导的关键。美国伊利诺大学阅读研究中心主任安德森教授表示,在儿童启蒙教育阶段,培养他们对语言的阅读和理解兴趣非常重要。那么,学生究竟是希望老师和家长在哪些方面给予指导呢?在"你最希望教师、家长给予你哪方面的指导"的问题调查中显示:学生的需求主要集中在"激发阅读兴趣"(46.4%)和"推介课外阅读内容"(25.6%)两方面。对很少进行课外阅读的学生而言,一个重要原因就是"不感兴趣",由此可见激发学生对课外阅读的兴趣仍然是一个值得重视的问题。一方面绝大多数学生喜欢阅读,另一方面不少学生又希望老师、家长能激发他们的阅读兴趣,这是否存在着矛盾呢?通过座谈了解到,学生普遍喜欢读的是情节性、知识性、趣味性比较强的内容,而对教师、家长推荐的,他们自己也认为是有益的,但不少内容却使他们提不起阅读兴趣。从理性上,他们希望教师、家长能激发他们阅读的兴趣。

要真正激发学生的兴趣,教师是要下一番工夫的。课外阅读计划的制订、实施和指导,应以各年段课外阅读的目的和任务、阅读主体的阅读背景(包括阅读经验、阅读水平、阅读兴趣、阅读时间、家庭环境等)为主要依据。

【阅读延伸】美国纽约州小学低年级语言教师荷伦在教一年级学生时,设计了种种"快乐的家庭作业",以提高孩子们进行课外阅读的兴趣。

(1) 阅读同学们的名字:荷伦给孩子们的第一个课外阅读任务,就是要他们学会阅读彼此的名字。

(2) 家庭作业信封:每天的学习结束时,荷伦都要给每一个孩子发一个写上姓名的家庭作业信封,这个信封是荷伦老师自己设计的。由于她的许多学生入学前一般不读书。因此,她在每一个信封里都包了一本书和一张记录单。家长和孩子们要在记录单上填写阅读过的书的名字和阅读日期。荷伦要求家长们和孩子们一天花费几分钟的时间阅读、讨论书中的故事或者画一张关于这个故事的画。如果家长不能读故事,她建议他们同孩子们一起讨论怎样画画。她希望家长们不要为阅读技巧着急,并告诉他们"最重要的是和孩子们待在一起"。当第二天早上孩子们来到教室时,老师不是问:"你爸爸和妈妈读了这本书吗?"而是问:"你坐在爸爸和妈妈的腿上谈论了这本书吗?"或者问:"你们喜欢这本书的什么?"荷伦认为,她这样做的目的,是在孩子们成为阅读者以前引起学生、家长对单词和故事的兴趣。她还解释,当她开始送书到学生家或写信与家长们联系时,家长们也表示需要阅读书本。这样,荷伦布置的家庭作业不仅帮助了她的学生去进行课外阅读,而且也促使他们的家庭成员去学习语言。

(3) 阅读和讲故事:每周的星期五,孩子们带回家的就不再是信封,而是书。这些书是他们在课堂上学过的故事或他们自己写的故事。荷伦要求孩子们将学过的故事读给家长听,或者将自己写的故事讲给家长听。

(2) 读什么:推动课外阅读走向现实。在这个"文本"与"超文本"交织的阅读时代,如何选择适合孩子的课外读物是极其重要的。倡导"择真而读,择善而读,择美而读",引导学生选择高品位、高质量的读物。此部分不再展开,仅提供一项研究。中国台湾曾对少年儿童阅读兴趣的发展做了具体的区分:① 4~6 岁是神话传说时期。对没有时间、空间限制的空想世界所出现的生命与生物的神话传说发生兴趣。② 6~8 岁是寓言故事时期。对将人类生活的法则寓于传说故事中的语言故事发生兴趣。③ 8~10 岁是童话故事期。对以现实生活为基础,经过想象构成的故事发生兴趣。④ 10~13 岁是传记及传奇故事期。对人类谋求生存、征服及开发大自然的紧张冒险故事或传记故事发生兴趣。⑤ 13～15岁是文学起始期。开始对与情感发展有关系的如爱情故事发生兴趣。

由此看来，不同年龄阶段对读物的兴趣不同，而这些兴趣特点，正是我们向小学生推荐课外读物的直接依据。

(3) 怎样读：提高课外阅读效率的关键。

第一，根据课外阅读指导课的类型进行有针对性的指导。山东省烟台市牟平区教研室的孔凡弁、刘世茂根据各地课外阅读的情况，将课外阅读指导课归纳为五种类型：① 读物推荐课。主要是向学生介绍课外读物，供学生选择。可以有书刊的推荐、篇目的推荐和内容的介绍；可以教师推荐和学生推荐相结合、统一推荐和分散推荐相结合。② 读书方法指导课。引导学生合理使用工具书；讲授精读、泛读、浏览、速读等四种常用的阅读方法；指导学生边读边思考，提高理解能力、评价人物和事件的能力及联想和想象能力等；教给学生运用“意群注视法”，提高阅读速度；培养学生“不动笔墨不读书”的习惯等。③ 读后叙述课。组织学生复述自己读过的书籍的一部分或全部的内容，以加深对所读内容的理解，训练学生的口头表达能力。叙述前提出要求，叙述后做好评定。④ 交流评论课。这是教师指导课外阅读的重要环节，也是兵教兵、兵学兵的重要环节，可组织学生交流课外阅读的收获或体会，也可组织学生对所读书刊的内容进行专题评论或综合评论。⑤ 读书笔记辅导课。主要向学生介绍摘抄型、提纲型、感想型、评价型等四种读书笔记的写法。

以读书方法指导课为例，阅读方式要受阅读内容、阅读目的的制约，阅读方式的采用直接影响到阅读效率。调查显示：小学生在课外阅读中所采用的阅读方式，以精读为主的占30.6%，以略读为主的占21.3%，以浏览为主的占14.9%，能综合运用几种方式的占33.2%。小学生较多地采用精读的方式，虽说第四项比例最高，但综合来看，较多的学生阅读方式比较单一，不能根据阅读的需要选用相应的方法。由此看来，以同一种方式去阅读各种不同的资料也是当前小学生课外阅读中的问题之一。实际上阅读的种类是各种各样的，依据阅读动机和读物性质的不同，有探究性阅读、理解性阅读、评价性阅读、消遣性阅读、创造性阅读等几种阅读类型。据此所采取的方式、方法也是多种多样的。我们应利用读书方法指导课，来引导学生针对不同的读物内容和阅读目的，选择合适的阅读方式。

需要注意的是，在课外阅读信息的反馈中不断地强化方法，不能认为讲完了就完事，任何技能的获得都是在实践过程中经反复强化而逐渐习惯化的，尤其是方法类的高级技能的习得更是如此，教师对此要有个深刻的认识。

第二，设计具体教学情境，为课外阅读活动扎实有效地进行提供一个平台。围绕课外阅读的目标设计具体的任务情境，有利于将课外阅读落到实处。比如，中、高年级的学生开始对人物传记感兴趣，教师围绕人物传记专题设计一个较为具体的任务：“选择一位你喜欢的人物，课后阅读有关的材料，阅读过程中摘抄相关内容，并对这一人物从以下几点写下自己的看法：是个什么样的人物？你为什么喜欢他？你对他有何评价？形成文字，下周阅读课上进行交流。”

另外，还可以通过具体的语文活动的设计来带动阅读。比如可开展“小小故事会”“读书交流会”“我最敬佩的一位伟人”“我最喜欢的一个文学形象”“专题设计比赛”“主体演讲”“辩论会”等，给学生一段阅读准备时间，以此围绕某个活动来带动学生集中阅读。

第三，课外阅读活动中根据学生阅读实际进行集体或个别指导。“从小学生课外阅读的习惯看，发现有不懂的字、词、句跳过去的人较多，有的会去问父母或其他成人，而自己去查字典、词典求解答的较少；着重看故事情节，一些与情节关系不大的描写就跳过去不看的人较多，从头至尾认真仔细看的人较少，而真正能看完后思考一下自己的收获，做些读书笔记的人更少”。

教师针对阅读中出现的问题，有针对性的指导，十分关键。实际学习中，也有一部分儿童非常喜欢读课外书，但语文水平并没有表现出相应的正相关，甚至还沉溺在课外书当中，影响了学习。“这部分儿童一般是课内语文基础打得不够扎实，阅读中有许多不认识的字和不理解的词语，因此只看故事情节，较少从故事和语言文字上得益。他们的阅读不甚得法，只注重情节而不注意吸收作品语言文字的长处”。这就需要教师在指导时根据学生的实际，对于共同的问题利用课外阅读进行集中指导，对学生个人出现的问题进行随机指导。做到集体指导和个体指导相结合，集中指导和随机指导相结合。

第四，指导学生自己做具体可行的阅读计划。整体来看，小学生在课外阅读计划方面不容乐观。

表 9-3　小学高年段阅读计划制订情况

阅读计划		小学五年级	小学六年级	小计
人数(个)		180	196	376
有	人数(个)	53	55	108
	百分比(%)	29.4	28.1	28.7
有时有	人数(个)	38	53	91
	百分比(%)	21.1	27.0	24.2
从没有	人数(个)	89	88	177
	百分比(%)	49.4	44.9	47.1

由表 9-3 中可以看出，有 47.1%的小学生从不做阅读计划，有时间就读，没时间则不读；对阅读内容也无安排，拿到什么看什么，有什么看什么。24.2%的学生只是有时能注意安排，也就是说有 71.3%的小学生需要重点进行指导。真正能合理安排时间和内容，有计划地阅读的学生只有 28.7%，这说明学生课外阅读有着较大的随意性和无序性。语文课标中明确提出第四学段的学生要“学会制订自己的阅读计划”，小学尤其是第三学段就应该开始学习制订学习计划。

制订时要将整体的课外阅读计划和学生个体的阅读计划相结合，指导学生根据自身所占有的资源状况、课外阅读时间安排、个体的阅读背景来制订，关键还是要将计划落到实处，因此教师要加强实施和评价阶段的督促和评价，并逐渐形成学生的自我监督和评价。

第五，充分挖掘家庭教育的资源，学校和家庭联合起来，教师和家长互动起来，敦促家长和孩子一起读书，以便更好推动学生的课外阅读。在对“谁在影响和指导着学生的课外阅读”这一问题的调查发现，对小学生课外阅读指导和影响作用由大到小依次为学生自己、家长、教师。并且学生家长对学生课外阅读持支持态度的占 65%(其中支持并能给予指导或讨论的占28.8%，支持但一般不指导的占36.2%)。这也说明家长对孩子的课外阅读普遍是比较重视的。调查还发现有34.9%的家长对学生的课外阅读不过问甚至限制或反对。他们或者认为课外阅读费时间，见效慢，不如多做几道题，或者自己无力辅导，干脆采取不闻不问的态度。我们知道，父母对孩子的影响是深刻的。家长对学生课外阅读的态度，会直接影响学生对课外阅读的态度及效果。因此，发挥老师的作用，整合家庭、家长资源，对课外阅读教学的有效实施有重要作用。① 课外阅读教学课邀请家长参加，使其了解课外阅读的重要意义，尤其是对有效课外阅读与学生的成绩成正相关的作用的了解，了解自己的孩子和别的孩子的阅读状况，并根据自己家庭的情况，和老师共同制订一些针对学生个体的阅读方法。② 根据家长的不同情况，教师有针对性地和家长进行有关课外阅读的交流。有调查表明，教师、医生、科技等专业技术人员对孩子的课外阅读支持并能给予指导、进行讨论的比例最高占55%。持不过问态度的家长比例最高的是农民，占44.2%。对孩子的课外阅读限制或反对态度比例最高的是个体工商业者和工人，比例分别为17.4%和13.3%。这些调查为教师有针对性地和家长进行有关课外阅读的交流，提供了一些科学依据。教师可利用家访时和学习活动开放日等和家长接触的时间，根据学生家长的具体情况，商量适用性的对策。比如对文化层次较高、有一定知识的家长，在孩子读书计划的制订、监督和指导上商议对策；对文化层次较低的家长侧重在课外阅读意义的灌输上，以及在如何起鼓励和监督上商讨对策等。③ 有效整合家长资源，让家长来影响家长。老师可以利用“课外阅读评价活动”时，邀请家长参与，让家长之间讨论交流，互相学习、探讨。有关研究和实践都已证明，一个成功的学生的家长最能影响另一个家长。教师也可以邀请课外阅读开展好的家长，作报告或交流经验。当然，最理想的方式就是将家长的积极性也调动起来，开展“父母伴我读”，全家人利用闲暇读书、读报、讲故事，把课堂延伸到家庭。

另外，还有几点要引起注意。一是要认清小学生的课外阅读兴趣同他们的语文学习成绩具有极高度显著的相关性。这一点可以用皮亚杰的认知心理学理论来解释，课外阅读拓展了学生的视野，丰富了他们的知识，使他们具有广阔的知识背景和认知能力，当新的学习内容呈现在他们面前时，他们便能较好、较快地同化新的学习内容，从而表现为比别的学生学得好，学得快。“然而有些学校由于认识上的偏颇，宁可给学生多订几套毫无用处的练习册，也不给学生订课外读物，还美其名曰‘减轻负担’。其实，课外的阅读、写作等活动，是语文教学过程中一个极其重要的组成部分，是必须进行的，并非可有可无”。二是应注意课外阅读指导中不能忽视学生良好品德的养成。小学生年龄尚小，分辨能力不强，他们的课外阅读就有着较大的盲目性和随意性，往往是凭借兴趣或仅为好奇心的驱使；特别是学生社会阅历浅，自控能力差，容易受不健康的读物的影响，这就更需要教师和家长的正确引导。三是要发挥现代教育技术的优势，开发多媒体软件进行课外阅读指导。

【阅读延伸】玛丽安设计的课外阅读活动。玛丽安是美国纽约州小学六年级教师。1988年9月，她调查了她的学生，发现大多数学生在家不读书。而到1989年1月，她的学生在家每天至少阅读半小时。几个月来，学生们每人已经读了25～70本书。在这段时间里，玛丽安开展了一系列有趣的课外阅读活动。

(1) 成立"文学团体":开学的第一天,玛丽安赠送给每个学生一份礼物——文学日记,这简单的笔记本提供给了孩子们一个思考和写下他们阅读材料的机会。每天的阅读和写日记导致了班级"文学团体"的成立。"文学团体"是以阅读故事为主的小组,在每天结束的时候,孩子们分成四五人一小组坐好,用半小时时间阅读他们自己选择的书,然后用5~10分钟的时间在他们的文学日记里写下他们刚刚阅读过的书。接下来就是文学团体活动的时间,各小组用5~7分钟讨论问题和评价他们在日记里写下的内容。最后,整个班级集中在一起进行一次简短的讨论,讨论一些同学在"文学团体"活动中提出的问题。"文学团体"活动全年不断,这样,同学们能互相建立联系。这些小组活动帮助同学们克服了害怕谈论的心理,而且小组由学生自己管理而不是老师。玛丽安发现,这种方法比学生和老师在一起讨论更有效,因为同学们必须去思考,不能依赖老师提出问题、解决问题。

(2) 找"小同伴":玛丽安要求,每个星期一,同学们都要找个"小同伴"。在这一周的其余时间,小同伴之间就开始互相写信,谈有关他们阅读的故事。同学们非常喜欢这种笔记交流式的活动,它使学生们在交流思想的过程中练习了读和写。小同伴也相互提示,说说他们喜欢读的是什么书。

(3) 师生通信:学生与老师通信也是一种有趣又有用的活动。一旦同学们读完了一本书,就写信告诉老师,老师在回信中则想方设法鼓励、促使和祝贺孩子们的进步。老师帮助同学们去思考所阅读的故事,去思考作者的写作风格、目的、主题和技巧,并且和该作者写的其他书籍联系起来。

三、高年级阅读教学的评估

1. 高年级朗读能力的评估

要重视学生有感情地朗读,有感情指语气、语调、姿态和心理反应符合内容要求,态度自然,仍以口试为主。

2. 高年级阅读理解能力的评估

在中、低年级的基础上,高年级评估的侧重点在两方面:一是体会词句的感情色彩和表达效果;二是揣摩表达顺序,体会思想感情,领悟表达方法。主要评估方式仍然是测验,以主观题为主。

3. 高年级默读能力的评估

评价学生默读的指标主要有三个:默读速度、理解率(正确率)和有效默读速度(最重要的指标)。具体方法如下:

(1) 高年级要求默读有一定的速度:一般每分钟不少于300字,常用方法有以下几种。

一是限时法,让学生在规定的时间内阅读一定的材料,到时即停,并在自己最后读的字上做记号,阅读的速度就是学生所读的总字数除以规定时间的商。

$$\text{默读速度}=\frac{\text{默读文章的字数}}{\text{学生实际阅读时间}}$$

具体实施过程中要告知学生阅读后复述读过的内容,以确保其确实阅读了。

二是计时法,给学生一篇阅读材料,记录阅读的时间,学生的阅读速度就是材料总字数除以所用时间的商。

$$默读速度=\frac{材料总字数}{实际阅读时间}$$

实施中也要注意提出一些具体的阅读任务，以保证阅读的有效。

三是消字法，在阅读材料中加入一些多余的字，让学生阅读时随时划去，由此计算阅读速度，这样可保证学生逐句阅读。这种方法较简便，易实施，且信度较高。

(2) 检测理解率(正确率)、有效默读速度的方法：

$$理解率(正确率)=\frac{答对题数}{总题数}$$

$$有效默读速度=默读速度\times理解率$$

四、请你来做

案例分析：读后请结合案例具体分析并回答以下问题：

(1) 你认为以下这个教学片断存在什么问题?

(2) 如何运用课标的理念进行纠正?

《黄继光》教学片断，教师用小黑板呈现两个问题：

(1)“黄继光肩上腿上都负了伤。他用尽全身的力气向前爬，更加顽强地向前爬，还有20米、10米……近了，更近了”，联系上下文说一说黄继光为什么还要艰难地向前爬，此时他的心里在想什么?

(2)“啊！黄继光突然站起来了！在暴风雨一样的子弹中站起来了！”这句话的三个感叹号都是什么意思?

师：对第一个问题你是怎样理解的?

生：黄继光心里装着祖国人民，所以他有动力。

生：为了彻底完成战斗任务，他宁可牺牲自己的生命。

师：请同学们联系上下文来理解这句话。后文写到“天快亮了……用自己的胸膛堵住了敌人的枪口”，这些句子写出了黄继光的动作，从他的动作中我们看出他坚定的决心，对敌人刻骨的仇恨，对祖国无限的热爱，化为他决心以生命的代价换来战斗胜利的无穷动力。

师：(饱含深情地讲解之后)同学们理解这个问题了吗?

生：(齐答)理解了。

师：好，我们来看第二个问题。

第三节　高年级习作教学

【动手查一查】查一查新中国成立以来，尤其是20世纪八九十年代作文训练序列的探索，注意我国在作文教学领域取得的宝贵经验，这些经验不能因为改革就丢弃，应注重在新课改理念中发掘其价值，其中吴立岗的《小学作文教学论》很不错，可重点查阅，如果你有想法或收获可写下来。

【动脑想一想】为了解教师落实新课程的有关情况，寒假期间，某小学教导处、教科室的五位同仁对全校七十多位教师、一千六百多位学生的有关练习本评价情况进行了为期一周的“调研”。调研结果发现，大多数教师不辞劳苦地批阅学生的习作，常常挑灯夜战，一本又一本地认真批注、修改，并“工工整整”地写了评语。当习作本发到学生手中，却出现了一种令教师难堪的景况：大多数学生只看一下分数，就把习作本丢在一边，对教师的辛勤汗水无动于衷；即使是少数所谓的“好学生”，对教师的汗水结晶（评语）也不大领情，只是象征地一瞥（多数是看评分），便也毫不客气地将习作本收到抽屉里去了。读了这个案例，你对作文批改怎么看？

【动笔写一写】高年级与中年级的习作教学相比，有哪些变化？教学设计时应该如何体现？

一、高年级习作教学设计的思路与方法

（一）高年级学生写作的心理基础

高年级处于写作的发展期。因为这一时期小学生已具备了人类思维的完整结构，当然，这个思维结构尚有待于进一步发展和完善。这一时期的小学生已初步具备了本质抽象水平，开始以本质抽象概括为主。由于过去几年中知识经验的积累和智力活动的锻炼，他们已经能够对事物的本质特征属性及事物的内部联系进行抽象概括。不过，这种抽象概括也只是初步接近科学的概括，还不是严格科学意义上的概念。由于知识经验的限制，那些和具体事物相距太远的高度抽象概括活动，对于小学生来说，仍然是非常困难的。总之，这一时期的小学生抽象逻辑思维正在全面地发展着，并逐渐成为他们思维的主要形式。

（二）高年级学生写作能力发展的特征

高年级称为初级写作期，表现特征为范围扩大，联想合理，能分别运用记叙、描写、说明等表达方法；注意围绕中心选材、组材，思路日趋有条理；从自然的开头、结尾向多样化的开头、结尾发展；从平铺直叙，不善于表达思想感情向初步借物抒情发展，有一定的文字表现力；初步掌握记叙文写作的一般要求和写作方法。

就儿童的口头与书面表达发展进程看，五年级开始，语文教师对书面表达教学进一步加强，学生的书面表达逐步从口头表达中解脱出来，表达客观事物已不再需要口头表达这一中间环节。到六年级，书面表达在修辞、表达方式、语言准确性、篇章、内容及总体表现等都已超过口头表达；对于相同的文题，书面表达篇幅已较长于口头表达。总之，小学儿童的书面表达，低年级显著地落后于口头表达，从三年级开始向口头表达靠近，四年级赶上口头表达，五年级出现超过口头表达的趋势，到六年级已显著地高于口头表达，这是一条发展线索。另一发展线索是：口头表达从低年级到中年级发展迅速，而中年级后长进不大。中、高年级口头表达的字数、语言准确性、表达方式、修辞、篇章、内容以及总体言语表达水平极为相近，没有进步的迹象。书面表达水平从低年级到高年级直线上升，各年级阶段的水平有显著的差异。小学中年级后书面表达能顺利地超过口头表达的水平，除其本身发展的作用外，与口头表达稳步不前直接有关。

高年级学生的书面表达水平已超越口语表达，为何还是愿意说不愿意写呢？

（三）高年级习作教学的一般思路

在低、中年级练习自由表达的基础上，高年级学生要练习写成篇的作文。要能围绕一个中心意思，把内容写完整，写具体，感情真实，叙事条理，这是教学的重点。在此基础上，要讲究一点剪裁、立意、布局、谋篇的技能技巧。当然这些知识和技巧的学习，不是通过老师的讲解传授给学生，而是在写的过程中逐步引导学生习得的。高年级一次完整的作文训练过程，学生大体要经历准备（观察、选材等）—构思（审题、立意、列提纲等）—表达（起草）—加工（修改、抄写等）的写作过程。教学设计内容，应包括写前指导（包括观察方法和要求、选材方法、命题、构思等）—写中指导（主要是针对学生个体，随时点拨、评价，使写作顺利进行）—写后指导（主要是指导修改、批改、讲评等）。

设计时要注意，高年段毕竟是成篇作文的初期训练阶段，不必过分讲求命题、审题、立意，首要强调的是学生能写出真情实感，能抓住叙述重点，将内容写完整，写具体，在此基础上，在写作过程中强调写作的技能技巧。

强调写作教学注重写作过程本身，是否意味着要淡化审题、立意、构思、谋篇等技能呢？你怎么看？这些技能性知识，显然是写作教学中不可或缺的知识，如何做才能发挥它们的作用呢？

请结合自己的教学经验和新课程理念，评价下面这位教师的做法。

某位教师的教学经验：我改变了过去训练项目过多的训练方式，针对学生的实际，在学习下一单元课文以前，先布置作文，然后，组织学生集体或者独立地观察生活、选择材料。只看学生的日记，在学生的日记中，我和他们共同商量，把作文的材料确定下来；阅读教学中，我针对作文教学的要求，将“作文要求中难点（需要学习运用的新知识）”从教材中挖掘一般性的规律，引导学生学习；然后，安排具体的片断练习，我不会安排很多，只安排一次，而且，这一次一定能够解决本次作文中的一个问题；同时，组织学生阅读多篇类似的学生习作；作文指导课上，让学生针对自己选择的材料，说自己的作文，思考结构和表达方式，然后写下来。没想到的是，过去，我始终坚持一文多改，现在，改的次数越来越少了，一般情况下，一稿成功率越来越高。而且，学生的课外阅读兴趣、记日记的兴趣越来越浓厚，水平也越来越高了。

二、高年级习作教学的实施

这里主要谈谈命题作文的教学。“命题”，就是指定题目。命题作文，是独立性的作文形式，是作文教学中更为严格的训练项目，逐步要求学生根据命题范围与要求，自己选材，写出一篇较完整的文章，是高年级学生作文的要求和训练的重点。下面就命题作文的写前指导、写中指导、写后指导三个方面作简要的介绍。

（一）写前指导

指导学生根据命题要求进行构思、选材、布局，这是命题作文教学的第一步。写前指导包括审题、确定中心和编写提纲。

1. 审题

就是认真研究题目的含义和要求，是构思的开端。不管是全命题还是半命题，当学生见到题目后，应指导他们仔细研究题目的要求，防止“跑题”。可以让学生将题目按要求分成几部分来研究。如题目是《暑期里的一件事》，可分成“暑期里的”“一件”“事”这样三部分。“暑期里的”，是要求写放暑假以后到开学前这一段时期，在文章中就必须点出这个时间特点。“一件”，就不能写成不相关的两件事，应围绕着“一件”来写；属于一件事里的几个方面，也是可以的。对于“事”的理解，往往容易犯不切题的毛病，“事”一般是指有某一中心情节的内容，要注意和“活动”区分开来。“活动”一般是指由集体组织的偏重过程的内容，如参观活动、游园活动、运动会等。审题，是保证学生在动笔以前构思、选材的关键步骤。小学生在看到题目之后，往往容易犯两种毛病：一种是不假思索，提笔就写，易犯“下笔千言，离题万里”的毛病；另一种就是不知从何写起。审题，可以让学生逐步学会思考，养成三思后行的习惯。

为了使作文的题目符合学生的生活实际，让学生有话可说，教师出的作文题目，要明确而有启发性，范围大小要合适。还要注意从学生的思想水平和语言水平出发，根据学生的年龄特点，让他们写生活中熟悉的事情。当学生有了一定的审题能力后，可以让学生自由命题，即让学生自己根据掌握的材料，写什么内容的文章就定什么题目。这种方式可以培养和发挥学生独立思考的能力。

要注意的是，审题是写作的一项重要内容，淡化审题不是不要审题，而是不要在是否“切题”上苛求学生。评议学生的作文，主要着眼于文章内容和文字表达，如果学生走了题，可引导学生根据自己写的内容，另换一个题目。这样，可以使学生无拘无束地用自己的话表达自己要说的意思，还可以使学生逐步加深对题文之间关系的理解。

2. 确定中心

就是为什么要写这篇文章，要说明一个什么道理，达到一个什么目的，确定中心和选材一般是同时进行的。哪些材料能突出中心思想，为了突出某一中心应选取哪些材料，这是必须互相联系起来考虑的。对学生进行确定中心的练习，有利于培养他们的分析概括能力和抽象思维能力，但这项训练难度较大，需要有一个过程，开始可以由教师示范，以后逐步独立运用。

3. 编写提纲

提纲是构思的结果，明确了题目的要求，确定了中心和选好了材料，就可以列出作文的写作提纲：先写什么，后写什么，分几部分，每一部分写哪些内容。教师此时可初步审查学生的写作提纲，进行适当的指点。如果在命题作文中，能使每个学生都学会先审题，然后确定中心、选材，再写提纲，那就会使学生的作文建立在一个科学、坚实的基础之上，而不会使学生面对题目束手无策。解决了“写什么”“怎么写”的难关，学生才有可能“会写”和“写好”。在指导阶段，教师亲自动手写一写，这是取得第一手指导材料的好方法。教师亲自“下水”，自己体会一下写这篇文章有什么困难，甚至把自己的那篇作文在班上读一遍，这对指导好学生作文是非常有效的。

（二）写中指导

作文指导完了以后，就可以让学生动笔写了。写之前，还可以让学生再次修改提纲。开始动笔写时，可先打草稿。到了五年级下学期，应该练习根据写作提纲直接成文，经修改后再抄写。指导学生修改文章是整个指导过程中不可忽视的一环。教师要帮助学生克服只写不改的毛病，使学生逐步养成修改文章的好习惯。修改可以从两方面入手：一是从内容上修改，看看思想是否正确，内容是否真实；二是从形式上修改，看看结构是否完整，层次是否清楚，语言是否通顺，标点是否正确，有没有错别字等。在修改过程中，教师主要帮助学生找出问题，研究修改的办法，也可以组织学生互相传阅作文草稿，互相提出修改意见。抄写时，要指导书写格式，如题目前空四格，每段开头空两格。高年级的作文应强调分段，以体现文章的层次关系。命题作文要训练学生集中精力，在规定的时间里写完，不要养成花时间过多的毛病，努力做到既写得好又写得快。

（三）写后指导

写后指导包括作文批改和作文讲评。

1. 作文的批改

【学习指津】作为一名语文教师必须掌握有关批改的知识和方法，这是作文批改的前提条件。

批，是对学生作文进行分析和说明，有眉批和总批两种。眉批是对学生作文中某一部分的优缺点进行分析、评定；总批是对学生整篇作文总结性的评价。改，是对学生作文中用字、遣词、造句、语法、逻辑、修辞、结构等方面的错误进行修改，一般有增、补、删、调四种方法。增是增添一些字、词、句；补，是对某些内容的补充；删，是删去一些不必要的字、词、句；调，是对一些字、词、句、段做必要的调整，把前后不连贯或层次不清的地方调整顺当。教师的批语要注意学生的年龄和知识基础，语言要简明，要充分肯定学生作文中的优点，对缺点、错误引导学生自己修改。具体批改时，可分两个阶段进行，先粗略浏览一遍，将不同题材、不同水平的作文分类，对全班的作文情况做到心中有数；然后再按类批改。批改时要有分类记录，最好是边批改边分类记录，将全班共性问题和个性问题分别总结、记录。这样，批改完了，讲评的材料也就基本归纳出来了。

批改的方式一般有当面批改和轮流批改。当面批改就是教师找学生面对面批改。这种方式，指导具体，学生容易理解，有利于培养学生自己批改的能力。轮流批改，每次只批改一部分学生的作文，以后逐次轮换。批改时要看得仔细一些，改得完整一些，使每个学生的作文在一学期中都能得到精批细改的机会，找到自己作文中存在的优缺点。此外，为了节约批改时间，也可采用符号批改方法，如连续小圈表示佳句，方框表示错别字更正，疑问号表示没写明白、值得探究等。

【学习指津】学习这些知识和方法不是照着做的，这些知识必须融会在作文教学思想中才会起到应有的作用，否则，还有可能起到反作用。叶圣陶先生曾这样讲述："我先后结识的国文教师不在少数，这些教师都改过不计其数的作文本，他们得到的体会跟我相同，都认为改作文是种徒劳无功的工作！另一方面，这项徒劳无功的劳作，又是语文教师繁重的事务，一沓沓作文簿像一座座山，压得教师'苦不堪言'。"

批改是作文教学的关键环节，如何才能发挥其有效性呢？总体思想就是，教师批改作文的工夫要花在作后讲评和指导学生自己修改上，而不是替代学生修改。具体说来，要做到以下三方面：

第一，批改的责任由老师承担变为师生共同承担。传统的作文"精批细改"方法的特点是教师负批改的全责：文章初稿由学生写，修改和定稿则由教师承担，学生为应付教师而写作，以为把作文交给老师，就是作文活动的结束，而把改错的责任推到教师身上。另一方面，学生从来没有参与过整个写作过程，他们生产的从来就是半成品，在推卸责任的同时，学生也放弃了行使写作的主权，因此难有进步。"要把'批改'变成有效的教学手段"，我们认为，"必先正其视听，让学生清楚明白，'核对''复核''修改''重写'步骤其实是写作过程中重要的环节，是完成'写作过程'不可或缺的步骤"。

第二，批改的方向，由微观修改走向指导重点。批改学生作文的方向不应该偏重修改"错误"，而应多给较宏观的写作方向性的指导，迫令学生重新进入原来的"写作过程"，思考其当时的困境，然后根据教师的意见加以"修改"。这又分三方面：一是教师的意见应该朝着"建设性""鼓励性"和"发展性"方向进发，要"多看优点、宽打分数"。二是建议的着眼点应该关注大的环节，比如论点和论据、首尾呼应、段落衔接等，而一般情况下不应该只关注错别字、病句等细部。用录音批改法，错别字、病句原则上不改。三是教师的意见务求具体，批语不但要明确修改的目标，而且要有明晰的内涵。

第三，批改的具体方式应逐渐教给学生。一种是"符号批改"，指教师"运用在学生作文本上画上符号的方式，指出文章有什么缺点，最后由学生自己改正"。符号分为三大类，即"机械性的修改(标点、错字)""词汇运用的修改(词汇的增删或修改)""内容表达的修改(意义的修改、增删)"。在符号批改的过程中，学生是主动的、积极的参与者，他们大部分都能根据符号的指示，逐一修改有关的问题，同时也培养了学生在写作方面的责任感和斟词酌句的作风。另一种是"利用录音带批改"，学生在交作文本的同时交一盒录音带，教师批改时录下口述的批语并在相应的地方画上符号；学生在家中听教师的批语录音，按教师的意见修改作文后，再交给教师。"实验证明，利用录音带批改作文，不但可增加学生布局谋篇的能力，更可提高学生整体的写作水平""尤其是对学生高层次的思维表达方面的指导，收效更为显著"。两种批改方式都十分强调作文讲评和指导学生修改的环节。

【请你参考】批改一是要以作文训练的要求为批改的重点，二是要以作文中较突出的问题为批改重点。比如有个教师在《我的某某》一文中，要求把事情经过写具体，有个学生在写妈妈对他的身体、生活很关心时这样写道：

我说:"妈妈,我的头好疼啊!"

妈妈说:"你吃点感冒药吧!"

我说:"好吧。"

我于是吃了药就睡觉去了。

这段话,让人读后会感到平淡无味,如记流水账。主要原因就是因为写得太笼统,不够具体。批改时可使用眉批加以启发和引导:妈妈那么疼爱你,听说你头疼得厉害,她会有什么样的表情?她说了什么?什么语气?怎么做的?你可结合实际想想能写出来吗?这样的批改会使学生认识到:如能把妈妈的语言、动作、神态结合起来加以描写,就可以具体生动了,后来这个学生做了认真修改,效果很好。因此,在批改作文时应唤起学生的思考,起到"点铁化金"的作用,真正做到从实际出发,讲究实效。而教师的面面俱到、精批细改的做法是不可取的。

2. 作文的讲评

讲评的作用是什么?如何讲评才是有效的?

常见的讲评方式有以下几种:

(1) 一般分析,重点讲评:作文发给学生,然后围绕任务,就这次作文情况全面分析,解决一些普遍存在的问题。在此基础上分析实例,重点讲评,最后教师总结,提出今后努力方向,还可以适当布置一些练习。

(2) 对比讲评:就是根据讲评重点,通过对比,启发学生判断对与错、好与差。对比的方式有:将习作课文与学生的作文进行对比,范文与仿作进行对比,同一次作文中不同写法进行对比,原稿和修改稿进行对比,等等。指导学生学会多种表达方法。

(3) 专题讲评:选择一两篇具有代表性的作文为例,围绕一个专题进行讲评,如"怎样突出中心""怎样开头结尾""怎样安排结构""详写和略写"等。每次集中解决一两个问题,不要面面俱到,也不要讲得过细,要注意从学生的实际出发。

(4) 讨论讲评:选择一两篇具有代表性的作文或片断,事先印发或抄在小黑板上或用多媒体呈现出来,课上与全班学生共同讨论。讨论前,教师应讲清这次讲评的目的,确定讨论的重点。同时,要引导作文被评议的同学有个正确认识,不要使他们产生自满或自卑情绪。教师既要充分发挥自己的主导作用,又要充分发挥学生的集体智慧。

有时也可以采用这样两种方法:一是选一篇作文给一个小组,由学生讨论评议,然后由小组推选一名代表在全班讲评。二是让一名作文写得好的学生或作文进步较快的学生,介绍自己学习写作的情况和这次作文的心得体会。讲评后,教师再组织讨论,然后进行小结。

以上几种讲评方式,可单独采用,也可结合进行。

这一部分纯粹是经验性的工作，在具体的讲评过程中，每一位教师都可以摸索一套适合自己的方法，这是实践中的工夫，但要想发挥讲评的实效性还应注意些什么问题，先自己想想。

讲评中应注意以下几个问题：第一，要抓住重点，不能面面俱到。一般来说，作文讲评重点取决于训练的重点，同时也要抓住共性的问题。第二，鼓励为主。平等探讨的态度，善于看到进步，不管是好作文还是差作文，鼓励的重点放在学生的进步上，教师要善于看到学生的点滴进步，尤其是后进生，使他们有成就感，让学生知道自己的优缺点。第三，注重师生共评，在讨论中认识、分析、解决出现的问题。第四，要把讲评和写前指导、写后批改紧密联系，形成有机整体。

三、高年级习作教学的评估

1. 高年级习作评估标准参考（表 9 - 4）

表 9 - 4　小学高年级习作评估标准参考

指标内容	等级标准		
	合格级标准	良好级标准	优秀级标准
知识、技能指标	40 分钟内能写出 400 字以上的习作，内容比较具体真实，想象丰富，层次基本清楚，有详有略，感情真实，语句通顺，有一定条理，书写工整，没有太多的错别字	40 分钟内能写出 450 字以上的习作，内容具体真实，想象丰富，主次分明，详略适当，感情真实，语句通顺，条理清楚，书写工整，没有错别字，会用常用的标点符号	40 分钟内能写出 500 字以上的习作，内容真实新颖，想象大胆新奇，有鲜明的个性特点，详略得当，感情真实，健康，有趣味，语句通顺新颖，段落、主次、句子之间条理清楚，书写工整，无错别字，会用常用的标点符号
兴趣、习惯指标	平时能养成观察周围事物的习惯，有意识地丰富自己的见闻，每周有 1 500 字的习作积累，每次都能主动修改自己的习作一遍，且有 50%的习作能主动与他人交换修改，40 分钟内能完成 400 字的习作	平时乐于观察周围事物，能有意识地去丰富自己的见闻，每周有 2 000 字的习作积累，每次能主动修改自己的习作，其中一半习作能修改达 2 次以上，有 80%的习作能主动与他人交换修改，40 分钟内能完成 450 字的习作	平时能积极地观察周围的事物，能有意识地去丰富自己的见闻，每周有 2 500 字的习作积累，每次能主动修改自己的习作 2 次以上，所有的习作都能主动与他人交换修改，40 分钟内能完成 500 字的习作

2. 高年级习作评估的常见方式

（1）习作批改卡：习作批改卡结合年段的常规要求，将每次作文的重点、难点融合在一起，以表格的形式呈现出来。从学生方面而言，习作批改卡的使用从作文指导开始就呈现于面前，对作文的要求一目了然：写哪些，不写哪些，怎么写；作文后，哪些方面写得好，哪些方面欠缺，自己心中有数。从老师方面而言，作文评价更有指导性，综合分析和个别指导相结合，效果明显提高。

习作批改卡的使用形式多样，可以指导学生自批、互批，小组批，老师批；眉批和习作批改卡结合使用。眉批的形式也是多种多样的，可以是赞扬性的，可以是建议性的，可以是情感交流式的，也可以是质疑性的。

表 9-5　六年级第二单元习作批改卡

评价标准	评价等级				备注
	优	良	达标	待达标	
1. 写清楚要克隆什么，为什么要克隆它					
2. 内容具体，想象奇妙(要求从对人类有益的角度来考虑，所进行的克隆要能够促进人类的和平、进步与健康)					
3. 题目符合要求					
4. 按一定顺序，叙事完整					
5. 语句通顺、清楚，不写错别字，正确使用标点符号					
6. 书写工整、规范					

(2) 多种评价方法的灵活运用：到了高年级要特别注意多种评估方法的灵活运用。比如可灵活采用自读自评、互读互评、教师点评、家长参评、电脑测评(即借助电子教室中的电脑把习作评价的主动权交给学生，教师引导学生对屏幕上展示的习作进行检测评价。如可利用 word 中的语法检查等功能寻找习作中的语法问题进行检查，在文档中对习作进行修改完善，既可激发学生的兴趣，还可锻炼学生运用电脑的能力)等相结合的形式，使评价成为二次创造，并能真正激发和维持学生写作的动机。

【经验介绍】第二、三学段的文前采风卡针对性就更强了，教师不仅要引导学生多渠道进行采风，还要指导学生进行整理资料(表 9-6、表 9-7)。

表 9-6　人教版第十一册积累运用二的文前采风卡设计参考

<table>
<tr><td>本次习作宣言</td><td colspan="5"></td></tr>
<tr><td>习作内容</td><td>写一个人</td><td>要求</td><td colspan="3">通过具体事例，反映人物品质、特点</td></tr>
<tr><td>回忆不间断</td><td>关爱</td><td>教诲</td><td>朋友</td><td>路人</td><td>邻居</td></tr>
<tr><td>特写长镜头</td><td colspan="5">当时人物的语言：
动作：　　　　表情：</td></tr>
<tr><td>场景可再现</td><td colspan="5">一张照片　　　　某某的回忆
某某的讲述　　　　当时的日记
一段录像片</td></tr>
<tr><td>与本文中人物性格、心情相关的成语或句子</td><td colspan="3"></td><td colspan="2">来源</td></tr>
<tr><td>对本次习作有信心吗</td><td colspan="2"></td><td>教师评语</td><td colspan="2"></td></tr>
</table>

表 9-7 人教版第十一册积累运用二的文后追踪卡设计参考

文　题		等级	
优　点			
不　足			
从别人的评价中你收获到了什么			

四、请你来做

案例分析：仔细阅读案例，读后请结合案例具体分析，并回答对这件事你怎么看。如果你是牛牛的妈妈，你怎么和牛牛的老师讨论这件事？

牛牛上小学五年级，当记者的妈妈下班时带回家两个小弟弟。妈妈对牛牛说："他们的爸爸出差了，他们的妈妈今天要上夜班，就由你来照顾他们吧。"牛牛平时没有玩伴，那天表现得特别像个大哥哥，晚上洗完澡，还用小梳子给他们梳头。

第二天，妈妈对牛牛说："你不是要写《记一件难忘的事》吗？就写这件事吧。"没想到，一周之后，牛牛放学回家，冲着妈妈大喊："都怪你！老师不给我成绩。"然后，放声大哭。只见老师用红笔在他的作文上批了一行字：没有按要求写，不能给成绩！原来，老师在布置作业时，曾讲过十分具体的要求：要写你遇到的一件事，并且要按照这样的思路写作，即开始时你的想法是错误的，在大人的言传身教后，你认识到自己的错误并且改正了。牛牛的作文只记录了事情，既没有错误的想法，也没有思想转变的冲突和经过，不符合老师的要求。为了得到成绩，伤心的牛牛只好按老师的要求重写了一篇作文。没有思想转变的事情怎么办？牛牛关上房门，找出一堆作文书，东拼西凑，半个多小时后，作文写完了。这篇符合要求的作文，老师给了一个大大的"优"。

第四节　高年级口语交际教学

【动手查一查】对口语交际的评价，常常是凭借经验，缺乏科学的测量和评价体系。主要原因是语文教育长期受"应试教育"影响，没有重视口语交际能力的培养，没有正确认识口语交际能力的性质，以致未形成科学的口语交际训练体系，也没有深入研究口语交际能力该如何测量和评价。

【动脑想一想】适合高年级学生口语交际教学的话题是什么？该如何选择？

【动手写一写】请根据自己了解的口语交际教学现状，说说如何处理好高年级口语交际课堂教学和其他训练途径的关系，用简洁的话写下自己的认识。

一、高年级口语交际教学设计的思路与方法

综合第三学段"口语交际"的六个教学目标来看，高年级口语交际的要求着重在三个方

面：一是乐于参与讨论，听人说话认真、耐心，能抓住要点，能简要转述；二是能根据交流的对象和场合，稍做准备，做简单的发言，表达要有条理，语气、语调适当；三是与人交流时能尊重、理解对方，语言要文明。

随着年龄的增长，知识的丰富，能力的发展，特别是需求层次的提高，第三学段学生的参与意识有明显的增强。遵循这一客观规律，口语交际教材安排了许多学生自己参与然后交际的内容。或开展活动，或接待客人，或组织讨论，或提出建议，让学生身心各部分全方位地动起来。

设计时，要更加强调自主的原则，采用同桌互听互说，分组练习、推选代表在全班发言等形式，把训练落实到每个学生，扩大受益面，加强课堂教学中学生间的"横向联系"，强化其在口语交际过程中的主体意识。还要注重领域的发展性，这一学段口语交际教材的领域比第二学段更为广阔，具有突出的延展性。具体地说视野由窄变宽，低、中年级口语交际的角度一般是单一的，而高年级则变得比较开阔、多元；范围由小而大，低、中年级口语交际的内容一般限于学校、家庭，而高年级则扩展到了社会生活；层次由表及里，低、中年级口语交际的对象一般限于客观现实，而高年级则延伸到了主观看法。这些在教学设计时都应认识到。

设计时应注重话题的选择。课标对低、中、高各学段的口语交际要求都提出了具体的循序渐进的要求：从学讲普通话—能用普通话交谈—注意语言美；从认真倾听、努力了解内容—认真听，不理解的向人请教，与人商讨—听后抓重点，简要转述；从较完整地讲述—清楚明白讲述并谈感受—表达有条理，语气语调适当；从敢于表达—具体生动讲述—根据对象、场合做简单发言。可以看出对第三学段学生的要求明显提升，这就要求教师应根据该学段学生的心理特点、年龄特点以及当地学生的言语实际（如方言土语），合理利用话题资源，以满足不同学生学习和发展的需要。

二、口语交际策略及高年级口语交际教学的实施

（一）教学内容设计策略

1. 确立好话题

以话题为纽带，在真实情景中把交际双方紧密地联系到一起，培养学生倾听、表达和应对的交际能力，从而使学生具有文明和谐地进行人际交往的素养。从这个意义上来说，确立一个好的话题是提高口语交际能力的关键。确立话题时，首先应考虑话题的价值、现实意义及难易程度等因素，这直接关系到话题能否激起学生的思索，能否将口语交际落到实处。另外，话题应是多元的、开放的，要贴近学生生活。既可选取教材里阅读和写作的材料，巩固并提高阅读教学和写作教学的效果；又可根据教学的需要选取学习、生活中的话题，这类话题有很多，诸如道歉、祝贺、做客、待客、转述、劝阻、商量、请教、赞美、批评、安慰、解释、采访、辩论、借物、问路、指路、看病、打电话、接电话、约请、推荐与自我推荐、当导游，等等。比如，教师发现最近班内出现了不团结的现象，可抓住这一契机，以"学会安慰""学会宽容""学会批评""学会赞美"等为话题，进行口语交际教学。总之，教师要充分利用这些话题，多给学生提供交际互动的实践机会，提高他们的口语交际能力，同时培养其正确的人际交往态度，使其学会诚恳、文明地与人交际，学会尊重对方的文化、风俗。

2. 提供多样呈现方式

口语交际教学以交际活动中语言功能项目训练为主要形式，引出口语交际的功能项目

有以下几种方式：① 情景导入法，即先创设一个情景，让学生围绕情景中的人物或事件进行交际。如“转述”，有一天，小青接到张叔叔打来的电话。张叔叔说：“你好，小青吗？麻烦你跟你爸爸说一下，后天上午 10:00 我会到他的公司找他，请他把合同书准备好，到时候如果谈得好的话，我希望我们能够直接签约，谢谢。”第二天小青爸爸回来了，如果你是小青，你该怎么跟爸爸说？② 任务导入法，即给予一个真实的交际任务，让学生围绕如何完成任务，进行口语交际。如访谈我们身边的先进人物，可以是三好学生，也可以是参加学习竞赛得了好成绩的同学，或是学雷锋的先进代表……他们都是我们学习的榜样。在同学中选一位你敬佩的先进人物，并且对他进行采访。③ 话题导入法，即给予一个话题，让学生围绕这个给定的话题进行讨论。例如，很多同学在过年的时候都会收到压岁钱，那么这些压岁钱该怎么用呢？把你的想法说一说，看谁说得有道理。④ 图画导入法，即以图画的方式引出口语交际的功能项目。如“接待”，以三幅图引入，第一幅图：我打开门，看到阿姨；第二幅图，阿姨送我礼物；第三幅图，我和阿姨道别。让学生看图说一说当家里来客人的时候，自己该怎么说，怎么做，才能很好地完成接待任务。⑤ 操作导入法，即以操作活动的方式引出口语交际的功能项目，如把简易洒水壶的制作过程告诉大家。

3. 围绕教学任务将口语交际教学内容具体化或整合

教科书中的口语交际部分往往只提供了一个话题，要想使教学取得实效，教师必须根据培养目标、学生实际，对话题进行开掘，并结合话题搜集相关资料，整合这些材料、内容。

(1)根据教学要求，把内容设置进一步具体化：教科书中的口语交际部分往往只提供了一个话题，要想使教学取得实效，教师必须根据培养目标和学生实际，对话题进行进一步开掘，使其更具针对性和操作性。

(2)将口语交际的内容进行整合：举例如下。

听广播、打电话、写紧急通知。

师：同学们，刚才课间活动时，你们在议论什么？怎么那么高兴？

生：我们在议论明天爬山的事。

生：我们在议论爬山比赛谁能得第一名。

师：这到底是怎么回事？谁能详细地告诉我？

生：周老师告诉我们，明天要搞一次爬山比赛。

生：山上有数学题，看谁找得到，做得对。谁找得最多，做得对，谁就是第一名。

师：噢，是这么回事。那谁去放数学题，放在哪儿？

生：今天午饭后周老师就去放数学题。有的放在石头缝里，有的放在树枝上。

师：好，这个活动真有意义。那么，你们现在关心的是什么呢？

生：我最关心明天能不能得第一，得一等奖。（众笑。）

生：我最关心明天的天气。

师：为什么关心明天的天气？

生：因为明天要是刮风下雨，我们的爬山活动就搞不成了。藏在山上的数学题就会淋湿了，刮跑了。

师：那么，你们希望明天有一个什么样的天气？

生：我希望明天天气晴朗，一丝风都不刮。

师：谁能再说具体一点？

生：我希望明天万里碧空飘着朵朵白云，太阳光照在身上暖洋洋的，我们好高高兴兴地搞爬山活动。（众赞叹。）

师：说得好。广播电台每天上午十点半预报天气，现在时间正好到了（打开收音机），请仔细地听。

（这是根据教学需要，请播音员特别录制的，但学生们都信以为真，流露出失望的神情。）

师：这是真的吗？是不是我听错了？同学们，播音员阿姨说的什么？

生：阿姨说明天有大雨。

生：还刮东北风，四到五级，阵风七级。

生：阿姨说明天的最低温度是零度。

师：能不能连起来说？谁连起来说给大家听听？

生：电台广播说，今天下午到明天，市区和各县阴天、有雨，雨量大；偏北风，风力四到五级，阵风七级；明天最低温度零度。

师：说得不错。同学们，看来明天的活动不能搞了。（同学们不大高兴，议论纷纷，一学生举起手来。）

师：你要说什么？

生：有时广播员说的也不准。（众笑。）

师：大部分的预报还是准的，看来你是很想明天按计划搞活动，是不是？（生点头）那好，朱校长也来听课了，我们问问她明天怎么办。（朱校长回答，活动改在星期六举行。）

师：哟，周老师在文教局开会，今天不回学校了，活动改期这件事她不知道，怎样告诉她？

生：写信告诉她。

师：写信太慢，来不及了。（众生纷纷举手。）

生：打电话告诉她。

师：很好。打电话是个好办法。那么，我们拿起电话，向周老师说什么呢？

生：我们对周老师说，明天天气不好，爬山活动不搞了，星期六再搞。

师：说得还不够清楚，不够全面，想想看，最要紧的是什么话？谁再来说一说。

生：我们对周老师说，天气预报明天有雨，爬山活动不搞了，星期六再搞，请您今天下午不要到云龙山放数学题了。

师：很好。同学们想不想打电话？

生：（兴高采烈地）想！

师：同桌的同学互相练习一遍。每个人当一次周老师。（学生兴致勃勃地握起拳头当听筒，互练了一遍。）

师：正好，我这里有两部玩具电话机，我来当周老师，请同学们给我打电话，谁说得最清楚，谁就代表大家到办公室给周老师打电话。

生：（拿起电话就打）喂——（众笑。）

师：拿起话筒先要拨号码，老师忘记告诉你了。文教局的电话号码是25206，如果记不住，可以查电话号码簿，或拨114，问查号台。

（该生打电话后，其他同学也争先恐后地举手，要求打电话，老师又找了两个同学表演，说错之处，予以纠正。）

师：现在，我找一个同学到办公室给周老师打电话。

（同学们高兴极了，都把小手举得高高的，有的还站起来。课堂气氛异常活跃。老师指定一名学生前去。）

师：哎呀。还有一件事。二年级其他三个班的同学们还不知道，怎么办？

生：写个通知送到办公室广播一下。

师：这个建议好。因为事情紧急，我们在前面加上“紧急”两字。现在练习写一个紧急通知。

（交代了通知的格式和内容，然后让同学们写，老师巡回指导。）

上述案例就是一个组合不同交际内容进行口语交际教学的例子，这种把不同的口语交际内容整合在一起进行实践练习的做法，将能更有效地提高学生的口语交际能力。再如苏教版语文教科书二年级下册的“学会转述”话题的训练，可将以前学过的“打电话”“学会祝贺”组合在一起，通过打电话的方式向他人表达祝贺或转述别人的祝贺。

4. 将口语交际内容与语文教学的其他环节结合起来进行

为保证口语交际能力的提高，还需充分利用教科书中的资源，善于将口语交际课和识字写字教学、阅读、写作以及综合实践活动结合起来进行。以阅读教学为例，小学语文教科书中的课文常有不少的对话段落出现，而这些课文又都是语言优美的文章，学生在模拟对话的过程中，能受到典范语言的潜移默化的影响，久而久之，就能形成良好的口语交际习惯。如《夏夜多美》一课中，小动物的对话较多：“我不小心掉进池塘，上不了岸啦！”“快上来吧！”“谢谢您，睡莲姑姑！”等，都是颇具生活化的语言，学生分角色朗读的过程其实就是人与人对话的过程。再者，还可结合补白课文内容进行。语文教材中的许多课文有很大的开放度，以课文内容为基础拓展，会生发出许多学生感兴趣的交际话题。如有位教师教《别说我小》一课就是一个很好的案例。文中有这样一句话：“妈妈，你别说我小，我会擦桌把地扫。”这就与现在许多孩子的经历相似，他们在家里都遇到过想做事而妈妈却不同意的情形。教师这时马上抓住时机，让孩子们想想这时你可以对妈妈说些什么。有的说：“妈妈，您白天上班累了，下班后还要做这么多事，让我来帮你吧！”有的说：“妈妈，我已经长大了，我能帮你做很多事，我一定能做好的，不信？你让我试试！”还有的说：“妈妈，你打算什么时候才让我做事呀，我可不想做个懒惰的孩子！”在补白课文内容时，又有效地进行了口语交际练习。

（二）动机激发策略

动机源于需要，当学生感到口语交际是一种需要时，这种内在的潜力就会把积极性极大地调动起来。根据需要理论，我们认为学生口语交际的动机主要源于以下需要：

（1）言语交往需要：人的交往有两种方式，工具交往和言语交往，口语交际就是为了满足人的言语交往需要，这种需要以有趣的水平表现出来。

（2）言语求知需要：我们获得的绝大部分知识不是来自于实践，而是来自于言语。通过口语活动获取客观世界的信息，是学习主体需要的一项重要内容。这种需要由志趣的水平表现出来。

（3）言语启智需要：言语是人运用语言反映人对客观事物的认识活动及其成果，涉及的是人、世界与语言三者之间的关系，因此言语活动包含了较高的智慧水平，言语本身也成了智慧的源泉，通过言语能够发展学生的智力和创造力。这种需要以理趣的水平表现出来。

(4) 言语审美需要：言语是人的智慧活动的一种产物，所谓言语审美，就是人对自己智慧的一种肯定，是人在言语活动中言语智慧获得实现后的一种肯定性情感，是对自己敏锐感知力，丰富情感力，独特想象力和深刻理解力的一种肯定，获得的一种精神上的享受。这种需要以乐趣的水平表现出来。

要激发学生口语交际的动机，需满足学生的上述需要：

(1) 设置真实的口语交际情境，满足学生的交往需要：要符合三个原则，一是真实，是符合学生生活的真实；二是能更有效地达成教学任务的情境；三是能进行实质性的交流。

(2) 选择开放的口语交际内容，满足学生的求知需要：上文已介绍过，内容的选择不应仅仅局限于教材的设置，还应考虑学生的生活实际和现实的需要。要善于突破三个局限：一是突破学科局限，在口语交际活动中引入多个学科的内容；二是突破课堂教学内容的局限，在口语交际活动中由课内引向课外丰富的内容；三是突破现成的知识，让学生去自我发现、建构新知识。

(3) 设计挑战性任务，满足学生的启智需要：应注意三个问题，一是任务水平定义在最近发展区；二是要完成交际任务需要调动学生各方面的积极因素；三是围绕启智的需要，设计真实的或虚拟的或真实与虚拟相结合的任务。

(4) 创设体验成功的机会，满足学生的审美需要：创设体验成功的机会，需做到四点，一是尊重学生主体性的倾听、表达和应对；二是让学生体会到个体的就是独特的；三是让学生能够选择适合他自己能力水平的任务；四是让学生进行自我参照式评价，以鼓励为主。

(三) 情境创设策略

情境创设是口语交际教学的重要环节，要创设真实的口语交际活动情境，就需要将生活中的真实情境引入课堂，实现课内与课外的沟通，变课堂为口语交际的场景和处所。这种引入有两种方式：

1. 事件性引入

所谓事件性引入，指直接将社会生活即时发生的事件与课堂内的语文教学事件联系起来，语文教学课堂成为社会环境系统的一个组织，赋予语文课堂以社会真实环境的性质。语文课堂内的口语交际活动不再是虚拟的活动，而是有真实对象、真实目的和真实效果的现实言语交际活动。它创造了学生的真实的口语交际体验。

运用事件性引入来进行汇报功能项目的训练。

师：同学们，很高兴又回到了你们的中间。这段时间我外出学习，挺想大家的，你们想我吗？

生：(大声喊)想！

师：咳！我这一个月没到校，没和大家一块儿学习，不知道同学们都学了些什么，也不知道咱们学校、咱们班上都发生了哪些事？我现在特别想和同学们聊聊，你们想不想跟我谈谈？

生：(大声喊)想！(学生纷纷举手。)

师：别急，一节课时间有限，为了节约时间，请每个人先准备一下，只说一件事，不超过三分钟。(学生积极准备。)

生:林老师,我想告诉您,您不在学校的这段时间里,一直是潘老师带着我们学习语文的。我觉得潘老师上课的风格和您不太一样。您上课时总是讲得很细,把我们一步步地带进文章,而潘老师则相反,他一般只让我们大概地了解一下课文的大意,然后就把我们引向课外。比如学习《访问环保专家方博士》后,潘老师先布置我们每个人去观察身边的小河、池塘,了解水源的污染情况,然后指导我们写一篇调查报告。这次作业我完成得很出色,还得到了潘老师的表扬。

生:林老师,我也想告诉您,您的教学和潘老师的不一样。一开始,潘老师给我们上课,他的声音低低的,在黑板上写字轻轻的,我还真不太适应,常常会想到您上课时的情景:声音洪亮,板书遒劲。可渐渐地,我发现潘老师教学也很有一套,他和蔼可亲,脸上总带着微笑。上他的课,我们都很放松,一点不紧张。他批作业90%的人都会得优,就连咱们班常被您批评书写马虎的王飞,也得过三次优呢。

师:说得好!看来,我今后得好好向潘老师学习学习。现在请同学们看看林老师的微笑,希望你们更放松些,咱们继续畅所欲言。(生大笑。)

生:林老师,您不在学校的这段日子里,我真的很想您。说起来可能有点怪,以前您给我们上课时,我有点怕您,怕您说我发言声音低、读书没感情、书写不工整。可您才走几天,我就盼着您快些回来。有一天放学后,我和徐梦笛两人走得迟,我们俩在黑板上乱写乱画。也不知怎的,我竟然在黑板上写下了"林老师,您快回来吧,这儿有四十八颗童心在惦记着您!"当时,我和徐梦笛读着这句话时都哭了。

师:(深情地鞠躬)谢谢!谢谢同学们对我的思念。

生:林老师,圣诞节那天,有同学说您一定会回来的,可我们盼了一天,直到晚上放学,也没看到您。王老师要大家每人做一张卡片,写一个心愿挂在班上的圣诞树上,我用彩笔工整地写了"林老师,祝您圣诞快乐!Happy New Year"。不信您瞧,就在窗台边的圣诞树上呢。

师:(激动地走向圣诞树,摘下小卡片)谢谢!如果可以,让我珍藏它吧!

生:林老师,上个星期三下午,学校请来一个马戏团,为我们表演了许多有趣的节目,其中有一个节目叫变纸牌。只见一位叔叔穿着长风衣走上台,他两手空空。忽然,他一只手向空中一招,一张扑克牌就夹在了他的手指上。然后,他顺手一扬,这张牌掉了,另一张牌又出现在他的手指间。就这样,他一会儿单手变,一会儿双手变,台上落满了纸牌。大家都猜测他的牌一定是藏在风衣里的,可我们就是没机会看到他是怎么去拿的。

师:是呀!俗话说得好:眼快不如手快。魔术师靠的就是出手不凡。

2. 功能性引入

所谓功能性引入,指的是根据言语交际的功能要求,创造一种口语交际环境,将课堂教学事件转变成口语交际事件,使学习者能介入交际,实现课程的交际目标。交际活动的形式可以多种多样,但其核心因素是交际双方介入某种形式的交流,一方表达一种意图,另一方做出应对或进行扩展。此时,教师或学生创设的情境是虚拟的,角色要求却是真实的。

功能性引入常见的几种方法有:① 图画创设情境;② 实物展示创设情境;③ 实际的操作活动创设情境;④ 音乐渲染创设情境;⑤ 表演创设情境;⑥ 多媒体技术创设情境;⑦ 实际任务创设情境;⑧ 语言描述创设情境;⑨ 几种方法的组合创设情境。举例如下。

教学环节一:录像激趣,引入新课。

(1) 播放两个动画片断,激发学生学习兴趣。

镜头一:一小学生在学习中遇到了困难,向别人请教,由于没有把需要请教的问题说清楚,结果,他没有收到预期的目的。

镜头二:一小学生在生活中遇到困难,自己没法解决,向别人请教时因为说话不得体,结果不但问题没有得到解决,反而讨了个没趣。

(2) 提问。

(3) 让学生代表汇报讨论结果。(师相机板书:要把请教的问题说清楚,说话要得体、有礼貌。)

(4) 教师小结,揭示课文标题。(板书课文标题:学会向别人请教。)

教学环节二 :指导点拨,激情促说。

(1) 课件出示书上的四幅插图及每题的文字,启发学生想象:在这几种场合怎么向别人请教?

(2) 以第一幅图为例,指导学生练说。

① 指导学生仔细看图,合理想象请教的内容、神态、语言等。② 指名读图片下面的文字。③ 以同桌为一组,互相练说怎样向英语老师请教。④ 在学生充分参与交流的基础上,让三对同桌到台前汇报。要求其他同学认真听,看台上的同学表达的意思是否清楚明白、说话是否得体、有没有使用礼貌用语。⑤ 组织学生评议。

(3) 课件显示余下的三幅图及有关文字。要求学生从这三幅图中选择自己比较感兴趣的场合来具体说说怎样向别人请教问题,先在小组内说,然后在全班交流。

① 小组内练习。② 各小组选派代表在全班交流。

(4) 师生共同评议,选出优胜小组。

教学环节三:角色配音,积累热情。

由学生推荐优胜小组中意思表达准确清楚、说话得体、有礼貌的同学,让其自选角色再做表演,给课件动画配音,然后向全班同学展示其说话成果。

教学环节四:课外延伸,生活中说。

(1) 课堂总结。

(2) 布置学生在校园内外遇到不懂的问题要乐于向别人请教,积极交际,逐步培养和提高自己的口语交际能力。

(四) 示范反馈策略

口语交际具有现场性、流动性的特点,交际的对象、场合、情境往往处于变化中,不易掌控,加上听说教学的背景中,教师侧重听说的要领和方法,学生很难把这些方法灵活运用于真实的情境中,不知道到底应该如何进行口语交际活动。因此,教学中我们应该充分利用口语交际的特性把口语交际的过程和步骤详尽地展现给学生,这样学生在实际交际过程中,会有所依傍,而不至于无所适从,随心所欲。课堂上常见的形式有:

(1) 教师亲自示范:主要是做一个交际的样板,以引导学生进行模仿练习,并最终能在拓展的情境中,围绕目标自行训练。

(2) 学生之间的表演示范:学生的表演示范是口语交际教学中不可缺少的环节,一般安排在学生练习之后,进行汇报性示范,在示范过程中师生可以针对示范者出现的问题及时反馈，自我纠正。

(3) 示范还可以利用课件进行：比如根据交际要求，给学生放一些电视和录像上的访谈、辩论等节目，增强学生口语交际的感性认识。

三、高年级口语交际教学的评估

1. 高年级口语交际评估标准参考(表 9－8)

表 9－8　高年级口语交际评估标准参考

<table>
<tr><th rowspan="2">一级指标</th><th rowspan="2" colspan="2">二　级　指　标</th><th colspan="4">评 价 等 级</th><th rowspan="2">综合评价</th></tr>
<tr><th>A</th><th>B</th><th>C</th><th>D</th></tr>
<tr><td rowspan="7">具有日常口语交际的基本能力，在各种交际活动中，学会倾听、表达与交流，初步学会文明地进行人际沟通和社会交往，发展合作精神</td><td rowspan="3">能力</td><td>能比较准确地理解对方的意思</td><td></td><td></td><td></td><td></td><td rowspan="3"></td></tr>
<tr><td>边听边记忆，根据交际的需要进行筛选</td><td></td><td></td><td></td><td></td></tr>
<tr><td>能组织语言，并清楚明白地表达自己的意思</td><td></td><td></td><td></td><td></td></tr>
<tr><td rowspan="3">习惯</td><td>集中注意力听、说</td><td></td><td></td><td></td><td></td><td rowspan="3"></td></tr>
<tr><td>尊重对方，有礼貌</td><td></td><td></td><td></td><td></td></tr>
<tr><td>边听边观察边思考；边说边想边组织语言</td><td></td><td></td><td></td><td></td></tr>
<tr><td>态度</td><td>积极主动地参与口语交际活动；自然大方</td><td></td><td></td><td></td><td></td><td></td></tr>
</table>

2. 高年级口语交际评估的常见方法

(1) 问答法：问答法就是要求学生根据所听到的内容回答问题，以考查学生听的理解能力、记忆能力以及迅速提取信息、组织语言应答的能力。举例如下。

1. 命题要求

评价材料可来自儿童课外读物，但要避免选取学生所熟悉的内容。所选内容要符合儿童的年龄特点，知识性和趣味性相结合。提出的问题应浅显易懂，答案就无争议。

2. 实例

(1) 要求：先听清老师的问题，再带着问题听一段话，然后回答老师提出的三个问题。

(2) 材料：《海啸》。

故事发生在很久以前的日本。一个住着九十多户人家的小村子，坐落在海滨。前面的海滩是孩子们戏耍的地方。有位老爷爷和他的小孙子太郎，住在山头上，从那里可以俯视村子、庙宇和大海。

一天，天气又热又闷。大地轻轻抖动，房屋轻轻摇晃，是发生地震了。海水霎时变成墨黑色迅速从岸边退去。村民们未加注意，都跑到海滩上去了。老爷爷知道，一场灾难即将来临，必须立即向村民报警。他急忙叫太郎拿来火把，点燃了自己家即将收获的稻子，一片熊熊大火映红了天空。太郎急得大声叫喊，可是老爷爷没有时间解释，只想拯救海滩上和村子里四百多人的生命。

庙里的和尚看见了山上的大火，忙把警钟敲响，海滩上的人们发现稻田起火，都蜂拥上山来灭火。第一批上山的青年要灭火；可是老爷爷制止了他们，说："让它烧吧，全村人都应到这儿来，山下危险。"人们疑惑不解，不知发生了什么事情。太郎哭着说："我爷爷发疯了，是他自己点燃了稻谷!”老爷爷此时向四周望了望问:“全村人都来了吧?”并指着大海说,“你们看!”人们朝大海望去,只见海水像一座高耸的峭壁,正向村子扑来。一阵天崩地裂的吼声,海水以排山倒海之势,铺天盖地而来。大地在颤抖,人们不禁惊呼:“海啸来了!”海水咆哮着,席卷大地,经过几阵巨浪,村子变成了一片汪洋。

老爷爷声音低沉地说:“这就是我烧稻田的原因。”人们顿时恍然大悟,流着泪,跪倒在老爷爷的面前……

后来,人们为了纪念老爷爷的功绩,在重建家园时,修建了一座庙宇。据说,这座庙宇至今还屹立在海滨的山崖上。

(3) 问题:

① 老爷爷为什么要报警?是怎样报警的?

② 庙里的和尚为什么要报警?是怎么报警的?

③ 村子里的老百姓为什么流着泪,跪倒在老爷爷面前?

3. 使用说明

(1) 评价前先向学生说明评价步骤及要求,然后根据内容回答以下三个问题。

(2) 答案要点:

① 因为老爷爷知道一场灾难即将来临或老爷爷知道要发生海啸了,老爷爷亲自点燃了自己家即将收获的稻子来报警。

② 因为庙里和尚看见了山上的大火,和尚忙把警钟敲响了。

③ 因为老爷爷牺牲了自己的稻田挽救了全村人的生命,大伙很感激。

(3) 评价时间约 6 分钟。

(4) 评分标准:如表 9-9 所示。

表 9-9　回答提问能力评定标准

项　目	分　值	评　定　标　准
回答正确	4	1 尚能听懂问题和要求,但错答 2 题以上；2 基本针对问题回答,但答错 1 题,或有 2 题以上回答不完整；3 基本针对问题回答,但有 1 题回答不完整；4 针对问题进行具体、完整地回答
连贯流畅	3	1 语句不通畅、表述不连贯、重复、说破句 4 次以上；2 语句基本通顺、重复,说破句 2 次以内；3 语句通顺、流畅
体势音量	3	1 多抓耳挠腮、吐舌缩肩、摇晃身体等动作,音量小,听不清楚；2 比较拘谨,但声音基本响亮；3 站势或坐势正确,声音响亮

(2) 档案袋评价方法:从效果来看,形成性评价比总结性评价对提高学生的口语交际能

力更有效，用档案袋记录下学生口语交际能力提高的过程，就是一种较好的形成性评价形式。根据每次口语交际训练要求，以及各年段口语交际能力评价标准，给学生设计评价表，一次活动后，可以由学生小组自评，也可由教师评，或让学生家长进行评价，根据需要三种评价形式可交替或重复进行，然后对学生在这次活动中的口语交际能力、习惯、态度分别给出等级，放入学生的记录袋中。每学期结束前，教师对学生的记录袋要进行整理，统计出能力、习惯、态度的每次等级，其中“优”以四星表示，“良”三星、“中”两星、“差”一星，然后综合给出学生能力、习惯、态度的等级(星的颗数)，最后再进行综合，得出本次口语交际活动的最终得分。

四、请你来做

案例分析：仔细阅读案例，读后请结合案例具体分析并回答：你认为交际过程中老师的评价恰当吗？如果不恰当，那么如何评价效果会更好？

《动物运动会》

师：同学们想得真仔细。那么我们看图找一找跑步比赛的拉拉队里有哪些成员呢？

生：小鸟儿，小蝴蝶，还有小蜻蜓。

师：同学们观察得可真仔细。现在谁能把跑步比赛的情况给大家讲讲呢？(为学生看图作文奠定基础。)

(学生发言，教师加以补充、修正。)

师：同学们说得真好，老师手里有几个小动物的头饰，谁愿意把跑步比赛的情况表演给大家看？假如你们就是这些小动物，你们会怎么做，怎么说？(头饰：小鸟儿、蝴蝶、蜻蜓、梅花鹿、小白兔、小花猫，另有一面小红旗。)

学生戴头饰到讲台表演。(培养学生表演技能。)

师：这几个同学表演得真好，把跑步比赛表演得很生动、有趣，我们给他们鼓鼓掌。

可是还有一种更精彩的比赛在等着我们，是什么呢？我们继续往下看。小猪、小狗、小熊猫，还有小松鼠，都在忙什么呢？

生：它们都在和大象比赛拔河呢。

师：好，让我们均衡一下它们双方的力量：小猪它们一队有四位选手参加，而大象一队只有它自己，为什么？

生：因为大象力气大。

师：对，那我们就来当一回预言家，猜一猜它们哪一队能获胜？(引导学生进行想象。)

生：小猪它们能获胜，因为它们有四位选手参加，肯定比大象力气大。

师：同学们说的都有理，但我们这个比赛还缺个裁判，是谁呢？

生：小猴。

师：这么精彩的比赛，一定会引来许多的拉拉队员，它们又是谁呢？

……

师：同学们表演得真好……

师：同学们回答得真好……

主要参考文献

[1] (美)D. J. McIntyre,(美)M. J. O. Hair. 教师角色[M]. 丁怡,马玲,译. 北京:中国轻工业出版社,2002.

[2] 中央教育科学研究所. 叶圣陶语文教育论集(下集)[M]. 北京:教育科学出版社,1991.

[3] 江平. 小学语文课程与教学[M]. 北京:高等教育出版社,2004.

[4] 李海林. 言语教学论[M]. 上海:上海教育出版社,2000.

[5] 陈建先. 语言学习:让语文教学回归本位[J]. 中国小学语文教学论坛,2005,(9).

[6] 教育部师范教育司. 教师专业化的理论与实践[M]. 北京:人民教育出版社,2001.

[7] (美)Frederick J. Stephenson. 非常教师:优质教师的精髓[M]. 周渝毅,李云,译. 北京:中国轻工业出版社,2002.

[8] 胡敏中. 理性的彼岸——人的非理性因素研究[M]. 北京:北京师范大学出版社,1994.

[9] (加)马克斯・范梅南. 教学机智——教育智慧的意蕴[M]. 李树英,译. 北京:教育科学出版社,2001.

[10] 李维鼎. 语文课程初论[M]. 杭州:浙江教育出版社,2004.

[11] 林礼元,徐胜三. 小学儿童心理学[M]. 杭州:浙江教育出版社,1981.

[12] 桂诗春. 新编心理语言学[M]. 上海:上海外语教育出版社,2000.

[13] 刘荣才. 小学教育心理学[M]. 武汉:湖北教育出版社,1986.

[14] 万云英,杨期正. 初入学儿童学习汉字的记忆特点[J]. 心理学报,1962,(3).

[15] 曹传咏,沈晔. 小学儿童分析概括和辨认汉字字形能力的发展研究[J]. 心理学报,1965,(2).

[16] 朱作仁. 语文教学心理学[M]. 哈尔滨:黑龙江人民出版社,1984.

[17] 朱作仁. 朱作仁语文教学研究文集[C]. 南宁:广西人民出版社,1988.

[18] 倪文锦,谢锡金. 新编语文课程与教学论[M]. 上海:华东师范大学出版社,2006.

[19] 朱智贤,林崇德. 思维发展心理学[M]. 北京:北京师范大学出版社,1986.

[20] 朱作仁,祝新华. 小学语文教学心理学导论[M]. 上海:上海教育出版社,2001.

[21] 朱作仁,李志强. 论学生写作能力的结构要素及其发展阶段[J]. 教育评论,1987,(4).

[22] 熊生贵. 语文教学实施指南[M]. 武汉:华中师范大学出版社,2003.

[23] (美)R・M・加涅. 学习的条件和教学论[M]. 皮连生,王映学,等译. 上海:华东师范大学出版社,1999.

[24] 汪玉珍. 小学语文知识结构与教学指导[M]. 吉林:吉林教育出版社,2001.

[25] 张香玲. 段落教学与学生心理建构[J]. 语文教学通讯,1996,(10).

[26] 高林生. 走出段落教学的误区[J]. 小学教学研究,2000,(3).

[27] 黄亢美. 小学语文课程理念与实施[M]. 南宁:广西师范大学出版社,2003.

[28] 朱小蔓. 认识小学儿童 认识小学教育[J]. 中小学教育,2003,(11).
[29] 崔峦,蒯福棣. 小学语文教学法[M]. 北京:人民教育出版社,2001.
[30] 王少娜. 改革习作评价方式,尝试档案袋评价学生习作[J]. 汕头教育,2003,(4).
[31] 吴立岗. 小学作文教学论[M]. 南宁:广西教育出版社,2003.
[32] 徐冬梅. 华语地区课程标准中关于课外阅读的论述之比较[J]. 中国小学语文教学论坛,2002,(10).
[33] 中外母语教材比较研究课题组. 汉语文教材评价[M]. 南京:江苏教育出版社,2000.
[34] 杨颖,关文信,赵晶红. 新课程理念与小学语文课堂教学的实施[M]. 北京:首都师范大学出版社,2004.
[35] 林春曹. 一节没有准备的口语交际课[J]. 小学语文教师,2002,(6).
[36] 于爱芬. "学会请教别人"说课设计[J]. 中国小学语文教学论坛,2002,(7~8).
[37] 董蓓菲. 以新视角关注口语交际评价[J]. 小学各科教与学,2004,(8).
[38] 李莉莉. 小学语文口语交际教案选萃[M]. 北京:语文出版社,2003.
[39] 北京教育学院师范教研室. 小学语文教学法[M]. 北京:北京师范大学出版社,1986.
[40] 人民教育出版社小学语文室. 小学语文教学法[M]. 北京:人民教育出版社,2002.
[41] 吴立岗. 小学语文教学研究[M]. 北京:中央广播电视大学出版社,2004.
[42] 王小明. 语文学习与教学设计(小学卷)[M]. 上海:上海教育出版社,2004.
[43] 朱作仁. 小学语文教学法原理[M]. 上海:华东师范大学出版社,1988.
[44] 雷实,张勇,夏雄峰. 小学语文教学评价[M]. 长春:东北师范大学出版社,2003.
[45] 江平,朱松生. 小学语文教学论[M]. 上海:上海三联书店,2003.
[46] 陆志平,薄俊生. 小学语文课程标准与教学大纲对比研究[M]. 长春:东北师范大学出版社,2003.
[47] 郭根福. 小学语文新课程教材教法[M]. 长春:东北师范大学出版社,2003.
[48] 杨九俊,姚烺强. 小学语文新课程教学概论[M]. 南京:南京大学出版社,2005.
[49] 王宗海. 有效教学:小学语文教学中的问题与对策[M]. 长春:东北师范大学出版社,2005.
[50] 朱智贤. 儿童心理学[M]. 北京:人民教育出版社,1993.
[51] 朱智贤. 儿童发展心理学问题[M]. 北京:北京师范大学出版社,1982.
[52] 朱智贤. 中国儿童青少年心理发展与教育[M]. 北京:中国卓越出版公司,1990.
[53] 贾志敏. 贾老师教作文[M]. 上海:上海教育出版社,2000.
[54] (美)劳拉·E·贝克. 儿童发展(第五版)[M]. 吴颖,译. 南京:江苏教育出版社,2004.
[55] 皮连生. 智育心理学[M]. 北京:人民教育出版社,1998.
[56] 冯克诚,西尔枭. 实用课堂教学模式与方法改革全书[M]. 北京:中央编译出版社,1995.
[57] 李维鼎. 语文教材别论[M]. 杭州:浙江教育出版社,2004.
[58] 王荣生. 语文科课程论基础[M]. 上海:上海教育出版社,2003.
[59] 祝新华. 语文能力发展心理学[M]. 杭州:杭州大学出版社,1993.
[60] 夏丏尊,刘薰宇. 文章作法[M]. 杭州:浙江文艺出版社,1983.

[61] 申纪云.小学语文教学心理学[M].重庆:西南师范大学出版社,1989.
[62] 袁浩,戴汝潜.小学作文教学心理研究与实践[M].济南:山东教育出版社,1997.
[63] 叶圣陶.叶圣陶教育文集[M].北京:人民教育出版社,1994.
[64] 陶行知.陶行知全集(第二卷)[M].长沙:湖南教育出版社,1984.
[65] 张华.课程与教学论[M].上海:上海教育出版社,2001.
[66] 李海林.名师讲语文[M].北京:语文出版社,2008.
[67] 丁炜.关于口语交际教学的现状调查[J].上海教育科研,2002,(10).
[68] 陈向明.实践性知识:教师专业发展的知识基础[J].北京大学教育评论,2003,(1).
[69] 人民教育出版社网 http://www.pep.com.cn/xiaoyu/index.htm.
[70] 凤凰语文网 http://www.xxyw.com/.

图书在版编目(CIP)数据

小学语文课程与教学论 / 王宗海等编著. —南京：江苏科学技术出版社，2010.1

(成人高等教育新编系列教材)

ISBN 978-7-5345-7170-1

Ⅰ.①小… Ⅱ.①王… Ⅲ.①语文课—教学研究—小学—高等教育：成人教育：终身教育—教材 Ⅳ.①G623.202

中国版本图书馆 CIP 数据核字(2010)第 011214 号

成人高等教育新编系列教材

小学语文课程与教学论

编　　著　王宗海　肖晓燕
责任编辑　刘蓉蓉
责任校对　郝慧华
责任监制　张瑞云

出版发行　江苏科学技术出版社(南京市湖南路 1 号 A 楼，邮编：210009)
网　　址　http://www.pspress.cn
集团地址　凤凰出版传媒集团(南京市湖南路 1 号 A 楼，邮编：210009)
集团网址　凤凰出版传媒网 http://www.ppm.cn
经　　销　江苏省新华发行集团有限公司
照　　排　南京紫藤制版印务中心
印　　刷　江苏苏中印刷有限公司

开　　本　787 mm×1 092 mm　1/16
印　　张　15.5
字　　数　360 000
版　　次　2010 年 6 月第 1 版
印　　次　2010 年 6 月第 1 次印刷

标准书号　ISBN 978-7-5345-7170-1
定　　价　32.00 元